U0113412

同济学子
话恩师

吴广明　主编

同济大学出版社·上海

图书在版编目（CIP）数据

同济学子话恩师 / 吴广明主编. — 上海：同济大学出版社, 2022.8

ISBN 978-7-5765-0311-1

Ⅰ.①同… Ⅱ.①吴… Ⅲ.①同济大学—教育工作者—事迹 Ⅳ.①K825.46

中国版本图书馆CIP数据核字（2022）第146660号

同济学子话恩师

吴广明　主编

责任编辑 尚来彬　　**责任校对** 徐春莲　　**封面设计** 张　微

出版发行 同济大学出版社　www.tongjipress.com.cn

　　　　　（地址：上海市四平路 1239 号　邮编：200092　电话：021-65985622）

经　　销 全国各地新华书店

排　　版 南京文脉图文设计制作有限公司

印　　刷 常熟市华顺印刷有限公司

开　　本 710mm×1000 mm　1/16

印　　张 21.25

字　　数 425 000

版　　次 2022 年 8 月第 1 版

印　　次 2022 年 8 月第 1 次印刷

书　　号 ISBN 978-7-5765-0311-1

定　　价 89.00 元

本书编委会

主　　编　吴广明

副 主 编　金正基　万腓力　陈立丰

编　　委（以姓氏笔画为序）

　　　　　万腓力　乔建新　陈立丰　吴广明

　　　　　金正基　屈守华　钟　勤　徐讴平

　　　　　郭　超　谢伟芬

执行编委　郭　超　钟　勤

序
PREFACE

习近平总书记指出：在全面建设社会主义现代化国家新征程中，"党和国家事业发展对高等教育的需要，对科学知识和优秀人才的需要，比以往任何时候都更为迫切"。并进一步强调我国高等教育要立足中华民族伟大复兴战略全局和世界百年未有之大变局，心怀"国之大者"，把握大势，敢于担当，善于作为，培养德智体美劳全面发展的社会主义建设者和接班人。国无德不兴，人无德不立，育人的根本在于立德，高校立身之本在于立德树人，要坚持把立德树人作为中心环节，把立德树人的成效作为检验学校一切工作的根本标准，真正做到以文化人、以德育人，将学生培养成为立大志、明大德、成大才，堪当民族复兴重任的时代新人。

"百年大计，教育为本。教育大计，教师为本。"习近平总书记高度重视教育发展和教师工作。他指出，一个人遇到好老师是人生的幸运，一个学校拥有好老师是学校的光荣，一个民族源源不断涌现出一批又一批好老师则是民族的希望。高校教师承担着对学生传授知识、培养能力、塑造正确人生观的职责，要成为"大先生"，成为学生为学、为事、为人的示范，要时刻铭记教书育人的使命，坚持"四个相统一"，争做"四有"好老师，当好"四个引路人"，以德立身、以德立学、以德施教，努力做教育改革的奋进者、教育扶贫的先行者、学生成长的引导者，为发展具有中国特色、世界水平的现代教育，培养社会主义事业建设者和接班人作出更大贡献。

同济大学始终不忘立德树人之初心，牢记培育栋梁之使命，扎根中国大地，哺育莘莘学子，同心同德，向上向善。学校广大教师把"为党育人、为国育才"作为毕生追求和崇高使命，坚持"学术与育人"，甘当人梯，甘当铺路石，以人格魅力引导学生心灵，以学术造诣开启学生的智慧之门，以毕生心血助力学生实现梦想，赢得了学生们的尊敬和爱戴。

　　本书共收集了100篇文章，作者们笔下的各位老师涉及全校近20个学院及部门。他们中有从事一线教学工作的教师，有辅导员、班主任，还有服务部门的工作者。从广义上说，他们都负有育人责任，都是老师，践行着同济大学全员、全过程、全方位育人的神圣使命。学校已经形成了教书育人、科研育人、实践育人、管理育人、服务育人、文化育人、组织育人等十大育人体系，书中一个个生动有力的事例，诠释了他们学高为师、身正为范，为人师表，专业精深，视教学为艺术，以育人为天职，用自己的全部心血"在学生的心里撒下智慧与道德的种子"的精神，赢得了学生的尊敬和传颂。学生们用饱含深情的文字，记下了恩师指导关爱他们的点点滴滴，也铭记了同济大学薪火相传、百年不衰的育人传统。

　　今天，以习近平同志为核心的党中央正带领着全党全国各族人民向着中华民族伟大复兴的目标奋勇前进，同济大学将继续发扬"与祖国同行、以科教济世"的传统，践行"同济天下、崇尚科学、创新引领、追求卓越"的新时代同济文化，为国家和民族培养擎天之柱、栋梁之才。我们也期待着《同济学子话恩师》不断续写同济老师们悉心育人的新篇章。是为序。

2022 年 8 月

TONGJI XUEZI HUA ENSHI

目 录
CONTENTS

序

育 人 篇

言传身教　无微不至（节选）　　　——我的恩师谢苍璃先生　002

至今依然留在记忆深处（节选）　　——记恩师张东韩、朱照宣　004

母校老师琐忆　　　　　　　　　　——记吴之翰等老师　006

领略大师风范（节选）　　　　　　——回忆黄作燊先生　008

同济校园里的"谭立面"（节选）　　——记严师谭垣教授　014

"吃喝玩乐"与学业人生　　　　　　——记李德华教授　016

"吾师从周"　　　　　　　　　　　——怀念恩师陈从周先生　023

先是老师　后成同事（节选）　　　——怀念赵汉光先生　030

师恩如海　难以忘怀（节选）　　——回忆李寿康教授和张问清教授　034

言传身教　受益终身　　　　　　　——忆张问清先生　037

尊敬的导师　一生的楷模　　　　　——记童大埙教授　040

难忘的十年（节选）　　　　　　　——忆翁朝庆先生　042

用香烟包装纸书写授课提纲　　　　——记翁朝庆先生　046

四十多年师生情　　　　　　　　　——怀念恩师范立础教授　048

"下马威"与"足球迷"　　　　　　——忆恩师沈祖炎先生两件事　051

"伴师夜译"（节选）　　　　　　　——回忆龚雨雷先生　054

德技双馨　令人敬佩　　　　　　——我与朱伯龙教授结缘的故事　056

他的严谨治学一直鞭策着我们　　　——回忆导师蒋大骅先生　059

一份保留至今的"课程设计"作业　　——怀念王家钧老师　062

跟随导师上山下海　　　　　　　　——记汪品先院士　　065

人生的楷模　　　　　　　　　　　——记高廷耀先生　　068

往事历历在目（节选）　　　　　　——记高廷耀老师　　072

做学生信赖的人　　　　　　　——记优秀班主任周铭孝　　076

呕心沥血　为人楷模　　　　　——我们的良师益友唐培吉　　080

银丝映日月　丹心沃新花　　　　　——记吴国欣教授　　082

桃李不言　卓荦为杰　　　　　　　——记李杰教授　　084

学生心中的楷模　　　　　　　　　——记黄宏伟教授　　088

以爱和责任为使命　　　　　　　　——记周颖教授　　091

他给了我们做学术的勇气　　　　——我的导师石建勋教授　　094

他，坚守师者的诺言　　　　　　　——记何品晶教授　　096

"脚踏实地，仰望星空"的领路人　——记导师戴晓虎教授　　098

桃李春风　亦师亦友　　　　——我和导师黄清辉的故事　　101

润物细无声　　　　　　　　　　——记导师许维教授　　104

用关爱抚慰学生心灵　　　　　　　——记杜建忠教授　　107

恩师如父母　　　　　——记我的导师翟继卫和师母沈波　　110

潜心做学问　精心育学子　　　——记我的导师林涛教授　　114

"先学做人，再学做事"　　　　　——记我的恩师钱雪军　　118

用春晖般的爱鼓励学生奋勇前行　——我们的恩师朱静宇老师　　121

传承经典　润物无声（节选）　　　——记刘强教授　　125

毒舌暖男　　　　　　　　　　——我的另类导师叶凯　　127

学贵得师　亦贵得友　　　　　　——记恩师王蓓蕾　　130

以身教者从　以言教者论　　　　——记恩师吴赟教授　　134

经师易遇　人师难遭　　　　　——记恩师郑春荣教授　　137

鸿才博学　高山仰止　　　　　——记恩师张德禄教授　　140

脚下有风　心中有梦　　　　　　　——记黄立鹤老师　　145

他让我喜欢上了英语　　　　　——记我的英语老师薛维平　　150

遇见您，践行更好的自己　——关于严桂珍老师的点滴记忆　　152

吾遇吾师　何其有幸　　　　　　——记导师孙效敏教授　　155

经师易得　人师难求　　　　　——记导师高旭军教授　　158

春风化雨　树德育人	——我们的好老师蒋晓伟	161
给学生细致入微的关爱	——记赵丽丽老师	163
引航护航　诲人不倦	——记我们的导师门洪华教授	166
夜里的那一抹灯光	——记仇华飞教授	169
我们敬重的师长	——记刘传联教授	172
奉献海洋　孜孜不倦	——记导师杨群慧教授	175
不忘教书育人使命	——记李岩教授	178
航空梦想，从这里起航	——带学生造"飞机"的教授沈海军	181
辛勤耕耘　不断创新	——记曹志远教授	184
平凡岗位上的不平凡	——记优秀党员教师温建明	187
一位真正的学者	——记导师许学军教授	190
文理兼修的"杂家"	——记梁进教授	193
言传身教　春风化雨	——我和导师梁汉营的故事	196
治学严谨　亦师亦友	——记我的导师贺群教授	198
学生视他为人生的引路人	——记朱仲良教授	200
低调教授收获"良心选票"	——记"我心目中的好导师"左曙光	203
教书育人　知行合一	——我眼中的余卓平老师	207
同济大学翼驰车队的创始人	——记李理光教授	211
学生未来的指引者	——记孙立军教授	214
她像一盏明灯	——记导师陈小鸿教授	216
红心逐梦　丹桂流光	——记辅导员张桁嘉老师	219
因材施教育新人	——记辅导员钱偲老师	223
在病中，她心中仍牵挂着学生	——记张苗苗教授	226
善育英才　勇攀高峰	——记童小华教授	229
严谨求实与创新　巾帼不让须眉	——记张晓艳教授	232
见微知著善意传　知人善用人心暖	——记张敬教授	236
与导师一起做科研的日子里	——记高绍荣教授	239
大自然的使者	——记郭光普老师	242
学为人师　行为世范	——我的导师康九红教授	245
他是我的榜样	——记王欣老师	248

同济学子话恩师

她是患者"值得托付生命的人"　　　　——记李惠萍教授　250

我的 super supervisor　　　　——记我的导师段涛教授　253

新竹高于旧竹枝　全凭老枝为扶持　　　　——记恩师程黎明教授　256

点滴汇江海　细节铸名师　　　　——记王佐林教授二三事　260

勤劳的艺术耕耘者与美的传播者　　　　——记于澎教授　263

青钱学士　文以载道　　　　——记导师陈青文　265

艺术学习道路上的指引者　　　　——记李巍教授　267

思 想 篇

我国城市规划教育的奠基人（节选）　　　　——记金经昌教授　270

一代名师寻常事　平生心血似春蚕

　　　　——学习和继承俞调梅教授的教育思想　273

学生，在他的关心下健康成长　　　　——记老校长江景波教授　280

恢复建院的第一功臣　　　　——记文法学院第一任院长唐培吉教授　283

师恩如山　终身难忘（节选）——转入同济后遇到的几位专业老师　287

优秀是一种习惯　　　　——访航空航天与力学学院院长李岩教授　291

教师最主要任务就是教书育人　　　　——走近聂国华教授　294

帮助学生更深地理解数学思想（节选）　　　　——梁进教授采访记　298

人 生 篇

百岁泰斗　良师益友　　　　——缅怀张威廉教授　302

人生代代无穷已　江月年年只相似

　　　　——怀念地下系初创时期的几位老同志　305

奉献书写无悔人生　——记外语系复建后首任系主任赵其昌老师　310

一生力学缘　奋斗耄耋年　　　　——记嵇醒教授　314

任劳任怨　默默奉献　　　　——忆陈德俭教授　318

爱中国、爱同济的德国人　　　　——记史图博教授　322

后记　　　　327

育 人 篇

学而不厌，诲人不倦

————孔子

责任就是对自己要求做的事情有一种爱。

————歌德

言传身教 无微不至（节选）

——我的恩师谢苍璃先生

▶ 青长庚①

　　谢苍璃先生生于 1896 年，重庆璧山人，同济大学毕业后赴德国留学攻读数学，获博士学位。他回国后即从事教学工作，主张"教育救国提高教学质量，为国家培养人才"。早期曾在四川大学数学系授课，后被同济大学、重庆大学、重庆教育学院等高校聘为教授。谢苍璃先生终生从事教育事业，特别在数学方面，是一位德才兼优，成绩显著，严谨治学的老前辈和师尊。

　　1943 年夏秋，谢苍璃先生任同济大学理学院院长，单身一人住在李庄当地士绅"史太弟"府的一间宽敞房间里。开学不久，谢先生关心我在附中的学习和生活，要我搬到他处，可以相互照顾，我当然乐往，与老师相处亲如家人。在与谢先生共住期间，我见他对自己十分严格，生活简朴、

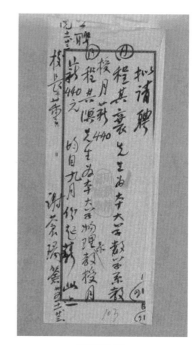

谢苍璃手迹

---

① 青长庚，1946—1947 年曾就读于同济大学机械系。教授级高级工程师。原文刊《同济人》2006 年第 1 期，本文为节选。

随和且平易近人，他好学不倦，没有任何架子，遇事总是把困难和责任揽在自己身上。对于教学，他总是以最通俗的语言解释或用实物形象化地演示。记得，一名大学部的同学告诉我说：谢先生在讲到空间解析几何中 $Z=f(x,y)$ 函数方程的一个空间曲面时，同学们起先不太理解，他便拿出随身带去的用来淘米的"竹编筲箕"给大家演示，同学们豁然解惑。谢先生的这种教学深受学生们的欢迎。

谢先生的生活很有规律，对人诚恳，对我的生活起居也很关心。他对工作认真负责，尤其对数学的钻研是他毕生心愿和爱好。他经常在书桌前深思熟虑以至深夜，每次上课前都要做充分准备、补充新的内容。我曾经问他：过去已经讲过的东西，何必再花这样大的功夫？他说：必须这样！学问无止境，只有不断充实提高才能把课讲好，使同学们都能听懂，否则是教不好的。这种一丝不苟、严谨刻苦的精神，我一直铭刻在心。我因在附中学习，没有直接听过他的讲课，但每当学习遇到一些问题向他请教时，他总是说"莫慌""不忙"，要我先弄清楚问题的关键，然后他再启发引导我，最后一语道破，使人恍然大悟。他的言传身教、无微不至的关怀对我的成才立业助益良多，让我终身不忘。

谢苍璃先生经常与学校的教授、先生们交往，主要是谈教学和学校的有关问题，从来没有请客送礼现象。经常到家中做客的教授大致有叶雪安、赵公绩、梁灿英等。记得有一次不知是赵公绩还是梁灿英带来了德国的罐装啤酒，大家十分高兴，边喝边聊，而且全部用德语交谈。谢苍璃先生也特别呵护年轻助教，数学系的助教是家中的常客，看到助教们解决了学习难题离开时的喜悦表情，我十分羡慕。

至今依然留在记忆深处（节选）

——记恩师张东韩、朱照宣

▶ 董启超[1]

在一个人的成长过程中，总会受到一些事情或某些人的影响。

回顾我从事教学及研究工作，一路走来，影响最深、难以忘怀的还是同学的榜样、老师的培养，说到老师，我特别要提到张东韩、朱照宣两位。

1950 年我考上了交通大学（现为上海交通大学），二年级开始接触到大学老师，有教测量的纪增觉，教高等测量的王之卓。应用力学和材料力学是朱宝华教的，助教是余文铎、孙钧。

朱照宣老师

朱宝华是双博士，板书写得整齐，讲课有条有理，这就开了我的眼界，余文铎和孙钧两位老师的教学态度也给我留下了很深印象。1952 年夏，交大土木系调整到了同济大学。在同济，高等结构力学是王达时教授上的。他不用笔记但从不出错，这套功夫也是我从未见到过的。另有欧阳可庆老师，教木结构时在黑板上画立体图，奇快无比，我连抄笔记都来不及。

---

[1] 董启超，1952—1957 年曾在同济大学学习、工作，后移居美国。教授。原文刊《同济人》2008 年第 3 期，本文为节选。

1953 年，我毕业留在同济理论力学教研组，开始了我的教学生涯。那时住在同济新村新四楼二楼，同住有余文铎、朱照宣等老师。刚走上教学岗位的我埋头苦干，十分努力，把时间和精力用于备课、做理论力学习题，有问题就请教余文铎、朱照宣老师。朱照宣是才子，据说他不到 20 岁就拿了两个学位（土木、数学）。我问他问题，他都耐心作答，且毫不费力。在这里讲一个有关他的小故事，20 世纪 80 年代中期，我曾应邀去约翰斯·霍普金斯大学做一个水波理论讲座，遇到了流体力学博士顾代方。他是复旦数学系毕业的，后到青岛海洋研究所工作。他告诉我，他在复旦时，朱照宣从同济去复旦讲"混沌"，边讲边写，内容丰富，深入浅出，同学们很是敬佩。顾代方还带来了朱照宣的笔记，复印后给了我，我至今还保留着。

母校老师琐忆

——记吴之翰等老师

▶ 胡汉明[①]

我 1953 年考入同济大学，分配到给水排水专业。在我的大学生活里，同济培养学生的两个方面给我留下了很深的印象。

一是重视实践和科研。记得进校第一年，每周就有一个下午安排实习，学生都要进行钳工、车工、焊工、铣工、刨工的实际操作。基础课除了安排实验课外，一些课程还要安排一周以上的实地操作和踏勘。记得上测量课时，我们班分组把整个同济大学的地形图测了一遍，汇总起来就是一张很完整的学校全图。每年暑假安排长达一个月的专业实习，进校第一年我们到上海各水厂参观，了解自来水生产的全过程，这叫认识实习。第二年分别在武汉和西安进行排水管道现场施工实习，最后一年是毕业实习，结合实际工程进行。我当时参加了苏州水厂针对胥江水源污染问题处理方法的调

吴之翰教授（中）

---

① 胡汉明，1957 年毕业于同济大学，教授级高级工程师。

研。学校在重视学生实践能力培养的同时，也重视科研。那时，每年的校庆活动中，各系举办的科学报告会是一项重要活动，学校形成了一种科研的氛围，激发了我们参与科研的热情。记得在1955年校庆科学报告会上，我宣读了论文《用树枝网法计算环网》，获专家好评，给我颁发了优秀奖状。

二是名师执教。当年一些重要课程上课的不少是名教授、副校长、系主任，他们虽工作繁忙但都不脱离教学第一线。比如，结构力学由时任副校长的吴之翰教授讲授，另外，杨钦、俞调梅等名教授都活跃在教学第一线。当年任课的老师与我已阔别半个多世纪，但我对他们的记忆至今仍是那样清晰，限于篇幅仅记吴之翰老师的为师点滴。

吴之翰老师是我们结构力学的任课老师，他上课条理性、逻辑性强，板书整齐、图形工整，很便于同学们做课堂笔记。课上还会留一些时间让学生讨论和提问，使所讲内容及时得到消化、巩固。

有时候，吴老师还会给我们讲一些专业之外的内容，他教我们如何科学地利用时间，至今仍铭记不忘。他说时间有三种属性：

一曰刚性，一分钟就是一分钟，没有办法改变。

二曰弹性，为什么在相同的时间里，不同的人会做出不同的成绩，这是如何有效利用时间的问题。

三曰黏性，要善于把零碎的时间充分利用起来，可以做成一件完整的事情。

要珍惜时间，有效地利用好每一分钟，这成为我一生的座右铭。

领略大师风范（节选）

——回忆黄作燊先生①

▶ 钱　锋　罗小未②

在建筑系发展的同时，黄作燊先
生以他别具一格的教学方式和独特的
魅力深深地吸引了每个学生。黄先生
在教学中经常引用英国建筑评论家托
马斯·杰克逊（Thomas Jackson）的
话："建筑学不在于美化房屋，正好相
反，应在于美好地建造。"黄先生说，
如果建筑师的任务只是美化已建好的
房屋，他可以按艺术家的要求来培养；
但要美好地建造，那么他所受的教育
应是建筑美学与建筑技术的综合。为

黄作燊教授

此建筑系学生必须认真了解他们的服务对象对建筑的要求，这是设计
的源头，并以尊重和精通技术作为表达美好建造的工具。

在教学方法上黄作燊先生主张启发式的教育。他认为引而不发可
以更好地发掘与发挥学生的无限潜力。这形成了圣约翰大学建筑教育

---

① 黄作燊，中国现代建筑教育的开创者，曾任同济大学教授，是同济大学建筑与城市规
划学院的学科奠基人之一。原文"怀念黄作燊"，刊《黄作燊纪念文集》(中国建筑工业出版
社)，本文为节选，标题新设。
② 钱锋，同济大学建筑与城市规划学院教授。罗小未，同济大学建筑与城市规划学院教授，
建筑大师。

不同于其他学校的特点。

例如黄先生认为掌握尺度对建筑师来说是十分重要的，他在某期学生的第一节课中，让学生将纸条裁成不同的标准长度：1尺长、3尺长等，然后由学生在墙上每隔1英尺贴上一条，以此培养学生的尺度感。学生们觉得这样的课十分有趣，从来没有见过，因此留下了非常深刻的印象。

他出设计题目的方式也十分特别。当时有些学校的设计任务书对内容规定得很具体，如将房间的数量和面积都详细说明。而黄先生却不是这样的。圣约翰建筑系首届毕业生李德华回忆说："我们当时学生只有5个人，他给每个学生发一张打印好内容的A4纸，纸上用散文般的优美流畅的英文描述了关于这个设计题目的背景与要求。要学生在拿到这个题目后，自己去思考或做调查，提出这里面应有什么功能，需要安排什么内容。"

例如早期有一个题目——周末住宅（weekend house，就现在来讲，是真正意义上的别墅），黄先生把有关背景条件告诉学生，例如在别墅中生活是怎样的，它和平常住宅中的生活有何不同等。人们只在周末才去别墅居住，这个设计该如何解决五六天日常不住人的问题，例如安全问题就尤为重要。对于这些问题，他都没有直接说出来，而是启发学生自己去发现和提出。

到后期，他有时甚至在题目布置后不加任何说明，完全放手让学生自己思考，自己提出设计要求和制定任务书。圣约翰建筑系毕业生王吉螽回忆说："我的第一个设计是一个乡村河边的诊疗所。当时，他在黑板上写完题目就走了。我因为刚从土木系转过来，第一次上他的课，有些莫名其妙，到底怎么做呀？想问老师，可是，老师怎么走了呢？向其他同学打听后才知道，老师帽子仍在讲台上说明老师还在，他离开不过是想让学生自己独立思考这个题目应该如何做。这件事我至今记忆犹新。"

除了建筑设计课以外，受包豪斯教学思想影响的黄先生还为低年级学生开设了建筑初步课，在这一课程中他也同样用启发的方式让学生掌握关于材料和形式的关系。

圣约翰建筑系毕业生罗小未回忆说:"我们班的第一个设计题目就两个字'pattern & texture',黄先生要求我们在一张 A3 图纸上表现这两个字。我们一开始很不理解,问什么是 pattern,什么是 texture,作业到底要做些什么?黄先生说:'什么东西都有 pattern,衣服、围巾都有';至于 texture,他说:'你摸摸你的衣服,它就有 texture'。这个设计我是和华亦增一块儿做的。我们各自在一张图纸上画了 8 个方块,上面 4 个是 pattern,下面 4 个是 texture。华亦增做的一个 texture 是将一种像人参那样的中药切成圆片片,并把这些断面上带有裂痕的圆片一个一个贴在上面;我做的一个 texture 是把粉和胶水和在一起,厚厚地涂在方块上,并把它们绕成卷涡形。我们交作业时,黄先生也不直接说好坏和对错,他看着看着,就指着作业对我们说:'你看,这里不是既有 pattern,也有 texture 吗?'这时,我们才恍然大悟,真正理解到 pattern 和 texture 真是无所不在,并且是不可分割的。他采用这样启发的方式让我们自己悟出道理。"

黄先生特别注重培养学生在设计中的创造性,反对因循守旧和抄袭。为达到这个目的,他尽量用国内社会上尚没有的建筑类型作为设计题目。他曾经出过一个托儿所设计的作业。当时上海还没有一栋真正为托儿所而设计建造的建筑,学生无法模仿现实的建筑实例,也不能从现成作品中取得设计经验。因此托儿所应该是怎样的,学生只能通过自己对有关方面的调查、理解、构想和分析来得出结论。通过这样的方式,黄先生试图培养学生对于设计必须从问题源头出发的理念与方法。沈祖海仍记得当时他为了明确设计任务而到处走访的情景。黄先生对于那些在现实中已有的建筑类型,也要求学生从根本出发。例如设计一个电影院,他让学生到电影院里好好地体验整个过程,从放映、购票、入场观看电影的实际要求与效果出发去设计,不允许他们不知其所以然地照搬。他也布置过一个教堂设计的作业,上海常见的教堂建筑都是哥特复兴式或是其他复古样式的,但他要求的教堂面貌却要是全新的。为了做好这个设计,学生们一方面走访牧师,并到不同的教堂去体验做礼拜的感受,了解教堂活动的各种内容和要求;另一方面又绞尽脑汁地尝试用新材料、新结构和新形式来表现教堂的宗教气氛。

　　黄先生强调从问题的源头上着手，目的是要培养学生的"创造性"。李德华回忆说："现在我们说起建筑创作时常用'creation'一词，但黄先生喜用'originality'（原创性）。可能他认为'原创性'这个词更符合他关于设计创造性的概念。"指导学生作业只动口、不动手，也是他教学中的一大特色。他总是问很多问题，这里为什么这样，那里为什么那样，学生常被他问得心怦怦跳。如果设计是在哪里抄来的，就会被问得无法回答。黄先生最反对形式主义和抄袭，因此，在布置题目时从不指定参考对象，而是要学生广泛地看，广泛地参考，自己总结，自己发挥。他认为老师指定了范围就会束缚学生的思路。当然，他鼓励学生看书、看杂志，研究好的例子，有时在上课时他会带来一大箱书或最新的杂志给学生看。但认为学生最终的作品必须是自己思考的结果。

　　黄先生在教学中很早就开始了"假题真做"的训练。因为黄先生认为存在于建筑师与业主（或使用者）之间的是一种供与求的关系。建筑师只有同业主不断磋商、相互促进，才会做出好的设计。圣约翰建筑系第一届学生的毕业设计题是医院，黄先生找来了真正的业主，一个妇产科的王医生，是当时著名妇产科医生孙克基的好朋友。他想改建自己的医院，在原址上重新造一座新的，于是黄先生就将此作为题目让毕业班的学生来做。

　　黄先生请了王医生来给学生作讲座，告诉他们医院设计的要求。学生们以为这是一个真实的题目，设计激情非常高。学生们先去医院了解情况，向医生、护士、产妇作调查，并且每个人在医院中各个岗位上实习半天，然后回来交流汇总成报告。他们在充分了解医院的各种活动与运作方式的情况下，自己提出设计要求，进行设计。

　　设计完成后召开了一个汇报展览会。学生们将设计成果向医院与医生汇报，吸引了很多师生前来观看，医院院长也来了，十分轰动。最后，业主请学生吃了一顿饭，还买了很多绘图仪器送给他们，大家都非常高兴。

　　黄先生在教学中十分重视动手能力，强调模型制作以及在制作过程中注意建筑营造的工艺和形式的关系。

他布置的各个设计作业，无论是周末别墅或河边诊疗所，都要学生做模型。当时在学习中做模型还是一件十分稀有的事，做好后便展出供大家评论。而黄先生要求的展出方式更是别具一格。罗小未回忆说："在医院设计的汇报展览会上，他要学生用绳子把模型吊到人的视线高度进行展出。他说放在桌上的模型是鸟瞰的，不是平常见到的视角，只有把模型放到与平常视点相应的高度才能体会到建筑建成后的效果。"

为了训练学生理解工艺和形式之间的关系，黄先生接受了当时（20世纪40年代中期）刚从哈佛回来的李滢的建议，开设了陶艺制作课。制陶的工具由李滢和李德华一同设计：木质，上面是一个支板，下面用脚踩板来带动上面的支板转动。学生通过亲手操作，体会到了制作过程和形式之间的关系。他们回忆说："我脑子里想着一个形，然后动手去做，或者做得出，或者做不出，这种感受非常好。"

同样，学习构造，黄先生也要求学生自己动手。例如让他们自己砌砖，看着砖墙如何垒起来，如何稳定，唤起他们对于构造的感觉。同时，他在建筑设计制作模型过程中也融入了构造实践的思想，因为一做模型，学生就要考虑简单的构造问题，梁和柱如何交接，层架怎么放上去，等等。因此，教学与训练是一个有机的整体。

黄先生具有强烈的平民意识，他认为今日的建筑师应重新把自己定位在与社会的关系上：把自己视为一个改革者，他们的任务就是要为社会大众的栖身提供背景，要运用各种可能的新技术来为大众提供较大的空间、良好光线与必要的设施，要正视他们的生活方式并运用各种建筑美学的手段来满足他们对美的需求。这种提法在今天看来是理所当然的，但是在当时的背景下，是非常不容易的。

20世纪40年代后期，他曾经带着学生去参观普陀区的贫民窟，恶劣的居住条件让每一个参观的学生动容。学生们第一次看到了一半在室内，一半在室外的"肥皂箱"——因为房间太挤，睡觉时躺不下，就在墙上开个洞把脚伸出去，脚上套上一个肥皂箱以遮风避雨。黄先生让学生们深切感到为劳苦大众改善住房质量的迫切性，并以此作为自己的使命。

黄先生不仅教学方法独特，其非凡的气质与风度和特有的人格魅力，更深深地吸引着每一个学生。李德华回忆说："我第一次上课时就觉得这个老师十分特别，不仅是他的外表，他整个人都与其他老师不一样，气度非凡，非常独特。以后接触时间越长，就越感觉到这个人所具有的独特的人格魅力。"

同济校园里的"谭立面"（节选）

——记严师谭垣教授①

▶ 吕典雅　朱谋隆②

谭垣教授

抗日战争期间，谭先生在内迁重庆的中央大学建筑系任教，据谭先生的早期学生现清华大学吴良镛教授回忆，当时条件相当差，许多老师相继离开，唯有谭先生和鲍鼎教授在全面抗战的八年中坚守岗位，使中大建筑系（现东南大学建筑系）得以度过最艰难的时期。1952年全国院系调整，谭垣先生从之江大学来到同济大学建筑系，是同济建筑系的元老之一。谭先生毕业于美国宾夕法尼亚大学，1930年获建筑硕士学位。当时的宾夕法尼亚大学建筑系的建筑教育思想，属于欧洲传统体系。欧洲的现代艺术和包豪斯现代设计教学思想，那是在1927年才开始转移来到美国的。

谭先生由于功底扎实、理论基础雄厚，动手能力强，回到祖国后不久，即被聘请到南京中央大学建筑系任教，先后教授过一大批中国自己培养出来、非常优秀的著名建筑师如戴念慈、张镈、张开济等，

---

① 谭垣，毕业于清华大学，1952年始执教于同济，同济建筑学元老之一，教授。原文刊建筑与城市规划学院《纪念与追忆》文集，本文为节选。

② 吕典雅，朱谋隆，同济大学建筑系教授。

建筑教育家如原天津大学建筑系主任徐中教授、原清华大学建筑系主任吴良镛教授等。

　　从 20 世纪 50 年代初开始，谭先生到同济任教。谭先生时值中年，对教学很勤奋。据吴良镛先生回忆：谭先生对学生基本功训练非常严格，从作草图、渲染技法、投影画法到建筑比例、尺度的推敲，把关非常严格。谭先生教学最大的特色，是引导学生逐步形成一个正确的设计意图。常有同学在校园（当时的中央大学）遇到谭先生，他从口袋里掏出一张经过他批改或加以发展的设计草图交给同学，还对同学讲要怎样推敲。足见他是将思想感情全部放到学生的身上，无时不在思考学生的设计，全心全意为了教学。谭先生在重庆时期的另一名学生、建筑学家郑孝燮写道：谭老师上课手把手地教学生，向来很严，严到有的学生有点怕他。记得开始上建筑设计课时，谭老师注意学生的手，看谁的手掌柔软，指尖纤细，他说这样的学生设计绘图心灵手巧，是学建筑的好苗子。他同班的戴念慈的手正是这样，果然后来成为我国建筑学界的一代巨匠。

　　谭先生一到同济，出手不凡。给学生改图，只见他拿起铅笔，在拷贝纸上随手画几下，顷刻间，平面布局、立面效果：作为配景水平线条立面画上的宝塔松、棕榈树，垂直线条立面画上水平伸展的矮树，特别加强了阴影和虚实效果。凡经过谭先生在教室里改过一次图，大家顿时有走出浓雾一般的感觉。但也时常有个别不认真或悟性差的学生被谭先生当场斥责，难免使一些同学既希望谭先生改图，又担心谭先生发脾气。由于谭先生改立面喜欢用 6B 铅笔绘草图，快捷而层次鲜明、虚实对比强烈，因而获得了"谭立面"的称号。

"吃喝玩乐"与学业人生

——记李德华教授①

▶ 孙施文②

　　李先生说起话来，是轻缓而温雅的，很少能听到他声调高的时候，情感的变化通常是用语速不同来表达的。面对面聆听李先生教诲，他时而会用南腔的普通话，但更多说的是上海话，是那种带有本地口音、融合着更多吴语调子的上海话，对我而言，还是比较老式的那种。

李德华教授

　　我师从李先生读完硕士和博士研究生，后又留在学院当老师，曾专门向他求教，也曾与他一起工作和出差过。多年来的亲炙，留有许多值得铭记的教导。受教最多的当然是在学业上，其中最直接的教诲大多体现在学位论文或发表的文章中；而处事、为学、做人的指导则直接影响到我后来的思想与行为，现在要去分辨这些影响，怕是有些困难的。因为随着时间的流逝，这些谆谆教导要么已经融贯了，要么就已经被淡忘了。那些融贯了的，也很难再找到源头；而那些淡忘了的，或许再也记不起来了。做学生的惭愧

---

① 李德华，建筑与城市规划学院教授，博士研究生导师。本文选自《李德华文集》(同济大学出版社，2016)。

② 孙施文，建筑与城市规划学院教授，博士研究生导师。

与懊恼往往就体现在这里。

李先生关注细节。细节并非只是体现了人的心思之小之慎，也非后来经济管理中所讲的是成败的关键，而是人的体验最扎实的基础，是各类趣味所扎根的土壤，也是对精致所不可或缺的追求。热爱生活，才能更加关注细节，通过细节的完善使生活走向更加美好。细节涉及很多方面：日常生活中的，文章中的，设计中的……李先生都予以了关注。在对我的指导中，往往也都是从小的细节入手，很少有宏大叙事类的教导。记忆中，宏大叙事是我擅长的，时常会对某个问题建立一个庞大的框架，李先生耐心地听我的阐释，然后指出一两个我没法解决的细节问题，先前的框架就可能顿时瓦解。李先生还时常以亲身的经历来传达如何关注细节、运用细节。别的不说，我记得这样的事例：李先生有一套刻蜡纸的工具，除钢板铁针笔是现成有卖的，其他十来件都是自制或用其他物品替代的，有些当模板用，有的当工具用。刻蜡纸最怕有错字要改，必用火或高温，通常我们是用火柴点火后将熄未熄的余烬来处理的，如果控制不好就会过度甚至烧穿，整张蜡纸前功尽弃。李先生就用一金属小勺来做这事，从未坏过一纸。其他还有许多发明，因我说小学、中学、大学时都刻过蜡纸，所以我可以数说各件派什么用、怎么用。还有两段不同形状的小棍是油印起特殊效果用的。这套装备20世纪90年代初李先生还放在办公室，用一块灰色的麻布包得整整齐齐的。

在我的记忆中，李先生时常会用对日常生活中一些细节的体悟来阐释为学、为人、做事的道理。这些日常生活的细节大多与吃喝玩乐有关的。说起这些话语，通常是在为学生问学求教解惑之时，说到某个问题，然后话锋一转，李先生便开始兴致勃勃地说起吃喝玩乐的事了。有时候，李先生会用"就好比我们吃饭……"这样的话起头，但大多时候是没有这样的转换的，直接就说吃喝玩乐的事本身了。待这事说完了，也不会再回过来阐释他这段有关生活细节的话的含义，然后就接着说后面的事。所以，这含义就是留待你自个儿去理解、体会的。这也许是李先生的一种训练学生的风格吧。比如，李先生改我的论文和报告，除了个别的错别字和标点符号会直接标注，没有过整段或整句修改的，通常都是在文稿的边上注上"结构""文"等字样，告诉你这里有某方面的问题。如果李先生认为论文或报告中的内容有问题，通常会在这段文字的下面用波浪线划出来，问题比较严重的会再加个惊叹号，有的在边上注上某人或某事，意思是你的论述没考虑到这些。我对此的理解是，作为学生应当自己去思考、去研究，导师的职责就是在边上敲打敲打你，把你存在的问题提出来，别走偏，然后你自己去体会是什么问题，怎么去修改。路是要自己走的。

李先生有关"吃喝玩乐"方面的谈论应该不少，现在还记得的这些或许是对自己有所触动的，或者有所感悟的，所以记得比较深切。当然，下面记载的这些话语，基本的意思还在，但肯定已经不是李先生的原话了，已经是不确切的用语了。李先生所讲的也都是细节，我也只能凭借记忆复原一些前后的话题或场景，至于微言大义之类的，我就不再赘言，因为李先生并未阐释过，我的理解也仅仅只能是我的理解，每个人也都可以有自己的理解。

（1）酸甜苦辣咸都要能吃，喜欢吃辣的，多吃点没关系，但不能只吃辣的，其他的吃不了。人能辨五味，不能缺味，更不能只有一味，那是人的味觉机能的退化。

（2）吃饭吃菜，要会品，要知道好在哪。这不是在不同口味或者不同菜系中比较，而是在同一菜系同一口味中比较。比如同是辣菜，辣的程度差别在哪；不同食材放辣的程度是不同的，它们的口味如何，辣些或不辣些哪种更好；再辣的菜也要能分辨出其他的味，除非它真的没有。如果辣菜只有辣，那肯定不是好菜。同样是上海糖醋排骨，糖多糖少、酱多酱少、醋多醋少的不同搭配就有口味上的差异，而且和小地域差异也有关。

（3）不管是辣菜甜菜，要吃几种该菜系中的经典菜，经典菜不一定都是大菜，不一定是高级饭店里的。吃过经典菜后再与这类菜中的其他菜比较，才能真正知道这类菜好在哪。再更广泛地比较，吃出同一菜系里的差异、菜系与菜系之间的差异，以及同样的菜在不同馆子里的差异，这样吃饭也就比较有乐趣了，口感也丰富了。

李先生经常用中国各地菜的特征来说事，说过很多次，尤其是有关于辣和甜的口味问题。我这里只是把它们归结为这三段话，表达的是三种不同的意思。说这些话的场合都在办公室，说的都是和学习各种理论以及怎么去学习有关的。记得我刚读研究生不久，有次李先生很突然地用上海话问我："能吃很辣的菜吗？"我说可以，他接了一句"蛮好"，再无下文。于是我思量了很久，所以到现在还清晰地记得。一直到后来带我去四川什邡参加学会活动，带我去吃当地老火锅，好像才是对这一问的回应，但这之间有差不多一年的时差，所以这两件事之间是否有关系我不肯定，我也没问起过。在我就读期间，李先生一共只有两次为我推荐过书目，一次是我硕士毕业，3月毕业到9月读博士，有半年的空档期，我就去问李先生这期间可以读些什么书，我那时对城市规划早期历史有兴趣，他给我列了个书单，记得是四五本英文书，现在记得的是芒福德的《城市文化》和贝纳沃洛的《现代城市规划起源》，其他的记不住具体书名了。当时我已办离校手续，图书馆也不能用，他就把这四五本自己的藏书从家里搬来给我。后来我才知道，学校的图书馆也没有这些书。另一次是在博士论文阶段，他见我那时对新马克思主义和福柯特别有兴趣，却向我推荐了帕森斯，说在当代社会学中很重要，值得好好读，他的结构化的思考方式对我的论文有用。这次荐书没有说具体的书名，还让我注意其前后期的变化，我就到处去找帕森斯的书读，没有中文版，我还动用了海外的关系才找到。这次，李先生还有句名言也值得一记："先要有建构才有可能解构。"解构是当时建筑学领域比较时髦的话题。这两次荐书时，李先生都说到了与前面这三段话相类似的话。

（4）吃虾和蟹，不能用手剥，更不能用工具把肉剔出来再吃，而是要用舌头把它们分拣开来，因为最鲜美的是肉与壳之间的汁水所包裹着的肉。这也是对舌头灵活度的训练，舌头灵活的人脑子也比较灵。

这段话是在什么场景下说的，我现在已经记不得了，我的推测应该是在讲用适宜的方法时说的。或许是自己对这种吃法和某种现象有共鸣，所以对这内容才记得这么牢了。

（5）中国饭店里的菜单，是不标明食材的，用个漂亮的辞藻，让你去意会；国外的菜单是标明食材的，让你明白吃的都是些什么，是可以实证的。

这是在审阅我博士阶段的读书报告，看到我引用的一段文字时说的。后来我再也没敢引用过类似的文字，尽管那是中国大百科全书上的。

（6）有次出国回来向李先生汇报，说起在外吃饭，菜单上有不少东西不知道是啥。李先生说：那就挑不懂的吃，吃过了就知道是啥了。每次挑一个，多了有点冒险，而且可能还是分不清楚啥是啥。

（7）学规划的要多吃蹄筋，可以长脚力。规划人就是要多走路的。

这句话最初在什么场合说的也记不得了，但后来一起吃饭李先生点过这菜，是属于被唤醒的记忆。至于是不是有科学根据，未考证过，但至少是符合中国传统文化的。

（8）常温的水最难喝，要么喝冰水，要么喝热水。

这句话我能清楚地记得当时的场景，夏天，房间里很热，当时还没有空调，只有电扇。说到文丘里的后现代主义和建筑的复杂性与矛盾性时说的。李先生和我们谈话，很少喝水，有时大半天也没见他喝过水，所以我们都没有给李先生倒水的习惯，只是我们每次去李先生家，李先生或师母罗先生总是要先给我们倒水的，还都是亲自倒。

（9）为什么上海的奶油蛋糕好吃，北京的不好吃？关键是奶油！奶油不只是油，口味也很重要，奶油的品质和制作水平决定了蛋糕是否好吃，形状什么都是不重要的。上海的冰砖、雪糕好吃，北京的不好吃，样子像也没用，叫同样的名字也没用，道理是一样的。

这是我博士论文送出去评阅后，有老师跟我说，论文没有图全是文字，不像是规划专业的论文。我当然忐忑不安，就转述给李先生，他说了这么一段，说得有点急。于是，我心里踏实了些。李先生在我就读期间，曾多次点评过上海各大西点店的糕点和几个西餐厅的饭食，关乎这些糕点和各类菜式的细微差别，好在哪不好在哪，这里就不多说了。

（10）上海以前有盐汽水、盐水棒冰，实质都是水加点盐，但口感就大不同，于是就有销量。很少有人喝水加点盐了事的，还要专门去买，还买特定的牌子。

这段与上一段话的意思有相近的，但也有不同的。这是我毕业后，有次参加编写一本教材，李先生作为专家对该教材进行审查，在审查会结束后回校的路上对我说的。"特定的牌子"云云是有实指的，为避免广告的嫌疑，隐其名。

（11）上海人说的西餐，里边有很多菜式都不是法式或者意式的，而是俄式的或者是中式化了的。有些说西餐好吃的人，如果把正宗的法餐、意餐端到他们面前，他们会说这不是正宗的西餐。

这段话的由头是我在阅读中发现许多人对霍华德田园城市理论有误读，其中有一些是非常有名的海外学者，而且有些误读是非常明显的，而这些误读导致的一些错误认识，一直流传到现在。也正是接着这个话题，李先生又再一次强调，"Garden City"不应翻译成"花园城市"，因为它和"花园"确实没有什么关系。

（12）不要刻意地去运动，走路走快点，别搭车，一两站（指公交站）路走就行了，上下班、买菜、办事等都是运动。专门的、定点定时的、以运动为目的的运动，那是浪费时间。

这一段话和李先生常说的"读书也是一种休闲"的含义是一样的，就是不要刻意去做事，把运动和看书当作生活中的一部分，随时都可以去做。说这段的场景是我说时间不够用，没法分配。

（13）多看看那些记者、电视评论员的文字（当然说的是英文），比较有意思，社会新闻的、制度的还有杂七杂八的各种东西都在里头，对了解真实的当今西方世界也有用。

这是在我说到很多理论所产生的背景，我们很难有较深入的了解时，李先生做的引申，而且建议多看看记者写的专题性的报道和传记等。说这话的时候，李先生在读一名美国电视评论员的评论集，一本口袋书。并说，《纽约客》的文字比较优美典雅，可以多看看。

（14）学外语口语，最好是看剧本、看演出，或者多看新出的小说，这样你才能知道人家现在实际上是怎么说的。口语变化很快。口语，语法派不上什么用，不信你试试，把说的中文录下来，分析一下没几句是符合语法的。但语调很重要，要别人理解你的意思，语调有时甚至比单词还重要。

除此，李先生还分析过英国不同阶层的用语、语调等。

（15）逛街有很多学问可以琢磨，要多逛逛，要逛出趣味来，趣味来自不断地分析与总结。不先想好要买啥东西地逛，才是真逛街。

这是在讲市场规律时讲到的，"逛街不只是为了买东西"，然后还讲到商场内布置和不同商场之间的组合等。

（16）牛是中国文明发展中非常重要的动物，理应得到中国人的善待，但现在农业不用牛了，动物园里也没有，以后的孩子都不知道"牛"这种动物了，只知道吃牛肉，说"牛气"了。南浦大桥桥头搞大桥公园，方案评审时提议做点田园风光，放几头牛上去，就是没人理会。

这段话已经想不起是怎么说起的，但我记得李先生至少说过两次。

（17）中国人吃饭用筷子，精细化操作，一点一点来，可随时调整；外国人吃饭"动刀动枪"，吃前要想好吃什么，好吃难吃都得吃下去。

讲城市化，就讲到了农业的耕作制度和生产方式，也就讲到了文化和生活方式。原来农业生产方式与吃饭的方式之间也有联系，第一次听到。

（18）外国人餐桌上夫妇不坐在一起，主人夫妇离得最远，而且要交叉搭配，要让大家谈得起话来。但坐车，就必须把前排座位留给他们夫妇，男主人开车，副驾驶座就要给女主人留着。

这是在一次活动中说的，当然不限于这几句话。

（19）定时吃饭也是一个很有意思的规矩。人的调节能力应该是很强的，吃饭的时间调前些、调后些，应该都没什么问题，都不会影响健康。但我们把吃饭时间限定在非常固定的、很短的时间内，就是社会规矩了。为什么不可以饿了就吃、不饿晚点吃呢？再想想国外，晚餐时间的早晚差异还是有阶级性的。

这是有次出国回来，向李先生汇报所作的一个 lunch seminar（午间研讨会）的情况，并说起国内外大学的上课时间、食堂供应时间和卫生的差异后，李先生说的。至于最后的一句话，以前没注意过，后来出国还进行了有意识的专门观察。

（20）Thinking from smoking.

这句话是褒是贬，还是客观陈述？我也还一直糊涂着呢。

"吾师从周"

——怀念恩师陈从周先生

▶ 刘天华[1]

浪迹天涯 13 年后，1979 年秋，我又回到同济拜在陈先生门下，研读古典园林。那时先生刚刚六十出头，精力充沛，3 年中又只带了我一个学生，又正好与其长女同岁，先生待我如子侄辈，故我得以常常亲近先生，侍奉左右。时逢先生 100 周年诞辰纪念，想说的话真不少，还是从国画课说起吧。

陈从周教授

有趣味的国画课

1979 年春天，我报考了先生中国建筑史专业古典园林研究方向的研究生。考试科目中指明了报考园林专业要考中国画，我对此有点发蒙，于是借一次出差上海的机会，和同学一起去同济新村村四楼拜访陈先生。说明来意后，先生让我们坐进了他的饭厅兼书房，我忐忑地问，中国画范围极广，应该如何准备，如何应考？记得先生一面抽烟，一面笑眯眯地说："不会考你山水人物，主要是画一些园林中常见的小景，如竹木泉石，搞园林的不会画几笔国画可不行。这是我坚持要考

① 刘天华，上海社会科学院建筑美学研究所研究员。

的。"还说，这是中国文化的一部分，与建筑史、园林史，绘画史、古文翻译、古文作文放在一起考。最后先生还说："做我的学生，知识面一定要广，许多人有点怕，其实不难的，就是杂了一点，看你底蕴了。"出门告别时，我一身冷汗。

以后的半年里，我找了一名国画老师恶补园林小品小景，因为有大学3年素描水彩课的基础，画得还马马虎虎。考试转眼就到了，因为要考设计，考场设在同济南楼底层的绘画教室内，一人一张大桌子，综合科目考卷有三大张，还夹着一张一尺见方的宣纸。当我答完试题拿出准考证上要求准备的笔墨砚时，周边考生都投来奇怪的目光，连监考老师也觉得新鲜。题目是"枯木竹石图"，按照准备的腹稿提笔作画。因为紧张没有发挥出最佳水平，不过幸运的是先生后来还是收了我。

先生是画坛巨匠张大千的入室弟子，跟先生学画，受他教诲的"画青"少说有十几人。但是按照研究生教育大纲授课，正儿八经教的唯有我一人。后来和年轻一辈说起此事，还真有点小得意。可惜我悟性不高，没学好，想想真是愧对老师了。第一学期有国画课，每周四节。上课时，会先让我把饭桌擦干净，铺上毡毯，然后裁纸研墨。有时先生一边抽烟一边嘟哝："小赤佬（上海话，表示对晚辈的爱称，意思是'小子'），上我的课还要我倒贴宣纸，以后拿点来。"但我好像一次也没有带去过，因书桌上、墙角边一卷一卷宣纸堆了不少，都是请他作画的人送来的，用也用不完。

上先生的课很随意，他常说："我带学生是老师傅带徒弟的方法，我说，我画，你能领悟多少，全凭自己的本领。"还时不时感慨：古人所说"师法其上，得乎其中"，诚不我欺也。有时我会质疑："如果学生都如此，岂不是九斤老太，一代不如一代？"此时，先生就会瞪我一眼，骂一句"侬懂啥！"过后想想，跟着先生这样一位诗、书、画均是高手的园林大家，能得其中，已是上上大吉了。

其实先生教授画，还是很有章法的。他让我一开始先练三种线条：直线结合画竹竿，要把直幅画纸横过来，一节一节从左到右，越来越细；曲线是画兰花叶子，先生称之为"撇"，下笔要随意，自由飞舞；圆是大大小小的圆圈，画葡萄、枇杷、葫芦就用此法。先生要求我回到宿舍，三种笔法要重复练上百次，如对待小学生一般，当然他也从未查过。国画课先生示范技法很是认真，他前后曾给我十二幅小品画稿，都是留存画稿中的精品。一次先生教我画山石皴法，随手取来一张作画远山皴法示范，后来说到太湖石，又把纸颠倒过来画了一座石峰，我看后爱不释手，一直留到今日。虽不是完整画作，但画稿记录了先生上课之过程，对于我，有特别的纪念意义。

国画课的另一教学方式是观摩，即看先生作画。求先生字画的人很多，学校外事部门又常将先生画作赠予外宾，因此先生有不少时间花在画画应酬上。作画时，边上要有书童做研墨、拉纸、钤印等辅助工作，这些也成了我学画实践的一部分。这里还要说说先生的闲章。先生喜欢各式各样的图章，集有一大盒，印文各式各样，如"画奴""我生戊马""我与阿Q同乡""梓翁九怪"等，不少求画者还指定要盖这些深有意味的闲章。先生题画也多有意味。记得有一次先生画葡萄，上题"一圈一圈何时了，谁都跑不掉"，左看右看十分得意，当时我不太领悟其意，后来才逐渐品出其中之蕴含。

先生交友极广，上门拜访的人也很多。我因隔三差五往先生家跑，能碰到不少名人。我现在还留有冯其庸先生一副对联，就是在先生家为他们研墨拉纸后，冯先生送我的。有一次我在同济新村村四楼门口见先生送别一名白衣长发女子，随先生进屋后看到茶几上一张名片，写着"三毛，陈平"四字，我惊讶地问先生："她就是三毛?"先生点头后饶有兴趣地拿起名片，说了一段让我难忘的话："人分几等，名片也分几等，高高在上的人不用名片；有名气的人，名片上字少，越少越有名，如这一张只有四个字，说明三毛蛮有名。名片上堆满字，列着七八条头衔的人最没有花头，是用片子吓唬人，欺骗人。"

先生睿智幽默，经常说一些俏皮话，有时还会引来师母的白眼，说不要听他胡说八道。先生还常常问我一些小问题，考我急智。一次，我带朋友去看先生，他正在为画题款，写到笠翁、涤翁时，随口问我此二人为谁，我说了"李笠翁"，顿了一顿，边上朋友接口说"石涛"，先生说"你比刘天华强，将来会有出息"。果然，此子后来也成了名家。

随先生游历

读研两年半，最开心、最期待的事莫过于随先生外出开会、考察。除了第一学期公共课多，最后一学期写论文较忙，中间大概跟先生外出了七八次，真是让旁人羡煞。那时经费少，出差一趟不容易。出差考察时每次就餐，先生和领导、老专家一桌，我喜欢挤在年轻人一桌，席间先生那一桌围着听他聊天，笑声不断。先生博闻广记，风趣幽默，对各地的历史文化、名人轶事信手拈来，能说出不少道道，让大家在佩服之余又为自己的乡土骄傲。

到了晚上，先生似乎比白天更忙，他朋友多，仰慕者更多，所以宾客络绎不绝。当地文化、文博、古建、园林界的熟人、学生，一批接着一批。有时会让先生当场作画，分送众人。先生曾对我说，他的画只送给有缘之人，有的人索画，他会不理不睬，而为他开车的司机、为他烹饪的厨师问他要画，他一定会答应。记得先生有一方闲章，刻有"布衣陈从周"五字，他无官无职，一介布衣，在海内外有那么多朋友，实在是具有不一般的人格魅力。有人说陈从周喜欢骂人，不错，但他骂的都是那些破坏老祖宗留下的青山绿水和历史古迹的不懂文化的庸官奸商。对于一般劳动者，社会底层的老百姓，先生从来不会横眉冷对，反而是和颜悦色，有求必应。

20世纪80年代初，改革开放刚起步，正是百废待兴、奋力前行之时，城市规划要重新制定。园林、风景区、古建筑都要评估和修复，这些会议都要请先生。另外，先生的《扬州园林》《绍兴石桥》等著作文稿已初定，还要实地补充大量图片，我跟随先生左右，着实见证了先生的忙碌。先生勤快，出差途中也见缝插针写稿。我记得《书带集》中的《杭绍行脚》《烟花过了上扬州》两篇都是先生挤时间草就，然后让我誊录。一篇是在西园宾馆开写，到镇江开会时定稿；一篇是在火车上完成草稿，我回学校帮抄的。先生说，这些都是"文债"，晚报盯着要。也就是这一篇一篇带有专业知识的抒情游记，造就了先生"散文大家"的名声。

时至今日，当年开会的内容多已忘记，但有些小事尚留在脑海中。第一次是去常熟开规划会议，我外祖父曾在常熟中学教书，我从小对这座"十里青山半入城"的古城很有感情。跟着先生一路行来，每逢古迹残园，他都会指点精要，读掌故沿革，如数家珍。还记得第二天一清早，五点不到就被先生从被窝里拉起，和朋友一起去言子墓附近喝茶的情形。先生说，喝早茶、吃头汤面是江南古镇的传统，这种文化不能丢。另外还谈到燕园、赵园、曾园的保护修复，反正是问题一大堆，只能慢慢来。今天常熟已是江南文化名城，古园名胜保护得不错。先生当年的良苦用心和呼吁，应该是起了不小的作用。

跟着先生游扬州两次，一次开会，一次为《扬州园林》补拍彩色照片。在扬州，先生朋友极多，旅游、园林、文博界以及市政府里都有，真正是高朋满座，少长咸集。带着一帮朋友，从扬州师院出发，坐着有点旧的工作船游瘦西湖，指点江山，先生是何等的意气风发。记得船过大虹桥时，先生吟出"日午画船桥下过，衣香人影太匆匆"，周围有人跟着唱和，从此我记住了王渔洋，记住了香影桥（大虹桥别称）。

写毕业论文

我的论文题目是"园林石峰研究"，主要研究古典园林中孤赏石峰品评鉴赏、历史沿革、现存状况等。关于选题，先生说过不止一次：写论文要立得住脚，题目要小，挖得深，就像在小河里抓鱼，把水抽干，将所有的鱼虾一网打尽。唯有如此，在学术上才会有机会发声音。为我选定此题，可见先生良苦用心。其时正值李泽厚先生《美的历程》出版，我一看如获至宝，将中国美学讲得如此透彻，如此深入浅出的，实不多见。有此一书，品评一章就较容易写了。难点是先生要我调查历代名峰在各地园林中还留存多少。所以就在上海图书馆坐了一个月冷板凳，仔细查找各种笔记、各种志书。

第二步是收集资料，江浙是重点，因为留存的古园较多。历史记载中有过名园的城镇，甚至乡村都要去，特别是到一些倒圮的废园中寻访石峰，还是很艰苦的。比较远的是去岭南和北京。先生人脉极广，出门前我总要去他那里领路条，是写给熟人朋友的字条，这比学校开的介绍信还要有用。例如去北京时，我就到单士元、朱家溍老先生家中拜访请教，还拜访了王湜华、耿刘同等专家，对我在北京的调研帮助不小。

在准备论文的好几个月中，只要碰到问题，我都会去先生家里求教。他也不嫌烦，一边聊天，一边帮我解惑。记得有一次先生对我说：爱石蓄石是古时文人的普遍嗜好，故宋有《云林石谱》，明有《素园石谱》。但文房清供玩石，终究气派小，园林才是美石的最好归宿。白墙、竹影、枯梅，水中倒影，都是石峰之绝配。后来我论文中就加了"石峰环境"一节。

最终，论文分为文字和图片两集。先生对成果形式要求极严：正文近四万字，要求我手写抄录，最后装订成古书模样；照片也要自己冲放裁剪。这一阶段我吃尽苦头，不过最后，先生还是比较满意的，请他的两个好友给论文题签和刻印。一位是沪上书法名家王京箎，篆书尤为一绝。老先生家在高桥镇，去一次要大半天。因为和先生商定精装论文要十套，每本均要题签，一共是二十张。虽然笺纸很小，也着实让老先生吓了一跳，说陈从周把他当劳力来使。虽然小有不满，但老先生最后还是很认真地题写了。印文"积跬之作"也是先生定的，语出荀子的《劝学篇》，是对我的勉励，由贺平老师操刀。装裱完成后，黑色封面左上方的篆书题签和右下方红色的印文，让文本多了些书卷气，为论文增色不少。记得论文答辩时，看到桌上摆放着古色古香的文本，不少老师都啧啧称赞。

我的论文答辩会由园林界泰斗、南京林学院的陈植老先生任主席，还请到了大画家、苏州市政协主席谢孝思老先生，谢老还给我留下了书画墨宝。这些全都是靠先生的面子啊！

音容如在

20 世纪 90 年代以后，先生因中风而行动不便。我因为帮先生编两本书，常去他家中。一本是《中国园林鉴赏辞典》，先生答应主持编写该辞典时身体尚可，并指定让陈门弟子均参与，但因组稿工作量大，拖了近十年。先生谢世前此书刚刚付印，没能让先生看到成书，实为一大遗憾。另一本是《园综》，是先生和其内侄一辈子收集整理的古代园记。稿子都为手抄本，有一尺来高。为寻求出版社而几经周折，最终还是由同济大学出版社于 2004 年出版，彼时两位老先生均已仙逝。

1993 年春，上海电视台来我工作的上海社科院找我，说要拍一部系统介绍先生的纪录片，这是文化抢救工程的一部分。当时先生已得病，一切都必须抓紧，于是我放下手头所有工作，一心一意写剧本，几易其稿。纪录片原先取名"园林大师陈从周"，大家都觉得此名不亲切，有距离感，最后定名为"吾师从周"，由我以弟子的口吻来讲述。因行动不便，先生出镜仅限于家里和豫园，其余外景则只能旁白。作为编剧，我跟着团队走了不少地方。最远至昆明安宁，又采访了几位先生的亲朋好友，从侧面来丰富先生形象。这次纪念先生 100 周年诞辰，将碟片交至学校前，我又看了一遍，内容尚满意，仅视频有点老化，不够清晰。能为先生留下一段较完整的影像资料，还是很感欣慰的。

回想起来，先生对我期望还是挺高的。在去社科院报到前，我去向先生辞行，先生送了他的第一本文集《园林谈丛》给我，并提笔在书上写了"由来秀骨清，我生托子以为命。天华从余游，适是书新刊，采杜诗赠之，谊见于斯矣"，令我感动莫名。回头看看，实在汗颜，真的愧对恩师。

而今，我亦老矣，喜见先生学术在母校同济开枝散叶，想来诸位师弟和先生的再传弟子们一定会不断努力，开创陈学研究的新天地。

先是老师 后成同事（节选）

——怀念赵汉光先生

▶ 张为诚①

　　首先说明一下，先生，是当年上海话中对老师的尊称，也是惯称，即使（比学生）大不了两三岁，也叫先生的。赵汉光先生，是我 1956 年进入同济大学建筑系一开始的启蒙老师之一，后来我毕业留校，我们有幸成为同事，进而成为年龄相差 8 岁的忘年朋友。

　　2018 年 2 月 12 日，先生在美国波士顿因突发心脏病去世了，终年 87 岁。他并不是同济知名人士，不过，相信大多数同济人都与他"有缘"——进学校经过的那座四平路校门门楼，就是他的作品。

　　20 世纪 50 年代，那时信息不像现在那么畅通、爆炸，一个高中生也是相对闭塞的，17 岁跨入大学门，既懵懂幼稚，又充满着好奇心和憧憬。幸运的是遇上了好老师，让我们对建筑艺术有了全新的认识。我曾在 2015 年第 4 期《同济人》上发表过一篇文章《是他，引领我们进入建筑艺术之门》纪念启蒙老师罗维东教授，当时，罗教授身边有四位助教，其中两位，因组织调配，先后离开同济；另两位一瘦一胖，总在一起出现，学生私下亲切称呼"瘦教""胖教"，瘦的一位正是赵汉光先生，胖的叫郑肖成。赵先生知道学生的玩笑称呼，但并不以为不敬，反而欣然笑纳，与学生打成一片。后来这几个都成为学生非常钦佩的青年教师。但是很遗憾，罗、郑已去世经年，至此三位都先后仙逝了。现在回忆起他们俩跟随罗先生进北楼东端底层阶梯教室上

---

① 张为诚，曾任同济大学建筑系教授。原文刊《同济人》2018 年第 3 期，本文为节选。

课，罗昂首在前，赵和郑拎着公文包殿后，充满仪式感，让每个当年的学生至今都历历在目，印象太深刻了！这种令学生鸦雀无声的阵仗，居然可以成为让学生凝神谛听的利器，当然，是要有讲课内容配套的；另外罗毕竟还有第一代国际建筑大师路德维希·密斯·凡·德·罗（Ludwig Mies van der Rohe）中国门生的光环。赵、郑二位，无形中也格外受我们关注了。

我第一次近距离接触赵先生，是二年级下学期一次课程设计，课题是"二层双拼式住宅"，我当时偏爱传统民居的粉墙黛瓦外形，便想将之以现代形式和手段呈现出来。当然，最具特征的是用坡屋面，同时受文远楼小漏窗装饰的启发，我在山墙上也开了两扇带镂空花格的窗作为装饰。虽然那时批判梁思成复古主义不久，罗维东又是典型的现代极简派，赵先生来改图，看过方案，却非常赞赏我外观采用传统样式，对平面布置和正立面处理也没有异议。但是他说，漏窗在山墙面的尺度有点大，比例不好，位置也宜调整一下，便动手在硫酸纸上改给我看，我顿时觉得舒服多了。而后，他又指出，这漏窗太孤立，不如在屋脊上再增加一点装饰。因为我原来的屋顶，只是在屋脊处高出一条，而两端传统屋脊的鸱尾收头，简化为一个生硬的上翘，他觉得太单调了，就把我这处上翘，放大画了一个带回纹纹样的。我后来按他意思改了这立面细部，果然与漏窗图案有了呼应，同时，原来平淡无奇的房子，经这一处改动，顿时精致起来。心中不免暗暗佩服，原来还真有"画龙点睛"之术的。

这次改图，他还通过一个小例子，大大提升了我的审美鉴赏力，那是在谈室内布置时。一间客厅，因为我缺乏那种高规格住宅的感性认识，只会照搬欧美杂志上时髦的玩意儿，沙发、茶几、落地灯、地毯等一套，他说，你既然外形那么民族，为什么不在家具上也吸取些传统的元素呢？他让我找些明式家具参考书看看，这是我第一次听到明式家具这个名词。那时还没有电视，所以现在室内装饰一定会重点考虑的电视墙概念也不存在，一般就是放个书架或者挂个画之类，赵先生却问我，知道蓝印花布吗？我说知道，还很喜欢，有一种"土"的美；他说你能欣赏"土的美"太好了，你可以用蓝印花布做主题，不仅椅垫、桌布上可以用，还可以用到墙面上做装饰画。这是我闻所未闻的，蓝印花布挂墙上做装饰？他大大开拓了我的视野，让我有一种豁然开朗的领悟，原来建筑的美，来源可以这么广泛，只要用得好、用得是地方。虽然那作业最后并不要求画室内渲染图，但是，他这属于题目要求之外的指点，却让我十分受用，几十年过后，都记得，装饰是需要别出心裁的慧眼的。

我们成为同事后，由于曾是师生，年龄差距又较大，而且不在一个教研室，本应有些距离，然而只要有机会相处，却总会有共同关心的话题聊，观点还几近，颇能谈得来，渐渐有了遇上知音之感。他在系里并不算能说会道的人，虽然而今大家回忆起来，他能脱口而出各种艺术评价，可见他在众多艺术领域才华横溢，然而他却并不那么锋芒毕露，相当温良恭俭让。

最看得出他性格温和的是"文革"时期，不像我等年少气盛，他始终比较清醒，不"轧闹猛"（上海话，即"凑热闹"），既没看到他署名的大字报，也没看到点他名的大字报。据说只有一次，学生批斗民用教研室权威教授，他也被莫名其妙拉上台陪斗，而且就此与那些教

赵先生与上海建筑设计界老前辈、原民用建筑设计院院长陈植先生合影
（后面油画像是赵画赠陈先生的）

授一起在牛棚劳动了一阵，但不久又莫名其妙放出来了；他虽受惊，但"处变不惊"，出来一切如常。20世纪70年代战备疏散下乡，他一人抚养两个孩子，是带着很小的女儿一起下去"锻炼"的。"文革"后期，工宣队要在文远楼二楼大厅，布置一块毛主席的语录，墙面上底板已经裱好，需要爬高用毛笔在垂直面上写，这是很累人的，不知是他自告奋勇还是被人推荐，总之他接受了下来。但本来半小时就可抄录完毕的事，他竟一丝不苟打好格子，写了两天，原来他是在以正宗的颜体，悬腕书写，大概觉得这正是个练字的好机会。一幅语录写完，简直可以拿去书法展览！

他不仅书法好，也擅绘画，素描油画都很好，给系里黄作燊、金经昌、陈从周等老教授都画过肖像。风景、静物也都很出色。

师恩如海　难以忘怀（节选）

——回忆李寿康教授和张问清教授①

▶ 黄鼎业②

　　我们的老校长李国豪教授说过这样一句富有哲理的话："现在，国家欣欣向荣，生活充实安定，日子过得很快，真是度年如日。"从 1952 年进入母校读书算起，已经半个多世纪了，星移斗转，我从一个懵懵懂懂的青年，转眼而为古稀老人。抚今忆昔，有太多的感受聚积脑海，其中有几件事，对我影响至深，难以忘怀。

李寿康教授

　　1952 年，院系调整时，上海各大学的土木建筑学科并入同济大学，同济俨然成为与莫斯科土建学院相似的土建类最高学府，承担起培养建设人才的重任。当时的结构系是规模最大的系。我毕业后留校进入钢筋混凝土教研室，当时教研室有四大教授：张问清、沈绳曾、曹敬康和美国回来不久的李寿康，他们都是院系调整后，从复旦大学、圣约翰等大学调入的名教授。教研室还有蒋大骅、朱伯龙、叶书麟等几位青年讲师。教研室每周一次学术活动，多半是讨论当时引进的苏联新

---

① 李寿康、张问清，均为同济大学结构系教授。
② 黄鼎业，同济大学建筑工程系教授，曾任同济大学副校长。原文刊《同济人》2004 年第 2 期，本文为节选。

教材中的问题，新教材的体系、规范与英美不同，要取得共识。开会时讨论热烈，学术气氛浓厚。

我上学时的任课老师分别是曹敬康、李寿康两位教授，工作后，两位对我关怀备至。我是他们的助教，要随班听课。有一次，我参加学校会议没有听课，李教授问清缘由，要我补写笔记，交他过目。

他指出我的笔记应与学生的不同，不是记下老师讲的就够了，而应该是学习笔记，要多写心得，思路要宽，一道习题要做不同解答。偶尔见到李教授翻阅他的备课笔记，果然注解密密麻麻，字迹秀丽，内容丰富。有一年，国庆节后，因连夜在暗房冲洗照片，没有睡觉，次日在课堂上睡眼惺忪，课后李教授批评我，要分清主业和副业，并应注意身体。尽管他态度祥和一如往常，但我感到很难为情，也有些委屈。李教授觉察到我的情绪，当天傍晚，邀我在同济新村小路上散步，详细问我冲洗照片的药水、纸张等技术细节。后来话锋一转说，结构试验，摄影就很重要，测量系的航空测量专业，摄影就是主要课程。他诚恳地说，你能掌握一门技术，是好的，我上午讲主业副业不妥当，应该是在某一时间里，要做计划中的事，要我别介意上午的话。听罢这番话，我不禁热泪盈眶，实实在在地悟到了师长的风范。李老师的道德文章，行为准则，使我终身受益。数年后，学校为解决我夫妇分居问题，调我到我爱人任教的学校，一向言语不多、温文尔雅的李教授得知情况后，竟向领导表达了激动的言辞。个中细节，我并不知情，但这段故事，再次说明老师对学生的深情厚谊。

副系主任是来自圣约翰大学的名教授张问清老师，他主持全系的行政工作，十分操劳。张教授慈眉善目，衣着整洁，一口很重的苏州普通话，每学期仍坚持为学生讲授"砖石结构"课程。上课板书整齐，语言严谨，内容丰富，呈现出一位大学问家的风采。回忆起来有两件事我印象十分深刻。

中华人民共和国成立初期，钢材缺乏，有人提出以竹材替代钢材的建议。为此，政府专门成立了"华东竹材利用委员会"，我校是技术依托单位，担负竹材的技术利用开发任务。当时引进了一批技工，曹其仁是技术全面的"规切"，类似于现在的施工员，杨桂根是高级泥工，张林椿是中学刚毕业，在张问清教授的领导下他们几个在竹材利用方面做了大量工作。我当时作为张问清教授的科研助手，参加了竹筋混凝土平板试验，竹筋的拔出试验。而竹筋制作，则由竹工师傅手工完成，截面无法控制，离散性很大。试验荷载用生铁块（当时尚无砝码），一块一块搬上搬下。当时试验是在今天的工程结构试验室附近的草棚中进行。试验条件简陋，又无可借鉴的资料，研究工作异常艰难。张问清教授以他渊博的学识，严谨的治学精神，与其他教授一起，提出了一系列研究方案，经常亲临试验现场，参加试验，并讲解试验目的及要领。张教授的诲人不倦、平易近人的风范，至今仍深深留在我的脑海中。

通过试验，在竹材利用研究方面取得了一定成绩。同济新村小学的屋架是竹筋混凝土的，20世纪80年代中叶，改建小学时始予拆除，使用期达到30个年头。为了解决竹材的耐久性，在张教授领导下，将竹材在酚醛树脂中浸渍后加压而成塑化竹材，有较好的物理力学性能。曾在上海市的展览会上展出，反响很大。

中华人民共和国成立初期，曾大力推广双曲砖拱结构，可以节省钢筋。由于拱结构对基础沉降敏感，国内不少双曲砖拱开裂乃至倒塌。张问清教授对此进行了深入研究，在机电实验室旁砌筑了一孔足尺的双曲砖拱，进行结构试验。在加载试验过程中，烈日炎炎，张问清教授常常冒着酷暑爬上脚手架，观察裂缝情况。他的言传身教，对我教育很大。

张教授和蔼可亲，严于律己，宽以待人，特别关心年轻人。在他的领导下，人人都感到心情舒畅，能发挥自己的力量。他是后辈们学习的榜样。

言传身教　受益终身

——忆张问清先生

▶ 范家骥[1]

我自 1952 年夏从上海交通大学调整到同济大学结构系工民结专业三年级起，就师从了张问清先生。

1952 年 8 月，张问清先生由圣约翰大学调整来同济参与开办结构系。同时，十来所院校的土建系科学生也并到同济，其中 130 多人进入结构系工民结专业三年级，我也是其中一个。国家要在 1953 年开始执行第一个五年计划，大规模的经济建设急需建设人员，我们这一届学生也要提前一年毕

张问清教授

业以应急。于是系里调整了我们的学习计划，要在最后一年的时间里学习很多专业课程。而主要的专业课之一就是"钢筋混凝土结构"，这门课程就由张先生讲授。

张先生和蔼可亲、平易近人，讲课思路清晰、有条不紊。由于学生来自不同的学校，情况不一，张先生总是刻意讲得不快不慢，把每个字都讲清楚，在黑板上写的字、画的图都非常规整，使同学们都听得懂，课堂笔记也记得下来。有几次我在课间休息时到讲台上去核对

① 范家骥，同济大学土木工程学院教授。本文原刊《同济人》2009 年第 1 期，标题新设。

一下笔记，一看到张先生的讲稿，我肃然起敬，一次讲课的备课讲稿就要七八页到十多页而且都是正楷书写，每幅图都按比例绘制，没有潦草的迹象。这样严谨的态度，使我非常感动。

当时的教学模式，学习苏联，"上午连上6节课，下午自学，晚间答疑"，张先生的课除助教答疑外，有时他会从远离学校的家中赶来教室答疑。这样的教学，使学生学得扎实，一年以后走上工作岗位，不论是做设计做工程或教研工作都甚感得益。

当年坐在教室里安心地聆听张先生讲课，感到很惬意，以后自己工作了，才懂得张先生那时的辛苦。据说张先生在圣约翰大学曾任总务长和土木系主任，护校时晚间还参加巡夜。1952年，一个暑假要把土木系的人员、图书、器材设备全部并到同济来，自己还要搬家，繁忙之状可想而知。而紧接着一开学就是我们这届的重头课，如果张先生用在圣约翰大学时使用的英美教材或老讲义讲课，那是驾轻就熟的，但是张先生注重学科的发展，在当时参考资料极少的情况下毅然开创性地选取塑性理论，按极限状态、破损阶段的设计方法进行教学。学校9月初开学，到12月11日一本苏联教材《钢筋混凝土结构学》才发到学生手中，其紧迫程度可想而知。为了准备上课，不知张先生熬了多少夜晚啊！

我毕业留校工作，正巧张问清先生担任结构系副主任，又兼圬工教研室主任，这样我就近距离承受张先生的教导了。当年为了培养大量人才，教学是首要任务，怎样使青年教师尽快成长，早日全面担当起教学任务，张先生煞费苦心。他在教研室中实行"师傅带徒弟，师兄帮师弟"的办法，以教研室的几位老教授为核心，将中青年教师结合所任课程安排成几个小组，每个组老中青相结合，这样中青年教师有老教师带。我当时担任钢筋混凝土和砖石结构课的辅导，小组中师傅是张先生、师兄先是袁国干先生，1954年袁先生调路桥系，师兄又有叶书麟先生，平常我有什么问题，就有人问有人管了，可以随时请教，有集体的力量，自然提高得快。1954年我跟随张先生、叶先生参加学校南、北楼的设计，就从二位先生那里学到很多，整个设计过程对我说来就是一个学习、磨炼的过程，得益终生。

毕业设计是一项重要的教学环节，对年资稍高或提前毕业未做过毕业设计的青年教师，张先生根据情况要求抽空试做、补做毕业设计，以利其后对学生进行指导。汤葆年先生就做了一个中间高起的三跨现浇钢筋混凝土工业厂房设计，其内力分析很是详尽，整个设计还刻印成册发给青年教师示范、参考。我也做了一个有高低跨的工业厂房设计课题，这两份设计我都保存着。

20世纪50年代初，学习苏联设计规范、采用苏联教材上课，张先生常在教研室开会时组织大家对苏联规范、教材中弄不清楚的问题进行讨论、分析、推导予以解决，这对青年教师大有裨益。不过因为只有规范的文本和教材，而其背景材料和参考资料则往往一无所有，所以仍有一些问题、一些系数的取值、一些公式的来历一时未能破解，只好保留着以待继续思考解决，大家在精神上未免有点低落。每当此刻，张先生常会以一句通俗的家乡话"牛吃蟹"风趣地缓解大家的紧张情绪，给以安抚和鼓励——问题难不倒，一定会解决。

1953年9月初，我开始做助教，不到1个月，安排我在9月23日上辅导课。辅导课上讲些什么，需到同学那里了解学习情况，准备好讲稿先在教研室试讲，大家提出改进意见，认可后才到课堂面对同学。这促使我认真对待、好好准备，从而渐渐学到怎么备课、怎样上好课。记得当时张先生曾会同结构系黄蕴元副主任和两位老教授帮助水工教研室一名开课的师兄上课，几次三番听他试讲，共同讨论，提出意见，帮他备课，使之愉快胜任，显示了张问清等老一辈教授对教学工作的热忱、对培养青年教师的执着与真诚。这件事给我的印象太深了，至今不忘。

当年学校和结构系为了帮助青年教师学识的提高，也开设了一些课程，张先生都督促青年教师去听。这些课程如：樊映川教授的高等数学、李国豪教授的高等材料力学、王龙甫教授的弹性力学、田名誉讲师的建筑施工系列，等等。

五十多年来，我看到张先生对学校、对国家的教育事业作出了许多贡献，而其对后辈、对像我这样的学生的成长、怎么做人做事，影响是极其深刻的。

尊敬的导师　一生的楷模

——记童大埙教授①

▶ 雷晓燕②

1982 年年初我大学毕业,有幸考上了研究生,导师是童大埙教授。当我听到这个消息的时候,既激动又有点胆怯。因为童大埙教授是我国铁道工程学科的著名专家、当时为数不多的二级教授,成为他的研究生,该有多么荣幸;但我又怕自己学识浅薄,做不了一个好学生。当我第一次与童先生见面时,心里真有点紧张,连手脚都不知道往哪里放,但童先生亲切的态度、慈祥的目光顿时使我紧张的

童大埙教授

心情放松了下来。从那时起,无论是在学术上、生活上还是在做人方面,童先生都给了我永生难忘的指导和帮助。

我的研究生论文是在童先生的引导下、在王午生教授的具体指导下完成的。论文选择了用半解析有限元法分析轨道结构。童先生告诫我们:"传统工程结构分析只有与现代计算方法和现代计算工具结合起来,才有突破,才有创新,才有生命力。"20 世纪 80 年代初,有限元方法

---

① 童大埙,铁道工程专家,同济大学资深教授。

② 雷晓燕,华东交通大学教授,博士研究生导师。本文选自《筚路蓝缕》(同济大学出版社,2020)。

在我国应用才刚刚开始，将半解析有限元应用到铁道工程来解决轨道结构三维力学分析在国内尚无人尝试过。童先生充分肯定了这一选题的意义并鼓励我大胆探索。正是在童先生和王教授的悉心指导下，我顺利地完成论文并通过了答辩，该论文还获得了同济大学徐次达教授的好评。

童先生治学非常严谨，对我们要求很严格。对我们写的研究报告和论文，他不仅仔细阅读，亲自批改，指出其中存在的问题，还提出具体的改进意见。记得刚读研究生时的第一个学期，为了提高自己的外语水平，我经常翻译一些科普文章，并请童先生帮忙修改，童先生总是乐意指导。经他指点和修改过的文章真是大不一样：语言生动、准确，文笔优雅流畅，充分体现了童先生扎实的英语基本功和文化素养。

1994 年，我们在为参加中日高速交通学术研讨会撰写论文的过程中，对几个专业名词翻译把握不准，我们本想马虎过去，但童先生坚持要我们查阅文献资料，并请教同行专家，直到得到满意的结果为止。童先生嘱咐我们对于关键词一定要翻译准确，否则会引起误解，造成不必要的损失。他对科学事业那种一丝不苟、执着追求的精神给我留下了深刻印象。研究生毕业后，我继续从事铁道工程的教学与科研工作。1998 年，我撰写了《铁路轨道结构数值分析方法》一书，请童先生审阅。当时童先生已 88 岁了，他不顾高龄体弱带来的困难，从系统性、科学性、先进性等方面对书稿提出了非常宝贵的修改意见，并为这本书作序，给予了我极大的鼓舞。

人生的幸事之一是得到名师指点，我就是这样一个幸运儿。今天我能取得一些成绩，是与童先生的教导和栽培分不开的，其中还包括王午生教授的培养和教研室其他老师的帮助。

童先生是我国著名的铁道工程专家，中国铁道工程学科的开拓者之一。60 余年来，他为我国的铁路建设事业培养了许多优秀人才，在讲台和实验室洒下了无数的心血，栽培出满天下的桃李。童先生在事业上不息追求和奋斗的精神，永远激励着我们加倍努力地去学习、兢兢业业地去工作、朝气蓬勃地去生活。童先生是我最尊敬的导师，是我一生的楷模。他的离世，不仅使我们失去了一位好导师，对我们铁道工作科技、教育领域也是一大损失。我们要化悲痛为力量，继承他的遗志，为继续繁荣我国铁道工作科技、教育事业而努力奋斗。

难忘的十年（节选）

——忆翁朝庆先生[①]

▶ 吴承志[②]

偶然初见，终生离别

翁朝庆先生是我大学时代的老师，是我研究生时期的指导教师。

初次见到翁先生是偶然的。那是1955年我进同济大学后在文远楼阶梯教室旁听苏联专家讲学，当时翁先生也在场。那年翁先生大约只有45岁，正是风华正茂。他那深邃的目光、谦恭待人的举止，令我终生难忘。

最后一次与翁先生见面是1966年3月同济大学研究生毕业拍集体照的那

翁朝庆教授

一天，是在新建不久的图书馆门前。当天翁先生的形象和表情，至今还萦绕在心，永生难忘。那是五十多岁"知天命"的岁月。此后我再也没有见到翁先生。

此后我很少有机会回到上海，故没能去探望过翁先生。后来，远道传来的消息，在我研究生毕业后不久，"文化大革命"开始，翁先生遭批判。后来又传来消息，翁先生搬家了。再后来有人转告我翁先生

[①] 翁朝庆，新中国道路工程专业创始人之一，教授。本文节选自《筚路蓝缕》（同济大学出版社，2020）。原标题为《先生，谓父兄》。

[②] 吴承志，曾任青海省副省长等职。

于 1981 年初病故。留给我的是深深的遗憾。

大学时期

大学四年级时，翁先生为我们开课了。当时，他与道路教研组的老师们共同制订了公路柔性路面设计综合研究大纲。

翁先生编、译了许多本专业书籍，发表过许多篇论文，我几乎都有收藏。这些书籍和文献伴随我一生，从上海到西宁，从西宁回到上海，又从上海带回西宁，从西宁搬到北京，最后又从北京运回上海。从工程施工单位到研究单位、设计单位、政府机关和军队。

翁先生在学科范围内涉足甚广，包括路基土方压实、黄土湿陷处治、土壤稳定处治、路基填料选择、路面基垫层改进、沥青路面材料组成和施工方法改进，路面材料强度指标及路面设计理论和设计方法。

翁先生带了我们这批副博士研究生，如姚祖康、赵学劭等。后来还有研究生王秉纲和舒自桓等。翁先生还和陈本端先生一起带了刚升格不久的高校进修教师，其中我记得的有张乃苍。另外，还带了一批刚毕业不久的年轻助教，如张廷楷、朱以敬、张南鹭、陆鼎中、陈露、吴晋伟等。

在我读大学四、五年级的两年中对翁先生的贡献、学识、为人增添了许多新的认识。

研究生入学考题

1962 年夏，同济大学向社会公开招收研究生，我征得工作单位同意后，也报考了。有两道专业试题一直记在我脑中。

一道是：什么是标准压实和压实标准？题目很容易迷惑人。我回答得清清楚楚、明明白白、有条有理。那是因为大学四年级时，土方压实是姚祖康先生讲授的，是翁先生安排他讲的，又是他的研究生论文主题。姚先生讲得清清楚楚、明明白白、有条有理。我还记得那次课间休息时，我走到讲台前专门问过他压实系数是怎么得来的等几个问题。

还有一道是：论路基路面的水稳定性。回答此题时，我自作主张将"水稳定"改为"水温稳定",中间加了个"温"字,洋洋洒洒写了一大篇。那是因为我大学毕业后参与的第一项工程就是季节性冻土道路翻浆处治。当年白天在施工现场,夜晚在点着煤油灯的小帐篷中阅读苏联公路杂志。其中有多篇文章涉及气态水凝聚方面的水温问题。

我被录取为研究生后,翁先生说我加一个"温"字,加得好!

从这两道还能记得的试题中,我进一步认识到翁先生的学术思路。他是一位从基层磨砺出来的老师,而非"学院式"的教授。

怎么做研究生

受翁先生的提点,我才明白了研究生开头一年半要做什么。

加补基础。我补充了偏微分方程、拉普拉斯变换、级数、误差定理及近似公式、复变函数、经验方程、差分法等数学基础;补充了弹性理论、极限平衡和流变学。虽然不能等同于数理力学系的水平,但开阔了思路,适于应用。

广泛阅读。我阅读了20世纪30年代开始到60年代初,与路面设计理论和方法有关的国内外文献和书籍。其中有20世纪三四十年代回国留学生编写的书籍。另外,我还阅读了大量美国、苏联的文献、资料和著作。按照翁先生的规定,都要做好笔记、摘录和提要卡片,定时向他汇报。

了解大局。全面了解当时道路教研组制定的柔性路面设计综合研究大纲,弄清楚各子项课题之间的关系。由此去把握整体和局部的关系。

联系实际。譬如,什么是"形变累积"?在道路路面上如何体现出来?始终搞不清楚,是名词翻译上的问题,还是有其他含义的解释。我觉得是个综合安全系数,即与行车次数有关的安全系数而已。我问翁先生,翁先生大致同意,但不能肯定,因为他自己也尚在研究之中。

1985年,我从专业技术岗位转到行政岗位上,担任青海省副省长,指定我分管工业、交通、建设和环境保护方面的工作。对我而言,这是一项完全陌生的工作,怎么起步?我还是使用了翁先生指点我的老办法:加补基础、广泛阅读、了解大局、联系实际,用了三个月的夜晚时间,阅读完青海省1949—1984年的统计年鉴30余本,归纳了14

个大题目，写出文章。我还仔细阅读了从第一个五年计划开始后历届政府工作报告，分析经验教训，走访基层领导和群众，听取意见与建议，不浮不夸，从青海的实际起步做好我该做的分内工作。当时有人调侃我是"学人从政"，我只能对他们笑笑而已。

确立研究课题

在翁先生的谆谆教导和指引下，我的论文题目为《行驶轮荷对路面结构时效性影响》，列属黏弹性体系。文中进行了理论分析、野外测试和室内模拟试验。

现在回想起来，这项工作在当时只是起了个头，远未完成。如果翁先生在世，他一定会继续支持深入下去的。因为现在的重型载货汽车流量大，轴间距又太近了，可能对路面结构浅表层的破坏更大。我至今还在思考这个题目，还想继续做下去，但已力不从心了。

谨以此回忆，纪念我的研究生导师 —— 翁朝庆教授！

用香烟包装纸书写授课提纲

——记翁朝庆先生①

▶ 陈贤辉

1959—1960 年，我读大学四、五年级的时候，翁朝庆先生讲公路路基路面施工课。他在一张香烟包装纸（俗称香烟壳）上写几点提纲，随后便能两节课侃侃而谈。讲施工技术和管理，同学们不觉得枯燥乏味。对于"香烟壳"，有人佩服，觉得"胸有成竹""有才"，有人权作饭后茶余的笑料。

翁朝庆先生 1933 年交通大学唐山工程学院毕业后，用我们现今的说法，十多年一直沉在基层，从事勘察设计、施工和养护管理工作。1933—1946 年，他一直在河南、甘肃、青海、四川等地，各种各样的路基、路面设计与施工都亲身经历过，又有近十年的授课经历。20 世纪 50 年代亲编教材，翻译国外专业书籍，用个提纲来讲课是件轻而易举的事情，所以，有人佩服，有人当作谈笑话题，不足为怪。

20 世纪 50 年代同济大学的樊映川先生甚至不用提纲，课也讲得很好。每次上课铃响，戴着老花眼镜，进入阶梯教室，走近中间第一排的长课桌，看同学的笔记，并问上次讲到哪儿了。转身走上讲台，开始讲课，两支粉笔用得只剩两个粉笔头。两节课时间到了，该讲的课也讲完了。樊先生讲课没有废话，黑板板书清清楚楚，有条有理，同学们个个钦佩。高等数学教材是樊先生主编的，他带领一批年轻数学教师，还亲自为学生讲课，年年岁岁。

---

① 本文选自《筚路蓝缕》（同济大学出版社，2020）。

还有教授材料力学、地基基础、土质学与土力学课程的老师们也都是这样讲课的。当时，我与我们班长同桌，个子矮，坐在前排，同老师们接触多，所以，比较清楚老师们的情况。

四十多年师生情

——怀念恩师范立础教授①

▶ 宋锦忠②

范立础教授

清明时节总给人一种凄凉的感觉，凉嗖嗖，阴沉沉。范立础教授于 2016 年 5 月 3 日离世至今已 6 年了，我与他有四十多年的师生感情，至今老师的音容笑貌如在眼睛前。

老师是一位桥梁界的领军人物，对我国的桥梁事业作出了巨大的贡献；老师是一位优秀的教育家，他一贯提倡和践行因材施教，他讲学严谨、概念清晰、纲举目张、层次清楚、教学效果显著；老师是一位幽默风趣、平易近人的"老九"，"文革"期间，连干校里的农民都与他很亲近；老师也是一位争胜好强、永不言败、仗义执言的无畏战士，也就是如此的性格，在 20 世纪 50 年代被打成"右派"；也有人说老师是一位美食家、老顽童、大孝子；……我整理了一下思绪，回忆起与范老师相处的那几件事。

拱桥的教学

在我们班（工农兵学员 73 级）的桥梁工程课程学习中，最难学的

---

① 范立础，同济大学土木工程学院教授，中国工程院院士。
② 宋锦忠，同济大学桥梁工程系教授。

恐怕是拱桥的计算，拱桥的计算又最怕涉及连拱。当年开门办学借住浙江的一个煤矿，条件很差，连课桌椅都不够，有的同学就在自己的腿上放上绘图板做课堂笔记，许多同学时常叹息：拱啊拱，我们的背已经拱；拱啊拱，已拱的背脊还要拱；拱啊拱，今天拱了，明天拱，后天还要再拱拱。有同学索性借来老的计算书，刻蜡纸，搞油印，留资料。范老师了解情况后，上课先不讲拱桥，他为了减轻我们的压力，风趣地讲了一个骗子的故事：一个骗子利用金店老板的贪财心理，略施小计行骗得手。逗得全班同学哄堂大笑，精神大振，背也不拱了。接着范老师抓住知识要点，针对压力中心，利用影响线/图乘法把连拱，推力墩受力特点一一详解，难题得到化解。

全寿命设计的推广

范老师时常讲，作为一个科学家要有一个重要的素质，那就是"德"，它决定了科学为谁服务和怎样服务的问题。我们时常看到、听到桥梁倒塌、损坏的案例，有各种原因：在不该建造某种桥型的地方硬性地建设，或者在施工中采用不恰当、甚至错误的方法施工；还有些人迎合某些领导的意志，搞形象工程，抢工期、搞突击、不讲科学，生产出不合格工程，更有甚者为谋个人或小集团的利益，偷工减料、以次充好，制造出许多豆腐渣工程等。针对这些有违科学道德的情况，他极力主张"全寿命、可更换、可持续发展"的概念，呼吁有关方面在制定桥梁设计、施工、管养规范时要十分明确，有关各方对桥梁使用期间要全过程负责的理念。当然，不仅包括施工图设计，还应包含运营全过程中主要构件的可更换以及包含管养、维护问题。我想，如果严格做到这些，桥梁事故会大大减少，桥梁的使用寿命会大大增加，这就是我陪范老师去中交集团某设计院讲学的刻骨记忆。

"卖身契"的故事

2004 年，我国桥梁界迎来了在上海举办国际桥梁及结构工程协会（简称"国际桥协"）大会及学术讨论会的机会，这是国际桥梁工程界首次在中国上海举办的盛会，李国豪院士任大会名誉主席，项海帆院士（国际桥协副主席）任大会学术委员会主席，范老师（国际桥协中国团组主席）任大会组织委员会主席。他们肩上的责任重大，离会议开幕不到 30 天，让我们措手不及的事情突然发生了。我接到会务组老师的来电，说由于会议接待宾馆要安排"F1-方程式"汽车赛，房源得不到保证且要涨价！这意味着原先口头答应的会议接待人数及价格泡汤了，而当时会议最后一轮通知已发出，无法挽回了。怎么办？范老师急得像热锅上的蚂蚁，那么重要的会议，那么重大影响的事压得他无法入眠，他考虑再三，连夜写就了那份"卖身契"，其中写道：若有哪个设计院、科研部门愿意出 80 万元左右会议费缺口，我愿为其服务至终生……。我明白我应该做什么，我托老同学找到当时的市长，向他说明来意，首先转达邀请市长出席会议并致欢迎词，然后汇报遇到的困难，最后提出请求帮助，能否请市旅委去要求接待宾馆按原先的商定，不退房、不涨价。由于市领导的出面顺利地解除了这一警报！会议在各方的共同努力下取得圆满成功，从这件事中我深刻体会到范老师为了中国的桥梁事业、为了同济桥梁这块牌子忍辱负重、鞠躬尽瘁的敬业精神。

爱发脾气

范老师爱发脾气是出了名的，但他不发无名之火。范老师坦诚道："我的缺点主要是管不住这张嘴，无论政治上还是生活上的，看不惯、想不通的都要说。"当然，不顺耳的声音会得罪一些人。

记得有一次，我征得他和他继女的同意，陪他去中交二院讲学，他是院士，自然去头等舱候机室，而我作为他的陪同理应与他在一起的，但在机场入口处，我因持经济舱机票被阻，范老师很和气地说明情况，将我介绍给服务员，不料工作人员不予理睬，一口拒绝，只见范老师脸色一板，一巴掌拍在工作台上，要求见领导，要求拿出拒绝的理由。几个工作人员被镇住了，范老师拉住我的手径直走进了贵宾室。我第一次直面爱发脾气的范老师，为他的身体、血压高而担忧。

范老师在他的一生中经历了许多坎坷，品尝了所有甜酸苦辣的人生况味；他品德高尚、学养深厚，具有优秀教育家的风范，作为学生将一生受用，永远怀念！

"下马威"与"足球迷"

——忆恩师沈祖炎先生①两件事

▶ 陈以一②

1981 年秋季学期，沈祖炎先生给我们班讲授"钢结构"，第一堂课就来了个"下马威"：对材料力学、结构力学进行基础测验。同学们一下子就觉得这个老师厉害，这一招我现在给学生上课也完全拷贝。

当时钢结构课程教完材料性能后就讲连接，连接教完后第一次期中测验，先生又把大部分同学"打趴下"了。结构试题只要内力分析错了，后面结果自然不对，好些同学 5 道题目中有 2 道内力分析出错，再加其他毛病，卷面只剩 40 分甚至更少。有同学认为步骤对就可以了，这样扣分未免过于严厉，先生回答：力算错了，结构就坏了，还能得分？这件事使先生完全树立了"严厉"的形象。

但另一件事则让人意外：看球赛。那学期上课正值世界杯预选赛，转播时间与钢结构课冲突，因我是班长，同学一致推我与沈先生谈判

沈祖炎院士

① 沈祖炎，同济大学土木工程学院教授，中国工程院院士。曾任同济大学副校长。
② 陈以一，曾任同济大学常务副校长，土木学院教授。本文原刊《同济报》2017 年 10 月 25 日。

换课。我准备了好些理由，却不料沈先生一口答应，高兴得男生们大喊"理解万岁"。工民建（工业与民用建筑）专业男生占绝大多数，赢得男生就是赢得民心。后来做了沈老师的研究生，才知道先生也是足球迷。不过那天先生是否也看球赛转播就无从考证了。在今天，这样的事难免被视为教师擅自调课的教学"事故"，不过在当时，谁也没有这样认为，况且沈先生后来还主管过全校的教学和科研。严厉和宽松可以如此和谐的，就数沈先生了。

那时毕业是统分（现在一般称为"统招"或"非定向"）。我开始一心想出去做工程师，能够把书本的东西变为现实。但沈先生让秦效启老师动员我留校，谈了几次，我留校当助教，一生轨迹就此和读书时设想得不一样了。留校前2年，还是跟沈先生的课，笔记重新做了两遍。

第2个年头，他让我又试讲一次，因没有经验，临场讲得太快，提前10多分钟把准备的两节课内容讲完了。又不好提前下课，心里一阵慌，只好站在讲台上乱扯。下课后沈先生笑着问，昨天备了多少时间的课？又说，我（指先生自己）每次上课前一晚上都用在备课上，你应该花更多时间。这个"老师被学生挂在黑板前"的教训够我记一辈子，之后每次讲课的前一晚，总是战战兢兢，不敢忘了沈先生那带笑的责备。

后来开始跟沈先生读在职研究生，从硕士生到硕博连读，从留校开始有6年时间，我在沈先生直接指导下学习做科研，奠定了以后从事研究工作的基础。这些基础，在我出国留学中起了大作用。例如，在进入博士论文研究前，按一般要求有课程学习，结果两位教授和我面谈后，说这些课程不用去听了。同济结构工程的本科和研究生课程学习真是管用，其中也包括了沈先生给学生们进行的严格训练。

回国以后，我还是在沈先生的指导下工作。1995年到1997年间，有好些重要的实验项目，先生都是亲力亲为。如国内第一个张弦梁屋架的试验，80 m跨度的足尺试件，放在当时江南船厂的平台上进行。因避让白天生产用电的干扰，试验只能晚上做。从成形到施荷，过程持续一晚上。当时先生已经60岁，是现场人员中年纪最大的一位，居然和我们一起熬夜！有一项最早在国内实施的矩形钢管混凝土构件试验，为了实现高轴压下的往复受弯，装置搞得有点复杂。刚开始试验时的数据状况和事先预估有较大差距。沈先生当时还担任着学校领导工作，就抽出中午和下班后时间泡在实验室，具体分析问题，提出改进方法。这样一种事必躬亲的风格给了学生辈们深刻的影响，也确立了重大试验教师必须在一线指导的基本模式。至少在我现在担任主任的钢与轻型结构研究中心，一直遵守这个规矩。

1995 年到 2015 年的 20 年间，我还向先生学习了教育改革、教学管理的智慧和经验。1997 年，学校建立土木工程学院，我担任教学副院长。当时面临实施宽口径土木工程专业培养模式的改革，如何把各成系统的若干个窄口径专业课程体系整合成为一个体系是一大挑战。沈先生时任全国土木工程专业本科教学指导委员会主任，在先生直接指导下，学院组织各系用了近 1 年时间，形成了打通基础课程、设置课群方向的基本方案。其后，沈先生亲自抓试点班，把数学、力学、材料等教师集中起来进行探索。印象特别深的一件事，是提出了对新生就要建立工程意识的观点，并且在全国首设了"土木工程概论"课程。为了这门课能真正上好，要请哪些名师授课，沈先生都亲自遴选，短时间内就使之成为一门经典品牌课程。后来，建设部的具体分管领导告诉我说，他们对大土木的课程体系原来心里并没底，直到看了同济的方案，知道问题可以解决了。由于沈先生和教学指导委员会其他前辈的努力，最早由同济方案提出的许多基本构想很快就为高校同行接受了。

"伴师夜译"（节选）

——回忆龚雨雷先生[1]

▶ 杨佩昆[2]

从我当助教开始，就跟着龚雨雷老师当辅导助教好多年。龚先生是我最敬佩、也是关系最亲近的前辈。龚先生讲授的是"城市道路设计"，当时是一门新课程。过去大学里教授教的公路工程课程讲的都是野外的公路设计。全国高校院系调整后的同济大学，按苏联教学计划首开城市道路设计专业课，这是很有学科意义的。龚先生上课，思路清晰，有条不紊，对教材和参考书的内容，就是抓住讲清"三点"，即要点、重点、难点。这一教学方法让我受益匪浅，也是我成为教师后讲课效仿的一条终身经验。

龚雨雷老师

城市道路设计这门课，当时没有现成的中文教科书，只能翻译苏联的。当时学校里、社会上学习俄语蔚然成风，教师们就用突击学会的俄文翻译俄文教材。很多老教授白天上课，晚上"开夜车"搞翻译，一片热火朝天的景象。据《同济大学百年志》记载，1952 年第一学期，

---

① 龚雨雷，道路工程专家，曾任道路与桥梁系副主任等职。本文节选自《筚路蓝缕》（同济大学出版社，2020）。

② 杨佩昆，教授，博士研究生导师，曾为龚雨雷先生助教。

有 5 门课程采用苏联教本，翻译新编讲义 93 种，翻译苏联教材 3 种。

教师上课用的讲义甚至是"现抄现卖"交到学生手里的。当时，我作为助教负责将教师翻译文稿送到教材科文印室。龚先生上的城市道路设计课，也是在他翻译俄文版的教科书的同时，边编写讲义、边上课的。龚先生通过自学的俄文，硬是做到了边翻译、边编写上课的教材。我记忆最深的是每隔一两天就要到龚先生家去等候取翻译、编写的教材文稿。龚先生有 6 个孩子，最小的那个还是婴孩，他和妻子分头照管这么多孩子。有时 1 个孩子哭闹不肯吃饭，看见我来了，就说要"杨叔叔喂"。我在一旁等着，常见龚先生，一手摇着扇子，一手拿着笔写，桌子上是俄汉词典，边上站着他的"小六子"要他抱，他不时查阅词典，还要抱起孩子哄。文稿翻译，常常持续到半夜一两点钟，我就在一旁等着。这一幅别开生面的"伴师夜译图"，我到晚年还津津乐道。

从我还在当助教时，第一次给城建专业学生上城市道路与交通课，一开始我看到学生怀疑的目光，但下课后却得到良好的评价。之后，无论我对本科生、研究生上课都能得到好评，甚至赞誉，这都源于我学习且运用了龚先生的"三点"教学法，因此，我视龚先生为恩师。

德技双馨 令人敬佩

——我与朱伯龙教授结缘的故事

▶ 闵 强[①]

朱伯龙教授是我国著名的土木工程学专家，同济大学原结构工程学院院长，他在同济大学任教已逾半个世纪。20 世纪 60 年代我在同济读书，就听说朱伯龙是当时同济最年轻的副教授，可惜无缘听他授课。我与朱教授结缘，是在 20 世纪 80 年代初。

当时，朱教授的事业如日中天，他长期致力于建筑结构工程的研究、设计、咨询及教学，取得了丰硕的研究成果，引进并主持了中国第一个世界

朱伯龙教授

先进水平的地震模拟震动台在同济大学的建设。先后发表了百余篇论文及研究报告，编著十几本专著及教材。我从同济毕业后从事结构设计及审核工作，经常翻阅该领域的学术论文。尤其是朱教授发表的论文专著，给我很大的启迪，我由衷地景仰这位国内结构工程界的泰斗。

1978 年，我国还没有自己的筒仓规范，在我承担的江西某水泥厂 6×800 T 钢丝网水泥筒仓圆锥斗结构设计中，我借鉴苏联的规范及国

---

① 闵强，1969 年毕业于同济大学，高级工程师。原文刊《同济人》2008 年第 2 期，本文有删节。

内贮仓手册，按无矩理论设计，用 6 cm 厚的钢丝网水泥薄壳，取代了通常采用 30 cm 厚的钢筋混凝土厚壳，为国家节约了大量钢材。该工程于次年竣工投入使用，完全达到设计要求。2 年后，尽管该工程满负荷投产，运行正常，但因为工程设计未按有矩理论核算径向弯矩精确解，引发当地工程界的争议。此外，我根据该工程设计撰写的第一篇薄壳论文在 1980 年《江西建筑》第 4 期发表，但对弹性力学中的有矩精确解，尤其是该工程属借鉴苏联规范以外的力学论证仍心存疑虑。

朱教授从 20 世纪 50 年代中期开始钢筋混凝土壳体结构的研究，在壳体结构论著中，还出现了以其名字命名的朱伯龙圆柱壳内力系数表。他是国内最早用解析方法编制供实际应用图表的学者。于是，我通过当时校友总会副秘书长丁润令，致函朱伯龙教授求教指导。朱教授很快就给我回信，信中不仅充分肯定了我的结构设计，而且对有关研究中可能出现的问题予以点拨指导，使我在如何把握圆锥壳有矩精确解的论证方向上茅塞顿开。当时，朱伯龙教授被国务院批准为首批博士生导师，被评为"有突出贡献的国家级专家"，在国内结构工程界享有很高威望。他的教学与科研任务非常繁重，但他对一名未曾谋面的普通同济毕业生给予了极大的关怀和教诲，难能可贵，使我没齿难忘。

后来，在朱教授的再次启发下，我对 6 cm 薄壳水泥筒仓进行了反复验算和论证，找到了 4×800 T 筒仓在安全状态下运行的重要理论依据，进一步验证了当时借鉴的苏联规范及国内贮仓手册的计算模型与受力状态基本吻合。时隔 20 余年，目前的国家标准《钢筋混凝土筒仓规范》也只是一般要求"尚应计算其边缘效应"。该筒仓至今运行正常。实践证明，朱教授当年指导我论证计算圆锥壳有矩精确解，是完全符合客观规律的。

1983 年的初春，我这项开创性论证成果得到了朱教授的首肯。他还把我的相关论文推荐到国内公认最具权威的结构学术刊物《建筑结构学报》上发表，使我受到巨大鼓舞。这 6 个 800 T 钢丝网水泥贮仓圆锥斗，也被确认是我国目前采用这种结构建造的最大的圆锥斗工程。1988 年，我对原有的成果进行了拓展，完成了课题报告《大型钢丝网水泥贮仓圆锥斗结构设计及应用研究》。朱伯龙教授还欣然接受江西省有关方面的邀请，担任该课题鉴定委员会的主任委员。第二年，该项目获得江西省科技进步三等奖，我也于1991年获国家科委颁发的"国家科技成果完成者证书"。

我对朱伯龙教授心存感激，但一直未曾谋面。直到1997年同济大学建校90周年之际，我在同济结构理论研究所第一次拜访了朱教授。只见他清瘦而充满自信，健谈而锐意进取，患病后的行动不便与他饱满的工作热情形成了很大反差。他不仅热情接待我，还兴致勃勃地向我介绍，准备以城市综合防灾服务为契机，创立"建筑结构灾害工程学"这门新兴学科，并赠送了由他主编刚刚出版的《房屋结构灾害检测与加固》一书。2007年4月，得知朱教授因病住院，我同夫人专程从厦门赶到上海看望朱教授，朱教授百感交集，流下了热泪。同济百年校庆日，朱伯龙教授拖着病体坐着轮椅来到了喜气洋洋的同济园，与他的同事和弟子们欢聚一堂。我与朱教授之间虽然话语不多，但彼此已深感师生情谊的涌动。

岁月蹉跎，往事历历，今日我更敬佩朱教授的德技双馨！正是朱教授的人格魅力与大家风范，20多年来一直激励着我以严谨求实做事，以清醒真诚处世，坚定了我早年对从事结构专业的信心，启迪了我对如何完善数学力学论证的逻辑思维，惠及我的一生。我真诚感恩朱伯龙教授。

他的严谨治学一直鞭策着我们

——回忆导师蒋大骅先生①

▶ 沈景华②

蒋大骅先生1984年从美国访学回到母校同济后，我有幸成为他回国后的第一个硕士研究生。由于我是建结77级五年制的学生，提前参加了四年制毕业班同学的考研，考取硕士研究生时，我的大学五年学习还没有结束，因而，蒋先生带我这样一个研究生，首先指导的却是我的大学毕业论文。在国外，带大学生毕业论文的往往是助教，蒋先生刚从美国回来，又是全国知名的专家，真的会亲自指导一个大学生的毕业论文？我心里没底。在接触了蒋先生后，我的疑虑消失了。

蒋大骅教授

蒋先生做学问的精神深深地感动了我，深刻地影响了我的成长。白天要上课，蒋先生就邀请我晚上到他家去指导我。我们经常会因为一个方程式或一道命题讨论到深夜。后来，在我攻读研究生阶段，他更是经常为指导我们而加班至深夜。

---

① 蒋大骅，曾任同济大学建筑工程系教授。本文原刊《同济人》2008年第3期。
② 沈景华，毕业于同济大学建筑工程系结构工程专业，获硕士学位，后赴德深造。

在蒋先生无微不至的关怀和指导下，我的学士论文、硕士论文部分内容均发表于权威学术刊物。这些论文的发表，都是在蒋先生一字一句修改完善后才得以实现的。

我于1985年5月参加硕士论文答辩，当时由于种种原因，蒋先生还未评上"博士生导师"，但在他的悉心指导下，学位评审委员会居然确定我的硕士论文"达到博士水平"，并在同济大学的校报上专门做了报道，可见蒋先生当时在学术指导上已是"博士生导师"了。

20世纪80年代要想出国学习，审批不是件容易的事，有些领导和导师不愿意送自己的学生出国，蒋先生却非常支持和推荐我们年轻人出国深造，他曾说，"我会失去得力的助手，但我还是要为你们年轻人的前途考虑"。所以蒋先生不仅在专业领域是知名的专家，也非常支持社会的改革开放和重视人才的国际化培养。当时我申请去德国读博士，几所德国大学均发了邀请，德方不仅同意承担我在德国的费用，其中达姆施塔特工业大学的教授还寄来了赴德的飞机票。可我当时"因私"出国，无法换到100美元的出国外汇。此时，蒋先生从自己的积蓄中给了我30美元。

就这样，我口袋里存着仅有的蒋先生的30美元出国了，就靠着这30美元，我在法兰克福机场下飞机后，买了火车票去达姆施塔特市。

1991年10月，蒋先生来德国参加"ISO砌体结构技术委员会会议暨第九届国际会议"，并且是会议的主席或分会议主席。中国的导师将来访，我非常高兴，就和德国的教授谈起此事，出乎意料的是，德国的几所大学均反应积极，希望邀请蒋先生去做学术报告，并且还按德国教授的标准支付报告费。我从中体会到了蒋先生作为一位同济母校的中国教授，在国际学术界享有的地位。

蒋先生来德国时，我有幸陪同蒋先生去德国各地做学术报告，并为我曾有这样一位中国导师而感到骄傲。蒋先生来德国看望我时，不仅关心我在德国的学业，还带来了他夫人惠纫秋老师为我专门做的熏鱼。惠老师一直记得，在国内时，我晚上去蒋先生家讨论学术论文，经常邀请我吃饭，我最喜欢吃的就是这道菜。

蒋先生在去德国访问前，参加了母校同济组织的教师体检，就在蒋先生从德国回到中国后，体检结果出来了，蒋先生不幸得了不治之症。也就是说，当时蒋先生到德国时已有病在身。这次的德国之行，是蒋先生一生中的最后一次远足旅行，也是我见到蒋先生的最后一面。

作为学生，我非常缅怀和蒋先生、惠老师夫妇相处的日子。蒋先生的努力勤奋和严谨治学的作风，一直鞭策着我们这些学生。我每取得的一点进步和成就，都和蒋先生、惠老师以及同济母校其他众多的领导和老师的悉心教育和培养是分不开的。

一份保留至今的"课程设计"作业

——怀念王家钧老师①

▶ 刘艺林②

在 1963—1964 学年度第二学期，王家钧老师为我们讲授"钻探工程学及掘进"专业基础课。在 1964 年 5 月 18 日，我完成了钻探工程学、基础工程学的"课程设计"。

王老师为我们上课时风华正茂，上课的时间、地点多在下午、北楼，但是每当同学们听到王老师"机动回转钻探"那铿锵有力的声音时，都十分兴奋，瞌睡全无。他板书很好，便于同学记录；声音洪亮、条理清楚、重点突出。

老师在我"课程设计"的批语中，体现出教书育人德育为先的理念。

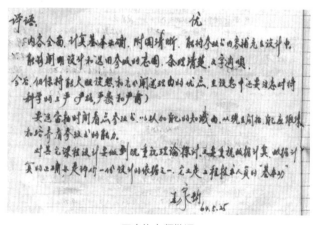

王家钧老师批语

---

① 王家钧，教授，曾任教于同济大学土木学院地下建筑与工程系。

② 刘艺林，曾为同济大学教授、上海市防灾救灾研究所研究员。

如图所示，"对待科学要三严，那就是'严格、严密和严肃'"，让我终身受益，我能够在事业上有所进步，和老师的教诲是分不开的。

又如，"……数据计算得正确，亦是评价一份设计的依据之一，它又是工程技术人员的'基本功'"。老师的这句话我记住了，所以在50余年和数字打交道的日子里，无论是在地震监测等科学实践中，还是在打牌娱乐记分时，都很少出现计算差错。

再如，"要适当抽时间看点参考书，以增加自己的知识面，从现在开始自己应锻炼和培养看参考书的能力"。王老师一语中的，指出了我的弱项。我在1961年进校以后，参加的社会活动比较多，所以平时很少有时间到图书馆去查阅资料，很少能和班上同学在一起交流，毕业以后我努力改正，在科研实践中总是把相关课题的国内外研究现状和发展趋势的调研放在第一位，不论是撰写学术论文还是专著教材，既参考前人成果又要再度创新。

从王老师批阅"课程设计"，可以看出王老师敬业精神的一些细节：

首先，指出岩心管计算错误。在我"课程设计"第8页，指出我岩心管的计算错误，但是又不告知正确答案是什么，言外之意，让我自己去重新计算。

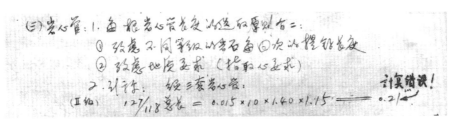

指出计算错误

其次，指出按比例绘图。在我"课程设计"第10页出现了钻场布置示意图，由于长度的尺寸没有按比例绘出，就很难判断水源箱与水泵的距离。

最后，指导防止孔斜的钻探技术。王老师在"第四层黏土层和第五层流纹岩交界面上"，明确指出"应按慢转轻压规程钻进"，防止孔斜。

毕业以后，我的第一个岗位就是水文地质钻探。我记得和设计院

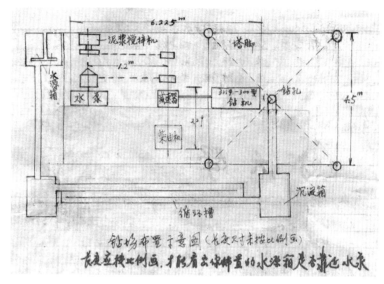

指出按比例绘图

指导钻探技术

钻探队的同志们凿的第一眼井，就位于新疆维吾尔自治区的吉木萨尔，那天下午突发强沙暴，是老同志保护了我。此后在阜康、呼图壁等地凿水井多眼，且大部分是自流井，以帮助解决当地各族民众的饮水困难。在老同志的带领下，我基本掌握了回转钻机的钻探技术，学会岩心描述、处理卡钻、埋钻事故，特别是协作共事的团队精神。

王家钧教授

在我们班毕业50周年返校活动中，我们见到了王家钧老师。重温王家钧老师批阅的"课程设计"，永远激励我脚踏实地地做好工作。

跟随导师上山下海

——记汪品先院士

▶ 李建如[①]

年逾八旬，本是颐养天年的年纪，但是有这样一位老人，仍把办公室当作大半个家，每天都要工作到深夜，他就是我国著名海洋地质学家、中科院院士汪品先教授。

第一次见到汪品先老师是 1996 年 9 月，那时我刚考入同济大学海洋地质与地球物理系，汪老师和马在田老师出席了海洋系新生入学典礼，一入大学就能见到两位院士着实让我们这些新生十分兴奋。汪老师给同学们的勉励之言虽简洁明了，却极富感染力。让我感到海洋科学研究大有可为，在海洋系读书不会虚度光阴。这是我首次听到汪老师谈到古海洋学，心中对从事海洋研究充满了期待。

经过四年本科学习，我如愿以偿被保送到汪老师的课题组读研究生，导师正是汪老师。那时候，汪老师刚刚成功主持了我国的首次大洋钻探 ODP184 航次，获得了南海演变和东亚古气候研究的高质量岩芯，我则幸运地成为首批使用这些岩芯样品的研究生。之所以说幸运，是因为在此之前老师们要获得这样好的研究样品都是很难的，不用说我这样的学生了。

我硕士生阶段的工作就是在此基础上完成的。在汪老师的指导下，我顺利地完成了硕士学位论文，文中讨论了南海南沙海区过去三百万年来的古环境变化，用现在的眼光回头看，那时我做的工作是非常简

[①] 李建如，博士研究生，汪品先院士的学生，现任同济大学海洋与地球科学学院副教授。

单的，就是分析沉积物样品中的有孔虫（有孔虫是海洋中一种古老的单细胞动物，它的壳体可以保存在海洋沉积物当中）群落结构，在此反演海洋环境的变化。

真正有挑战性的研究工作是从我博士研究生阶段的海洋碳循环研究开始的，为了开展这个工作，我跟随汪老师进行了海上航次取样和野外地质采样。

2005年，汪品先老师主持了我国南海中法联合"MARCO-POLO"航次，使用的是国际上最好的考察船——法国"马利翁·德弗莱"号，从南海深海海底采集巨型沉积柱状样品，这是我国继大洋钻探ODP184航次之后南海研究又一次成功的国际合作。我以博士研究生的身份跟随汪老师参加了本次航次。这一年，汪老师70岁。航次过程中，遇到了比较大的风浪，溅起的海水甚至打到了我们工作的后甲板上来，船体颠簸得厉害，大家晕船呕吐比较严重，但汪老师依然矍铄地出现在甲板和室内检查各项工作进展。船上的工作每人每天要值班两次，每次四个小时，我正好在凌晨四点需要值一个班，我每天三点半就起床去甲板交接工作任务，好多次我都看到汪老师已经在甲板和分析室内检查工作了。"首席科学家真不好当"，这是我参加这个航次中内心出现过多次的想法，我也时刻勉励自己，作为汪老师的学生，要比别人做得更多、更好。

"MARCO-POLO"航次之后，我跟随汪老师来到意大利西西里岛和卡拉布里亚半岛进行野外地质采样。西西里岛的地质剖面是原先地中海的沉积物经过地壳抬升后露在地表的，具有极其清晰的韵律层，富含碳酸钙，是研究上新世海洋碳循环的绝佳场所。我们的取样从山脚开始，按照等间距向山顶采集样品，每采集一个样品，汪老师都会进行详细的描述和记录，因此，我们采样到哪里，汪老师也会到达同样的高度。荒山野岭没有登山台阶，要爬上去可不是个容易的事，尤其是对年逾七旬的老人来讲更有难度，但是汪老师做到了。他不仅上去了，而且还对所有的地貌和样品都做了详细的记录和细致的描述，任何的细节都没有放过，这对后续的数据解释和分析都是至关重要的。

为期一周的地质采集收获的不仅仅是岩石样品，更多的是汪老师

汪品先院士（中）在西西里岛

的现场授课。从地质背景、海洋环境变化，到碳循环工作假说、采样设计，汪老师边工作边讲解。这些都是平时课堂上听不到的，一学期的课也未必有这几天学到的东西多，现在回味起来，遗憾当时野外工作的时间太短了。

在南海和意大利西西里岛样品分析的基础上，我完成了博士论文的撰写，在写论文的过程中，四易文稿，大到论文框架结构，小到图件绘制，汪老师都不厌其烦地做了修改，甚至是标点符号都没有放过。当我完成博士论文答辩的那一刻，回忆在同济学习的10年，我十分庆幸得到了汪老师多年的指导，跟随汪老师上山下海是我一生宝贵的经历和财富。

人生的楷模

——记高廷耀先生①

▶ 金正基②

　　我与高廷耀先生共事的时间，前后加起来有 35 年之久。先生任同济大学副校长时，我任学校秘书长；先生任校长时，我任副校长；先生任上海环保集团董事长时，我任总经理。一路伴随在先生左右，从他做人、做事、做学问中感受他的优秀品质。他治学严谨、悉心育人、内外兼修，是一位受人敬重的师长。

高廷耀教授

治学

　　先生常说："教师的作用是传道解惑，把所学知识毫无保留地传授给学生。教师必须以治学为本，不断提高自己，不断丰富和充实自己的知识，用通俗易懂的语言和多样化的表述让学生充分理解，同时要调动学生的学习热情和求知欲，激发他们的想象力和创造力。"这也是他一生努力的目标，为了提高自己的专业知识水平，他长期坚持刻苦学习。以外语学习为例，他在大学时学的是英语，20 世纪 50 年代

---

① 高廷耀，曾任同济大学校长，教授，博士研究生导师。

② 金正基，曾任同济大学副校长。

初，为适应当时向苏联学习的需要，他转学俄语；改革开放后，同济大学为实现两个转变，恢复对德联系，他又开始第三门外语——德语的学习。那年，他已 48 岁。后来，他成为德国汉堡的一名访问学者。其间，他用德文在德国权威杂志发表了科研成果。在他的努力推动下，中德两国在环保领域进行了广泛的技术合作，取得了不少积极成果。

坚持以治学为本，并且持之以恒，是高先生事业成就的一个重要因素。无论在教书育人、科学研究、社会服务等各个方面，他取得的突出成绩，与他长期坚持学习、不断充实、提高自己是分不开的。

育人

高先生长期担任学校和上海环保集团主要领导，但是，在他的心目中，自己首先是一名教师，恪守教书育人的本分。即使在他担任行政领导期间，在从事繁忙的行政管理工作的同时，还利用节假日和平时休息时间给学生上课，指导学生学习、研究。我经常在中午或下班后看到他一字一句审读修改学生的作业、论文。我进入环保领域后，有幸成为他的一名编外学生，经常得到他的指导，对他的教学工作有了一点切身感受。我原来学的是工业自动化专业，对环保专业一窍不通，从污水处理的工艺设计到工程项目的施工流程及其他有关的专业知识，高先生一点一点地传授给我，是他把我这个门外汉带入环保领域，他会用浅显易懂的例子进行教授。例如，我向高先生请教污水处理中的"絮凝"这个专业名词时，他说："这好比豆浆里加盐卤就变成豆腐花，是一样的道理。"使我一听就理解了，而且印象深刻。

高先生关心学生的不仅仅是专业知识的学习。在他看来，人格的培养、意志的磨炼，应该成为学生的必修课。这些要求，他往往用很朴素的语言表达出来。他在学校的一次优秀青年博士生颁奖大会上讲话，其中有一段话可谓语重心长："一个人遇到困难时要有信心和毅力，年轻人要不怕困难，问题和困难时刻会发生，但任何时候不能失去信心。当你取得成绩时不要沾沾自喜，更不能目中无人、得意忘形，如果是这样，你一定会吃苦头的。"在平时，他也这样教导他的学生。没有华丽的辞藻，就像唠家常似的，却成为不少青年学生人生路上的座右铭。

高先生的可贵之处还在于他作为一名教师，不仅仅满足于指导自己的学生，让他们成长，他还关注整个中国环保事业的发展。2003年9月，在教师节来临之际，高先生把同济大学奖给他课题组的300万元如数捐出，创办高廷耀环保基金会，用于资助和培养中国高校环保专业品学兼优的学生和具有创新精神的优秀博士生。基金会创办至今13年，清华、北大、复旦、交大、中科大、浙江等国内知名高校近千人报名申请，其中187人获资助，基金会还资助硕士研究生举办了十届学术论坛，资助环境专业本科生组织开展了多项暑期社会实践活动。对环境学科的人才培养作出了积极贡献，得到业内人士的广泛关注和好评，被评为上海市优秀基金会。

修身

高先生总是那样平易谦和，在同他交谈中，总会感受到他的真诚，即使被批评，也能体察到他的善意，实事求是，晓之于理，还会体谅别人的难处。

他尊敬师长、关心同事、热爱学生。

胡家骏教授是高先生的老师，每到逢年过节，高先生总要买礼品去胡先生家探望。高先生自己也到85岁高龄了，仍然坚持如此。同事有困难，他会及时关心，伸出援手。前些年，同系的一位老师因患病，经济上遇到了暂时困难，高先生听到后立即捐了5万元，帮助那位老师渡过难关。他还几次对我说，如有困难学生需要帮助，及时告诉他，他愿意出一份力。

高先生笃实、严谨的作风，给他的同事和下属留下了深刻印象。平时开会、参观等集体活动高先生从不迟到。有一次，原定的会议因故改期，由于我们忘了通知，让他白跑了一趟，他没说什么，这使我们十分惭愧。平时，我总会想到一个问题：每天总有忙不完的事情，而高先生为什么总能记得那么清楚，每次工作从不耽误？后来，我才发现，他备有一本全年日历的记事本，他把近期的安排都记在上面。也许，在一些人看来，这是无足轻重的小事，无所谓。但他认为，这是对工作的敬业，对他人的尊重，体现的是个人的良好素养。他在指导学生进行科研时，反复强调实验的重要性，要求学生必须保证实验数据的真实性，他会监督有关人员进行水质的取样及实验。垃圾和污水处理现场气味难闻呛鼻，他不顾年事已高，总要亲临现场调研，他认为每一个垃圾污水处理的工程项目都有不同情况，必须结合实际作出具体分析，从而形成一套科学有效的治理方案。

我国几千年来有尊师重教的传统。教育工作者被认为是社会文明的楷模，应该为人师表，所以，修身是他们的必修课。高先生把这一优良传统继承了下来，在文明修养方面，达到了很高的境界。这是他长期修炼的结果，犹如春雨般无声地滋润着他的学生年轻的心灵，成为他们人生最宝贵的财富。

往事历历在目（节选）

——记高廷耀老师①

▶ 周增炎②

高老师 1953 年同济毕业留校，我
1955 年考进同济，1960 年毕业留校，
所以高老师是我的老师。我班级的毕
业集体照里还有高老师呢，当时他看
上去比我们同学还年轻。我对高老师
非常尊重，碰到事情我会找他请教、
商量，以得到他的指教。高老师对我
也非常信任。他既是我的良师，也是
我的益友，我们的情谊超过半个多世
纪，一道经历了许多风风雨雨。不少
往事至今回想起来，还历历在目。

高廷耀教授

1980 年高老师获联邦德国的洪堡基金，前往达姆施塔特工业大学
（Technische Universität Darmstadt）开展为期 2 年的合作科研。长期
处于封闭状态的中国科技人员，有机会接触到欧美最新的环保科技和
仪器设备，令高老师无比激动和兴奋。他一方面认真地完成合作科研
任务，一方面如饥似渴地学习和收集整理各种资料，思考、规划回国
后的教学科研方向。他预计，随着中国的工业发展和经济增长，中国

---

① 本文节选自《治水人生——高廷耀访谈录》（同济大学出版社，2017）。
② 周增炎，同济大学环境科学与工程学院教授，博士研究生导师。

的环境保护问题必然会日益严重，而首要的问题是水污染和饮用水安全，污水和污泥处理处置以及固体废物（生活垃圾和工业废弃物）处理处置问题。1982年回国前，他用节约的全部奖学金购置了一大批科研仪器，捐赠给同济大学。回国后，他就着手组织有关教师和研究生，组成课题组和研究团队，围绕这些方向，持续地开展研究、攻关。1987年，高老师又主动与达姆施塔特工业大学教授取得联系，要求合作研究污泥处理和污水脱氮除磷技术课题，经双方努力后又成为国家级合作研究课题，开创了我国中德合作科研项目的先河。

高老师是非常认真负责的一个人。他做了5年副校长，6年正校长。他做校长期间由于工作繁忙，我与其他多位老师协助课题组的日常事务。他领导的课题组基本每周有一次学术讨论会，这一天高老师一定会回来。讨论会内容基本上包括两个方面：一是反复讨论专业学科里的基本概念，每学期一开始高老师会出很多有关专业基本概念的讨论题目，每次讨论会有一个研究生主讲，其他研究生也必须发言、阐述自己的学术观点；二是研究生汇报课题研究阶段结果和提出下阶段计划，其他研究生帮他分析提出意见。他要求：说错不要紧、不说可不行。这种气氛宽松、学术民主的专题讨论会，有利于融洽师生感情、激发创新思维，帮助大家理清思路，弄清学科的基本概念，学生和青年教师反映收获很大，使他们得以快速成长。高老师对待学问总是孜孜以求，对待学生始终诲人不倦，在他担任了学校的领导工作后，除指导研究生以外，他还挤出时间来为本科生上课、编教材。

高老师做学问如他的为人处世一样，崇真务实，不事张扬。他深刻认识到，环境工程学科属于应用性工程学科，应该把为解决实际问题放在科学研究工作的第一位，一切理论和工艺都必须应用于生产实践。问题来自实践，成果同样要经过实践的检验，高老师认为研究成果最终一定要应用到生产实践中，所以他强调，搞研究一定要去现场。现场获得的设计数据应用到生产性设备和工程设计中更可靠。所以高老师主持的重大课题一般都需要经过"小试研究—中试研究—生产性试验研究"。高老师历来要求我们，带着学习和工作中碰到的问题，经常到生产实践的第一线开展调查研究，掌握第一手资料，虚心向工人师傅们讨教。他经常对我们说，一个善于思考、勤于实践的人，在熟练掌握了一门技能以后，针对它的欠缺有所改进、逐步完善，这其实就是很重要的创新过程。

高老师对待学术研究始终抱着严谨求实的态度，坚持以事实和数据说话，从不急功近利，不走捷径。他喜欢具有挑战性的科研难题，但是每攻克一个难题，都要耗掉他几年甚至十几年的精力。比如，完成辽河油田稠油污水循环利用的研究课题前后近10年，他亲自跑油田，下基层调研指导；负责东深供水预处理工程期间，他到现场调研、主持调试不下十几次；苏州河治理项目中，为了掌握关键数据，他多次现场察看污染源、查找技术资料，甚至参与部分重要实验。

高老师做课题非常踏实。我们在深圳做原水生物处理项目时，香港还没有回归。当时我们好多硕士、博士生去深圳水库实地做实验，住在那里。我和高老师等几位老师也经常去过问实验情况，基本上一个月要去一次，我在那边还住过两个月，把学生安排好，可正常实验了再回来。小试、中试的过程中碰到了许多问题，将这些问题逐一解决后正式上工程，生物硝化工程直接建造在水库里。高老师还亲临施工现场，深入池底视察工人安装填料设备。那时投资是人民币2亿多元。经生物硝化处理后，源水水质明显提升，香港同胞就没意见了。

还有辽河油田稠油废水处理项目，高老师刚毕业的博士谢加才被派去辽河油田博士后流动站做研究。先研究污水处理，研究成功后又考虑将这种100℃以上的水灌入油井下面去，融化地下稠油，然后提升油、水、泥，还有80℃以上热量，这是很好的能源啊，所以就想办法把处理好的污水进一步处理到锅炉回用的标准。油田一看不得了，光是我们做试验那段时间，油田就直接、间接节约了一两百亿元，经济效益、环境效益都非常大。辽河油田很快把这套技术推广，于是很快国内所有开采稠油的油田都采用这个方法。谢加才在那边做实验，高老师和我，还有一位当地油田的总工程师作为指导老师，每一阶段帮谢加才一起把关。

东深供水工程、辽河稠油废水及污水脱氮除磷这三个项目都获得了国家科技进步二等奖，高老师的功劳是很大的。这些项目我基本上都参与了，跟高老师一起战斗、攻关。高老师在城市水环境综合治理、污水脱氮除磷深度处理、油田稠油污水循环利用、城市有机废弃物资源化及能源化利用等研究领域，取得的许多开创性的研究成果，使同济大学的环境学科在这些领域取得了相对领先的研究成果，走在了国内同行的前列，为我国的环保事业作出了重大贡献。

高老师始终有一种责任、使命感，做研究踏踏实实，着眼于解决实际问题。他崇尚务实的治学思想，也对他的研究团队和一大批青年学生产生了重要影响。在他的课题组里，走出了一大批教授、专家和工程界、科技界、企业界的带头人。

高老师看问题看得很长远，立意很高。包括后来成立环保基金会，奖励国内环保专业的优秀博士生。高老师认识到这一批人毕业出来对国家的环保事业影响会很大。他很关心我国高级环保专业人才的成长，虽然他年事已高，但每次基金会颁奖他都会参加，并讲话鼓励年轻人。

高老师的度量非常大，对伤害过他的人和事都是一笑置之，这点我特别佩服他。高老师平易近人，和蔼可亲，毫无架子，他自己生活上很俭朴，却时常资助经济比较困难的博士生。学院里有一位老师患了重病，高老师也陆续捐助了多次。每年过年他还自己拿出钱来给办公室的同事、大楼门房、保洁工等发点物资，体恤他们。

回顾往事，我跟高老师一起合作、并肩战斗、接受他的指导，在和高老师风风雨雨几十年共事中，我和课题组中的学生一样，受到高老师人格魅力、言传身教的熏陶，在业务和做人方面，都学到了好多好东西，我对他是发自内心地尊敬和感激。

做学生信赖的人

——记优秀班主任周铭孝[①]

▶ 陈全明[②]

2007年5月20日晚，同济大学67届建机专业师生联欢会暨祝贺班主任周铭孝老师七十寿庆正在举行。这次盛宴的东道主是来校参加百年校庆庆典大会的杰出校友、中国建筑工程总公司总经理孙文杰。孙文杰热情致词："我所以有今天，是同济大学培养教育的结果，特别要感谢班主任周老师。"周铭孝老师脸上溢满幸福，做班主任时的种种付出，已化作心底浓浓的慰藉。

周铭孝老师

工作尽责

周铭孝于1961年同济大学建筑机械专业毕业后留校任教，次年兼任该专业67届班主任。周老师对班级学生的管理有一套严格的制度。例如，每天清晨她都到学生宿舍，要求他们准时起床，参加早锻炼；几乎每个中午都用来抓班级工作，从周一到周六每周一次轮流召开班委

---

① 周铭孝，性教育专家，曾任同济大学妇女工作委员会主任。

② 陈全明，同济大学机械学院教授。本文原刊《同济人》2008年第1期。

会、团支委会、小组长会、课代表会等；一年级时规定周日上海市本地学生必须到班级专用教室晚自修，以保证次日第一节课不迟到。更可贵的是，周老师以身作则，周日下午5时前，来不及和家人共进晚餐，就赶回学校，检查晚自修出勤情况，发现问题，及时处理。

周铭孝对学生做思想工作讲究实效，从不严加训斥，而是谆谆诱导。一次周老师刚检查过晚自修从教室出来，一名女生跟着离开教室不自修了。周老师并没有马上命令她回教室自修，而是事后才找她了解情况，双方谈得很开心。从此，她遇到什么事情都愿意主动找周老师谈。

周老师在学生思想工作中，努力贯彻党的政策，不断改进工作方法。在当时的历史条件下，她班中有半数以上学生是非工农子弟，他们大都有较重的家庭出身包袱，周老师对他们丝毫没有歧视，而是一视同仁。例如，一名地主家庭出身的男生表现不错，周老师让他当小班长，调动了他的积极性。一名出生在上海郊区的工农子弟，爱学习、有才能，周老师培养他加入共青团；有的同学好胜心强，周老师没有说他是个人英雄主义，而是鼓励他奋发向上，为社会多作贡献。毕业后凭着他自身的努力和历史的机遇，成了出类拔萃的国企领航人。

师生情深

周老师为了更多地了解学生，她坚持与学生同吃、同住。当年学生宿舍8人一间，有一间朝北的房间供外地学生堆放箱子做贮藏室。周老师就在贮藏室里腾出一张床睡觉。那年元旦前夕，朝南房间的女生开联欢会，邀请周老师参加。联欢会结束后，女生们怎么也不让周老师回到那阴冷的贮藏室去睡觉，宁可两名女生合睡一张床，也要让周老师睡在她们房间里。周老师一直睡在女生宿舍里，及时了解到许多情况。当年分管学生工作的校党委副书记唐晓声知道这件事后，倡议全校政治指导员、班主任向周老师学习，唐晓声率先搬住到学生宿舍，许多总支书记也跟着搬住下去，一时成了同济的新风尚。

该班毕业于1967年，无一名学生留校。每年校庆都由周老师筹备来校活动事宜。大家都把周老师称为"永不退休的班主任"。周老师不仅关心该班的毕业生，还关心他们在同济就读的子女，每年周老师和家人都要设宴招待他们共度中秋佳节。

孙文杰 1981 年被国家派往香港工作前夕，专程来校向周老师告别，得知周老师正在住院，又赶到医院看她。1999 年周老师去香港参加世界性学国际会议，孙文杰亲自安排周老师的食宿。2006 年孙文杰给周老师寄来了登载有他事迹的《中华英才》杂志，并附言："算是学生对老师最好的回报。"

率先开设性教育课

周铭孝在长期工作实践中，了解到大量的正处于青春年华的大学生，他们存在许多性朦胧、性困惑。由于缺乏性心理、性道德等科学知识，构成了种种危害，甚至有的酿成了悲剧。

这一切引起了周铭孝的深思，必须正视性愚昧带来的危害，冲破"谈性色变"的禁忌。于是，她开始给自己"充电"：参加上海市性教育系列讲座、参加全国首届性教育讲习班，并自学有关理论，悉心准备讲稿，为开设性教育课做准备。20 世纪 80 年代初，性教育才刚刚起步，周铭孝冒着被人误解的风险，到处"游说"，几经碰壁，终于在 1987 年得到电气系党总支副书记的理解和帮助，为该系讲授"性知识与恋爱观"。77 名女大学生带着羞涩和好奇的心情走进课堂，周老师用轻松亲切的语调，大大方方地讲述令人难以启齿的性知识。周铭孝的尝试获得了成功，得到了校党委的鼓励和支持。起初以系为单位组织专题讲座，后列入"青年心理学""大学生自我保健"等选修课以及"思想品德"课程中。周铭孝还特地在家中开设了心理咨询室，义务接待了数百人的心理咨询。周铭孝开展性教育，从同济大学走向上海及外地其他高校；在对象上，已从大学生，延伸到中学生，还开创了部队性教育先例，为此《青年报》以"驻沪部队首开性心理课性教育专家周铭孝应邀执教"为题作了报道，中央人民广播电台专程赶来录音。《文汇报》《解放日报》《中国教育报》《中国妇女报》《现代家庭》《中外妇女文摘》等报纸杂志，先后登载了介绍周铭孝从事性教育的文章和照片，称周铭孝是率先在大学生中开设性教育课的人。

周铭孝活跃在国内外性科学的学术会议上，发表过多篇论文，应世界性学会会长美国的伊利·科尔曼（Eli Coleman）亲笔来信邀请出席第 14 届世界性学国际会议并合影留念。周铭孝是亚洲性学联会创始会员、中国性学会会员、《中国当代性文化》编委，曾任数届上海市性教育研究会理事、上海市婚姻家庭研究会理事、上海市性社会学研究中心兼职研究员等。

　　1992 年 7 月，周铭孝退休后被同济大学学生处心理咨询中心聘请，从事大学生心理咨询工作，参与"高校心理素质教育与研究"课题组，获 1998 年上海市教学成果二等奖，获得全国计划生育协会先进志愿者、上海市老有所为精英奖等。退休 15 年来，她每年还在为大学生开设性教育课，还在为性教育事业到处奔忙、操劳。

呕心沥血　为人楷模

——我们的良师益友唐培吉[1]

▶　徐　筠　沙卫东[2]

　　关于研究生培养，唐培吉教授主张开设马列主义经典著作课。在教学中要求学生认真读原著，通过反复学习、研究，真正树立起对马克思主义的信仰，学会运用好马克思主义的方法论。在专业课的教学中，他的讲稿时讲时新，不断充实学术界新的观点，他鼓励大家要独立思考，提高分析问题、解决问题的能力，提高自己的研究水平。他经常强调，做学问研究领域不能太窄，要做强主业，让自己在学术

唐培吉教授

上立得住脚；同时要开拓新的领域，超越自我。自 20 世纪 80 年代以来，他出版了论著（包括主编和参编）达 100 多种，800 万字。他参与创建了犹太学、上海学和延安学。他长期从事中共党史、中国革命史、中国现代史、中国抗日战争史及对外关系史的研究，还创造性地从事上海抗日战争史的研究。他的学术研究实践为学生和青年教师提供了深入进行学术研究的思路和方法及应秉承的研究学问的科学态度。

---

① 唐培吉，同济大学原文法学院教授，博士研究生导师。
② 徐筠，同济大学文法学院教授；沙卫东，同济大学政治与国际关系学院讲师。

唐教授很注重理论和实践结合的教育。学生读研期间，他带大家走出同济。例如，去西安、延安、北京拜访西安交大、延安大学、中共中央党校的专家学者，登大雁塔、游览秦始皇兵马俑、故宫、黄帝陵；瞻仰了人民英雄纪念碑、毛主席纪念堂；参观了中国历史博物馆和中国革命博物馆，还赶早观摩了天安门广场的升旗仪式。这些活动是令人终生难忘而有意义的。唐教授还安排研究生参与由他主编的《中国历史大事年表·现代卷》和《抗日战争时期的对外关系》的编写，指导学生在实践中锻炼写作能力，提高研究水平。

唐教授在学术观点上很宽容，鼓励讨论，并且不以学术权威自居，压制别人。有一名研究生写了一篇评新生活运动的论文，所提观点异于寻常。有些连唐教授也不完全赞同，但他表示只要作者观点有史料支撑、符合逻辑、能自圆其说就应该坚持。还有一次唐教授组织学生参与由他主编的《中国近现代对外关系史》编写工作，初稿完成后请校外专家审稿，他们提了一些意见。唐教授对我们说，对于外审专家意见，只要作者认为自己有理有据，就可以择善坚持，不必违心修改。

唐教授对研究生各方面都很关心。有一次研究生宿舍遇到了麻烦，他知道后就去宿管科反映情况。还有一次，有研究生没有正确处理好学与教的关系，采取了错误的做法。事发后部分领导和教师坚持要给予处分。而唐教授并不草率作出决定。他认为研究生有一些意见，是对我们的教学提出了更高要求，这是他们有较强求知欲的表现，并不是坏事。同时，他又严肃地批评了学生，让其作深刻检查，希望今后能吃一堑长一智。既达到了教育的目的，又避免了处分，化解了矛盾。每年春节前，唐教授总要组织研究生与导师联欢。他那深情演唱苏联歌曲的浑厚嗓音至今仍萦绕在我们的耳际。每次去看望他，大家都感谢他的教诲之恩，他却说不值得一提。聆听他的娓娓道来，大家受益良多。

2017 年，唐教授获颁上海市首届马克思主义理论教学研究"终身荣誉奖"（全市仅 10 人），这是很高的荣誉，是实至名归，我们为之感到骄傲。

我们永远铭记这位不忘初心、高尚又平凡、德高望重、为人楷模的老人。

银丝映日月　丹心沃新花

——记吴国欣教授①

▶ 位新建②

　　人生路上，总有一个地方，让我们流连忘返；总有一个人，让我们倾心铭记。他孜孜不倦、严谨务实的治学精神感染身边的每一个人；他精益求精，坚持不懈的科研精神鼓舞着每一个同济学子；他学而不厌、诲人不倦的高尚情怀值得每一个人钦佩，他就是我们心目中的好导师——吴国欣。40 多年以来，他在设计领域辛勤耕耘，他的课内容丰富、表达流畅、贴近学生。在学生心目中，吴教授是阅历丰

吴国欣教授

富、知识渊博、能教善学、方法灵活、关心学生的好老师。而在吴教授看来，学生们的成长和进步是他最大的成就和欣慰。

　　吴教授虽然已年过六旬，但这丝毫没有减弱他对学生的热情，怀着一腔热忱，依然坚守在教学科研的第一线，在科研上认真勤勉，成果累累，获得学术界的广泛认可。吴老师对学生关怀备至，大爱无声。对学生专业学习上的问题，他耐心解答；课堂上他风趣幽默，深入浅

---

① 吴国欣，1953 年生，毕业于中央工艺美术学院，同济大学建筑与城市规划学院、设计创意学院教授、博士研究生导师。

② 位新建，同济大学研究生会成员。

出，娓娓道来；他主动与学生沟通交流，细心地解决学生学习中遇到的困难；他尊重学生，相信每一学生都有一定的长处和闪光点，抓住每一个教育良机，适时表扬、鼓励，他鼓励学生，悉心培养他们的自信心、自尊心，不让他们在学习上成为掉队的孤雁，是学生的良师益友。他体贴关心学生，甚至不顾自己安危。还记得那是在 2003 年夏季 SARS 疫情期间，一学生身体不适，出现疑似 SARS 的症状。时值夏季学校放假，在举目无亲的情况下他想到在招生期间认识的吴国欣教授，吴国欣教授当即冒着被传染的危险护送那名同学到医院就诊。经医生诊断，被判定为疑似病例，吴教授作为密切接触者，也被隔离于一家宾馆，直至被排除感染。把学生真正地当成自己的家人来爱，危急时刻方显其高尚品德。正是这种对学生的爱，这种责任感，铸造了师魂的真谛。

"设计就是让人感受到美好"，吴国欣教授如是说，他是美的播种者、耕耘者，他用设计编织生活中的美。他带领设计创意学院的全体师生锐意进取，为同济大学的发展和人才培养倾尽心血，如今他的学生人才济济，桃李满天下，在各自的岗位发挥着积极作用。

他在同济大学任教的 20 多年里，用热忱为学校进行形象的包装和宣传，在百忙中传授给学生专业知识以及做人的道理，一个好人品，一副好身体，是吴老师对学生的要求，这是能够受用终生的信条，我很荣幸能够在读研期间拥有这样一位好老师。

——同济大学设计创意学院硕士研究生　黄屹洲

吴老师是难得好老师，平易近人，友善没有架子，不管是课上还是课下，对学生就像对待自己的朋友一样，生活中也是这样，特别豪爽，特别义气。吴老师不仅教授学生专业知识，更是以身作则，教学生如何做人，是一位很有魅力的教授。

吴老师不仅是我们学业上的导师和楷模，更是我们生活上的长辈和挚友。

——同济大学建筑与城市规划学院博士研究生　李文杰

桃李不言 卓荦为杰

——记李杰教授①

▶ 洪 旭 海 鲁②

大凡初次见李杰先生的人，都不免为先生身上散发的读书人的儒雅气质所吸引。跟着先生做研究已近三稔，虽时间不长，却已深深为先生的风骨和科学精神所震撼。

先生治学，私以为可以用"新"来概括。尽管已过耳顺之年，先生对世界仍然保持着十足的好奇心，他对新事物的接受程度完全不亚于年轻人。也许，这种好奇心恰是他在研究工作中早已养成的对新工具、新方法、新

李杰教授

理论密切关注的习惯在生活上的缩影罢了。先生十分鼓励学生在研究中尝试新方法、利用新工具，而每当学界（甚或其他领域）有新方法、新思想萌发时，他总能够根据自己丰富的学术经验敏锐地判断它们能否以及如何为结构工程中关键科学问题的解决提供新的途径。近两年，华南理工大学的吴建营教授系统发展了准脆性材料的相场断裂模型，先生对这一研究进展十分关切，认为其对于混凝土材料断裂破坏问题

---

① 李杰，同济大学结构工程学科教授，中国科学院院士。
② 洪旭、海鲁，同济大学博士研究生。

的应用前景较为广阔，便开始尝试将其应用于混凝土的动力断裂和疲劳破坏问题中，并创新引入随机场理论，希望建立具有坚实物理基础的随机相场模型。

然而，即使某些研究方向抑或研究思想正处于鼎盛时期，他也不会亦步亦趋，先生治学自有学术定力。这来自他对结构工程关键科学问题的长期思考与研究积累。他深知，理论的真正进步必须与解决工程中的实际问题相结合。如果新方向的开启、新思想的引入不能达到这个目的，则很有可能陷入为了解决问题而创造问题的歧途，从而成为无本之木、无源之水。而当旧的研究热潮退去、新的热潮兴起，他也不会就此放弃对前者考察所得到的并已经成为其丰富学识一部分的有益养分。曾有人说："多尺度现在已经不是热点了，可以休矣。"而他始终坚持自己的判断：要想更合理地描述外界环境的作用与结构系统的响应，物理的建模途径是必由之路，而多尺度方法则大有可为。这些年，国内外一大批学者在多尺度荷载建模、材料力学性能多尺度研究等方向上的努力和收获恰好证明了这一判断的正确。要说到李杰先生研究最大的"新"意，莫过于他在源头的创新，用他的话说，是"从 0 到 1 的研究"。我国当下正处在发展的关键时期，充满了机遇与挑战。"中兴事件"给我们敲响了一记警钟：我国的科技、尤其是基础研究与世界先进水平仍有相当大的差距。过去很长一段时间，我们的研究总是在追赶国际前沿，而从追赶到超越的转变，最需要的恰是这种从 0 到 1 的突破。最近有幸协助先生整理、校对他在 20 世纪 90 年代初进行的城市灾场控制理论的研究。当时他就敏锐地意识到灾场系统（如城市系统）在灾害作用（如地震）后的控制恢复将成为防灾工程研究的一个关键性基本问题。他独辟蹊径地从系统控制的角度出发，提出了城市地震灾场控制理论的基本框架，并取得了初步的工程应用成效。奈何当时大的研究环境所迫，这一研究成果只好束之高阁；幸而 20 多年后，城市韧性成为国内外学者关注的焦点，而城市灾场控制理论的重新提出则可以有效地解决这一问题，这实在令人不得不佩服李杰先生在选题上的高瞻远瞩。

李杰先生的研究是"新"的，但绝不是无源之水。正如他所强调的：一个真正的学者，不仅要对学科当前的成熟理论框架的关键技术细节了如指掌，还应深刻地认识到学科发展的推动力，"学会逻辑地再现（或重构）学术发展史"。唯如此，站在新的起点上，才能真正把握学科发展的前进方向！

对学生而言，先生之所以为先生，因为他是科研工作的先锋，更因为他是一名传道、授业、解惑的老师。

李杰先生十分重视研究生专业课程的教学，长期奋战在研究生教学的第一线。先生对教学工作要求十分严格，虽然对课程内容已十分熟悉，但上课前仍会花4个小时的时间备课，课程结束后还要花费2个小时的时间整理自己的思路，力求同一课程每次讲授都具有新意，避免照本宣科，否则在先生看来，既是浪费学生的时间，也是浪费老师自己的生命。已淡淡发黄的讲稿上不同颜色笔的勾画和笔迹是先生对每一节课的认真与严谨的有力见证。先生授课幽默风趣、充满激情且深入浅出，既有专业知识的讲解和对土木工程这一领域的深邃思考，又饱含对我们的教导和殷切的期望。"读书三结合"是先生为研究生新生准备的课程，虽已过三载，但是我仍会时时拿出当初的笔记，回味、思考先生的话语，总会有新的体会和收获。

对学生的培养，李杰先生特别注重因势利导、因材施教。他独具见解地提出：培养学生要抓住四个意识——文献意识、实践意识、工程意识、创新意识；并且将指导学生的过程总结为四个阶段——引导、同行、学习、升华，特别注重与学生的共同工作。无论是关键方向的选题、核心攻关问题的建议，还是具体公式的推导、试验结果的分析乃至程序编制的关键细节，他都亲力亲为，而不是简单地听取汇报。先生常谦虚地说，"我在向我的学生学习"，"否则，导师就不可能站到真正的学术前沿"。

尽管各项事务非常繁忙，先生对学生的培养从不松懈，坚持每天与学生当面讨论学术工作，保证每两周见一次学生，20年如一日。先生总说："与学生见面的日子，是我的节日。"每一次与学生见面，一有学术上的进展，他就在笔记本上进行系统、扼要的总结，而对于研究中的缺陷，则又不厌其烦地讲解。这样的讨论有时可能持续1～2个小时，日复一日，极少中断，真是可谓鞠躬尽瘁地培育学生，更何况先生已过耳顺之年！相比言传，先生更注重身教，大到关键科学问题，小到文章撰写的细节工作，他总是会从自己的工作经历、生活实践中找到具体的案例，生动地诠释了一个优秀的学者应具备的素质。这大概就是他常说的"师徒之间秘密的传授"了吧。

除了研究工作，先生也特别重视学生科学精神与人文情怀的提升。他鼓励学生不仅要努力学习专业知识并在研究中有所创新，还要努力加强在文、史、哲方面的修养，从而实现从知识分子到"读书人"的蜕变。先生特别强调"人生重境界"。他认为：对学生的培养，最重要的是加强修养意识的培养，这种修养，不仅包含素养与学养，还要重视德养。"只有这样，才能在研究中立意高远"、勇攀高峰，"毕业之后，无论在何种工作岗位、无论面对何种情况，都能高屋建瓴地分析、脚踏实地地躬行"。如此，才能真正成为对国家和社会有所贡献的人。

还记得李杰先生在个人主页上写道："师生是一种缘分，40 岁以后，我要把我的后半生奉献给我的学生。"我常想，面对工作、生活中的诸多困惑，先生的这些支持与付出、鼓励与鞭策不就是最好的回答吗！从吾所好，在学科的发展与民族的进步中真正做一点工作，哪怕微不足道，也是十分有意义的。

"言为士则，行为世范。"先生有之。

学生心中的楷模

——记黄宏伟教授①

▶ 王天娇②

为了丰富学生的课余生活，黄老师每年组织教研室集体春游和秋游，并亲自带队。活动除了让大家加深交流，增强凝聚力以外，每年的保留项目便是参观工地，黄老师的良苦用心总是能让大家轻松愉悦地学到新知识，劳逸结合，恰到好处。

为了增进同门之间的认识和了解，每年黄老师都会邀请各届已毕业的师兄师姐们一起举办隧道五室新生欢迎会暨全体师生庆中秋国庆宴会。席间，

黄宏伟教授

师生间互相敬酒，亲如家人。大家不仅吃得很开心，彼此之间的交流也增进了相互了解，让大家体会到隧道五室就是一个大家庭。

经过近20年的辛勤培养，黄老师已经桃李满天下，不少学生已在隧道工程及风险分析领域中做出了突出成绩。黄老师从没说过一句自诩的话，但对自己学生从来不吝惜赞美之词，以此来激励全体同学们向优秀的学生学习，提高自我，完善自我。

---

① 黄宏伟，同济大学土木工程学院教授、博士研究生导师。
② 王天娇，同济大学研究生会成员。

作为黄老师的学生是幸福的，不仅能受到黄老师的悉心教导，还能感受到像家人一样的关怀与温暖。有一年暑假期间，我们在试验室进行接头试验时，天热，试验室内蚊虫很多，试验条件十分艰苦。虽在假期，黄老师多次亲临试验室指导，对我们的艰辛也是看在眼里。黄老师不仅经常叮嘱我们要注意防暑，还多次给我们带来了冰镇大西瓜供我们解暑，并给我们买来驱蚊水。

一次，由于天气昼夜温差大，我上呼吸道感染，只能去校医院打点滴。次日上午，黄老师找我谈论文和讨论试验进展，得知我在校医院打点滴后，就打电话安慰我。我点滴打完后回宿舍休息，再次接到黄老师的电话，原来他当时已经在校医院，正急着找我。当时，我眼泪都要出来了，其实自己也不是什么大病，就是打个点滴，黄老师却如此在意自己学生的身体状况。这仅是一件平常小事，却足以让我感动。

黄老师具有极强的个人魅力，无论是做报告还是上课都极其生动、富有激情。他言谈举止之间流露出一种从容不迫的气质；他做事精益求精、一丝不苟，看问题思维敏捷、眼界开阔；他生活中充满活力，热情大度。这些都在不断激励和感染着我们，从黄老师身上我们学到的不仅仅是专业知识，更多的是待人接物与为人处世的道理。

黄老师对我们要求严格，他曾对我们说："我宁愿你们现在怪我对你们太严格，也不愿你们将来走入社会后碌碌无为时怪我。"在生活上，黄老师对我们格外关心，每次见面都会询问生活上有没有什么困难。每当遇到困难时，黄老师总是会耐心地为我们排忧解难。

黄老师向来认为我们应该在思想与学术上多与世界对话，只有这样我们才能跟上时代发展的步伐，在短处慢慢赶上，在长处保持领先。一方面，黄老师放眼世界，用敏锐的眼光捕捉学科发展的时代脉搏，立足当下、追求创新，围绕岩土及地下工程，在国内率先开展了工程风险分析理论与方法的研究；另一方面，黄老师也要求学生积极与世界顶级学府的学者进行交流，永远保持谦逊冷静、虚怀若谷的心态。

此外，黄老师更是积极推动同济大学土木工程学院走向世界，在国际大舞台上与世界顶尖学府对话、交流，谋求进一步发展。自 2010年 8 月以来黄老师任土木工程学院副院长，主要分管外事工作，依据学院外事工作方针"立足亚洲，稳固欧洲，开拓北美"积极开展工作。以培养卓越学生为中心，积极构建学生的各类国际化交流平台，包括双学位、短期交流（含暑期学校）、联合毕业设计的各类平台。

黄老师，谢谢您给予我们的谆谆教诲，谢谢您给予我们的人生启蒙，谢谢您给予我们生活上的帮助，谢谢您让我们在同济大学有一个温暖的家——"隧道五室"。

黄老师，您辛苦了，每日密密麻麻的日程安排已经成为您生活的常态，要知道学生内心深处也是很心疼您的，请您累的时候就歇息一下，我们多么希望能为您分担一些。

黄老师，您将渊博的知识、丰富的人生经验都耐心地传授给我们，让我们像海绵一样吸收、学习并成长。您给予我们走向国际舞台的机会，不仅让我们可以了解国际先进领域的最新资讯，也让我们去领略、感受不同国家的文化和风土人情。

黄老师，感谢您在百忙之中教会我们处处注重细节，告诉我们要胆大、心细，不能忽视细节，细节决定成败，这点点滴滴的教导，让我们受益匪浅。

黄老师，您常常对我们说，要孝敬父母，让我们这些年轻人懂得父母为我们付出了许多，却不需要太多的回报，也许一个轻轻的问候就是对他们最好的慰藉。

人生路上，能得到您的指引，是我们的幸运！

以爱和责任为使命

——记周颖教授①

▶ 位新建

在漫漫生命长河之中，我们总会在不经意间遇上一些人，于潜移默化中使我们深深感悟到做人的哲理和孜孜不倦追求生活的真谛。从教将近10余年来，周颖教授以爱和责任为使命，用无悔的奉献、认真的态度、满腔的热情，诠释着教师这一神圣职业的含义。

周老师知识渊博，专业过硬，教学严谨，非常注重细节和基本概念，小到标点符号，一字一句，有一次看

周颖教授

一名同学对"场地"和"场地土"的概念混淆不清，被她立即发现纠正。周老师对待教学极为认真，在工作上不容有一丝的马虎和懈怠，翻着周老师的课本，我们发现上面密密麻麻都是注解，周老师就是这样用自己的勤勉、认真、负责，在潜移默化中鼓舞着她的学生。她重视学生的科研道德教育，强调要对科研有敬畏之心，表示搞科研的基本精神是实事求是，不能有任何投机取巧、违背科研道德的行为。她主张研究所要有浓厚的学术气氛，要多组织学术讨论。

---

① 周颖，同济大学土木工程学院教授，博士研究生导师。

周老师对待学生尽心尽责，心里始终装着学生，把学生的事情放在第一位。周老师每周三要给学生上工程结构抗震课，有一次周老师一周都出差开会，为了不影响上课，她坚持从外地乘飞机返回，顾不上旅途的辛劳，没来得及吃午饭和休息，直接从机场到学校给学生上课，全班学生得知后都非常感动。有一次开会，周老师生病，上吐下泻，面色蜡黄，大家都劝她早点回去休息，可是她为了不耽误学生们的科研进度，硬是撑着身体，坚持听完了大家的汇报，并给予相应的指导。学生交过去的论文，周老师基本上都在两天之内认真地改完，返回给学生。有一次，周老师在美国出差，她的学生将小论文发给周老师，一天不到周老师就返回给了学生，原来她是在飞机上改好的。周老师就是这样对学生用心，一丝不苟。

　　周老师亦师亦友，平易近人，平等公正地对待每一个学生。在生活、为人处世方面，她更是给予学生无比的关心和帮助。学生们无论遇到哪一方面的困难和问题，都愿意与她交谈，而她也耐心倾听，尽可能地提供帮助。据一名学生说，研一的时候，周老师有一次和他一起去吃饭，席间，周老师认真地跟他说："你找女朋友一定要找对你妈妈好的。"在这名学生徘徊于是否读博的时候，周老师很真诚地和他沟通，并让师兄和他的女朋友说明读博的利弊，还再三嘱咐他说："你读博的同时一定要关心家人，不要有一点点傲慢，任何时候都不应该傲慢。"

　　正是周老师严谨的治学态度，对学生认真负责的精神感动身边的每一个人，也激励着大家一直前进和努力。

　　周老师在科研上严格要求我们并给我们悉心的指导，老师身上严谨的科研精神和细致的工作态度一直以一种言传身教的方式影响着我们。同时，周老师在生活中对我们的关怀也是无微不至的，无论是学业上、感情上遇到了问题，还是对未来迷茫和纠结等，我们都能找老师交流并得到帮助和建议。

——学生　龚顺明

周老师是一位在教学上认真、严厉，在生活上和蔼可亲的老师，工作上，容不得一丝的错误和马虎。和周老师相处的一年多的时间里，我学到了很多做事的态度和做人的道理。

——学生　唐少将

他给了我们做学术的勇气

——我的导师石建勋教授①

▶ 唐 傲②

　　石建勋教授是同济大学国家创新发展研究院首席专家、国家社科基金决策咨询点首席专家、《人民日报》特约评论员，是同学们眼中的科研"大牛"，幸运地是，他也是我的导师。

　　与一些两耳不闻窗外事的科学家或者许多人想象的大学教授形象不同的是，石老师和我们很多人一样，也"上网冲浪"。但不同的是，他非常关注时事新闻，而且视野焦点并不只局限在自身研究的经济金融领域，也从

石建勋教授

不吝于表达自己对事件的观点。一方面，对于疫苗、幼儿教育、明星学术造假、华为事件、医闹等社会热点问题，他都会紧追事件进展，在社交平台上发表事件评述和见解；另一方面，石老师把大量精力放在宣讲工作上，以学者的深度向社会各界宣讲党和国家的发展战略和方针、政策，对于这些工作，他不求回报，不辞辛苦。一次义务讲学中，他不顾自己患有心脏病，连续赶路10多个小时，努力克服高原反

---

① 石建勋，同济大学经济与管理学院教授，博士研究生导师。
② 唐傲，同济大学经济与管理学院金融学专业2018级硕士研究生。

应，赴大山深处的国家级贫困县——云南省云龙县，为身处脱贫攻坚战一线的当地干部群众进行宣讲。这仅是老师上百次对党和国家政策及国家发展战略宣讲的一个例子。这种勤奋工作、不求回报的精神令人敬佩。这一切对于我们来说都是无声的教育。

石老师不仅喜欢"上网冲浪"，还乐于分享。知道师门几个同学都属意做关于中美贸易摩擦的研究之后，每次看到相关的好文章或是国际上的新观点，他都会转发群内，给同学们参考学习，有时还会附上推荐语。石老师不是一个耽于书斋的学者，他的研究总是紧贴社会实际和民生。他写的资政专报就多次被领导采纳。

他严格要求我们的学业，又暖心地帮助我们解决生活中遇到的问题。学生们研一刚入学时，他要求我们沉心做学术，努力钻研，不要被社会上的浮躁风气所影响，去追求短暂的收益。

石老师经常来办公室对我们进行辅导，询问我们当前的研究进度，我们有不懂的地方他都会耐心解答。这种耐心和严格在我们进行毕业论文开题及答辩的时候得到更多的体现。生活中老师又对我们非常和蔼亲切，帮助我们解决住宿问题，让我们在课题组内形成互助学习小组，为我们在学校打印店开设记账户头，方便我们打印报告文稿，为毕业年级学生转发招聘信息、内推学生实习等，最大限度地为我们破解一切学习路上的障碍。

我的导师石建勋教授是全师门的榜样，他不仅传道授业，还言传身教，教给了我们做学术的勇气和持之以恒的决心。

他，坚守师者的诺言

——记何品晶教授①

▶ 胡　扬②

　　何品晶老师任教近三十载，始终如一，比起他的声誉，他不倦的追求同样耀眼；比起他的成就，他多年的坚守同样动人。他对社会事业胸怀责任感，更忠于自己教书育人的职业。

　　三尺讲台，小小的课题组，他用自己的解读，诠释为人师者的责任和意义，勾勒出师生间难以割舍的情谊。

　　他在课堂上，经常用形象生动的比喻解释知识和道理，幽默风趣的方式，使学生在轻松活泼的气氛中汲取

何品晶教授

知识；在科研上，不断地锻炼和完善学生科学的逻辑思维和严谨的工作态度，为了能更好应对日后的工作。

　　更珍贵的是，何品晶老师很注重对学生人格和素质的培养，谦逊低调的做人态度，对工作的热爱和投入，以及对名利的淡泊和理性，何品晶老师以身作则，使那些很难通过言语传达的做人道理和态度通过自己的一言一行，让学生看到，让学生感受到。何品晶老师的一名

---

① 何品晶，同济大学环境科学与工程学院教授、博士研究生导师。
② 胡扬，同济大学研究生会成员。

在读研究生回忆说："记得第一次来实验室，老师问我为什么选择他作为导师。当时仅仅以为这是每位导师的开场白，我说我想让自己学到更多。何老师意味深长地说，如果要来拿学位，你还有很多导师可以选，在我这里，你会很辛苦，但是你会学到更多。"现在回想到同济的这一年半，在实验室的的确确学到了更多，学到了对待科研那份态度，学到了做事情的那份坚持，学到了对待别人的那份真诚。

许多何品晶老师已经毕业的学生回忆说，何老师为人非常低调，不喜欢交际应酬，他希望把更多的时间留在指导、修改学生期刊小论文和毕业论文上。他经常出差，办完事情就马上赶回来，途中，还拿着平板电脑看学生的论文。他说看学生论文是一件很累的事情，但是每当看到学生的进步就觉得作为老师是幸福的。

何老师工作兢兢业业，精益求精，表达富于逻辑，严谨求实，严肃但又不失风趣幽默，魅力四射！

何老师做人做事做科研都一丝不苟，看不得弄虚作假，严格要求学生保持科研上的纯真，要敢于付出，甘于坚守，大胆假设，小心求证。

何老师在工作中严谨尽责，在生活上朴素节俭，是我们的好榜样。何老师指导我们的科研工作，关心我们的生活，是一名好老师。

三年的研究生生活是我职业生涯的起点，也是人生的转折点。从此告别了任性，摆脱了稚嫩，在前进的道路上变得独立、稳健而自信。在毕业后的职业道路上，才慢慢体味出老师的用心良苦，所有当时的不解与不快已荡然无存，留下的便是对何老师无限的感激与感恩！

——同济大学 2008 届硕士研究生　马忠贺

"脚踏实地，仰望星空"的领路人

——记导师戴晓虎教授①

▶ 唐燕飞②

　　和导师的初遇，是在 2014 年 10 月。当时作为本科生的我，申请参加"上海市大学生创新训练计划"（以下简称"上创"），借这个契机我遇见了我的人生导师——戴晓虎教授。老师是那么和蔼可亲，谈吐举止温文尔雅，浓浓的学者风度。他作为环境学院的院长，对待我们这群跨专业参加"上创"的本科生，不仅没有架子，而且花了一个晚上的时间耐心给我们讲解研究背景和研究思路，甚至逐字逐句

戴晓虎教授

指导我们如何按照逻辑关系修改申请书中的语句。在后来的项目开展过程中，我们几次遇到实验难题寻求导师的帮助，他不厌其烦地与我们探讨，引导我们系统思考，并提醒我们注意实验安全。在这样"平等对话"的氛围下，我们在文献调研中学到了实验设计的方法、在实验中锻炼了动手能力。理论结合实际，我们的"上创"项目不仅提前结题，并且最终获得了"慧信 - 胡家骏环境教育奖励金（金奖）"，项目

---

① 　戴晓虎，同济大学环境科学与工程学院院长，教授，博士研究生导师。

② 　唐燕飞，同济大学环境与工程学院 2017 级博士研究生。

的三名成员获得了创新学分。2016 年，我有幸获得推荐免试研究生名额，毫不犹豫地选择了到戴老师课题组里直接攻读博士学位。

2017 年 9 月，我正式成为一名博士研究生并加入戴老师的课题组。和导师进一步接触之后，我发现老师工作忘我，常常工作至凌晨 2～3 点。在学术科研上，老师稍显严肃，甚至很"较真儿"。记得有一次，临近一个特刊投稿截止日期，我将写完的摘要和前言部分没有仔细检查就给老师发了邮件，第二天早上 8 点老师来电话约我一谈。我到了他办公室，只见他将摘要打印出来，在上面用红笔标出了一个个不当的用词甚至错误的标点符号，并详细列出了几点修改建议，叮嘱我说："做学问不能着急，要对每一个实验数据负责，要让每一张图简洁有力地说明问题，让写出来的文字翔实易懂，这样的东西才经得起考究。这也是对自己的交代。"老师的话很朴实，看似只是在教我写文章，其实是在教我时刻秉持严谨的科研态度，我一直记在心底。

老师不仅是这样说的，也是这样做。特别是在准备汇报的 PPT时，他总会召集课题组的相关博士研究生和博士后深入探讨，有条理有依据地组织汇报素材并且反复推敲。常常直至汇报前一夜仍然在修改，对每一处标点、每一个图例都严格把关。我常常想，导师带领我们参与这样的工作，是为了让我们早接触、早锻炼、快成长。他并没有"甩包袱"，而是十分乐于与我们探讨和辩论，完全是恩师与学生携手共进的关系。这也无形中促进了课题组的团结协作，并营造了良好的相互学习的氛围。

导师不仅在学术上融会贯通、视野开阔，而且评述时政，关注社会，如国际贸易摩擦与核心科技竞争、智慧城市设想与小区泵房管理等，都是导师与我们在专业以外的另一类话题，将我们的视线引到象牙塔之外的社会经济发展，鼓励我们发散思维。

课题组的研究始终瞄准国家的需求，几次组会临近尾声时，老师都没有催促我们只专注做实验、发文章，而是鼓励我们多关注时事和全球动态。有一次老师说起十九大报告："十八大以来的 5 年，党和国家在发展路上遇到的问题错综复杂，而报告里能够抓住主要矛盾，从'不忘初心、牢记使命'的主题出发，逻辑缜密又完整深刻地阐述中国特色社会主义发展的问题和发展方向，我想这值得我和大家去学习。我也鼓励大家将自己的价值观和人生观与祖国发展结合起来，并为此做长远规划并不懈奋斗。"导师的一席话，让我们感悟能够为国家和社会的发展贡献自己的力量，是多么自豪又有意义的事。

导师爱学生、启发学生，都体现在平日的点滴里。戴老师常常提起当初公派留学德国和之后在德国工作生活 23 年的经历，说到博士期间的经历最重要的是培养能力以及保持一颗对世界的好奇心，所以不要有太大的压力，要学会"enjoy"自己的学术生活。导师曾分享自己多年科研工作的体会，即"看见与被看见"，意思是看见他人研究工作的亮点，看见自己的领域在世界发展的方向，并且看见自己的学生的潜质和能力，努力使整个团队被世界看见。导师在外开会，听到与学生研究相关的报告，会在对方允许的情况下将相关资料及时分享给学生，并电话讨论学术问题；导师不仅认真指导在读研究生，还帮助毕业生进行职业发展规划，尽量推荐合适的工作。

能够成为戴老师的学生，是我也是课题组所有同学之幸。我们要铭记师恩，不断砥砺前行！

桃李春风　亦师亦友

——我和导师黄清辉[1]的故事

▶ 闻　翔[2]

在我踏入研究生生涯之前，我曾无数次想象我会遇到一位怎样的导师，毕竟，导师将是我们每个研究生的求学历程中接触最多的人。如今，读研虽不到一年，但我对遇到黄清辉老师并拜他为师感到无比的幸运和感恩。

德国教育学家第斯多惠曾说："教育的艺术不在于传授的本领，而在于激励、唤醒和鼓舞。"导师，是生活的先行者，也是学业的引路人。和我的导师结缘，始于来到同济大学读研之

黄清辉老师

前，即在我大四时与黄清辉老师的第一次交流。那个时候的我，一方面对即将到来的研究生生活充满了期待和憧憬；另一方面，也因没有经验而对大家口中读研的辛苦产生迷茫与紧张。

最初选择黄老师是因为他所研究的天然水域生态方向让我十分感兴趣，在确定保研以后，我怀着忐忑的心情给黄老师发了一封自我简介的邮件，黄老师当天就给我回信了，内容大致是很高兴收到我的来

---

① 黄清辉，同济大学环境科学与工程学院副教授，硕士研究生导师。
② 闻翔，同济大学环境科学与工程学院 2018 级硕士研究生。

信，询问了我一些更详细的个人情况，给出我一些读研前可以做的准备的建议，并欢迎来找他面谈。见到黄清辉老师那天，我按捺不住内心的紧张和激动，踏入明净楼之前我不知演练了多少遍对话的场景。不巧的是，黄老师正在参加一个重要的会议，身为党委副书记和纪委书记的他，日理万机。说心里话，这也是我之前所担心的地方：这样公务繁忙的导师会不会无暇指导学生的科研实验和研究工作？

接下来发生的事情让我瞬间打消了这样的顾虑。就在我以为今天见不到黄老师而准备离开时，他三步并作两步地小跑赶到办公室："你就是闻翔吧，不好意思让你久等了。"接下来面谈的两个多小时，黄老师和蔼可亲地与我交流了我本科的情况、课题组的近况，以及对我未来研究生生涯的规划和指导，全然不像照片上那样的严肃和古板。在问到一些学科领域的基础时，我由于紧张一时竟答不上来，他笑呵呵地让我放轻松，并开起了玩笑，我这才定定神开始有条不紊地发表我的见解。

让我印象深刻的还有两个细节，一个是黄老师对我的鼓励："我最看重学生的不是他们的科研能力有多强，而是有没有这份认真的态度，你今天有点紧张，但这并不能否定一个学生的能力，我相信你能在我们课题组发光发热。"而另一个是在结束面谈准备告辞时，黄老师从他的书柜里拿出来一个精美的记录本："以后无论是在学校还是在工作单位，都要养成随手记下的好习惯，这会让你受益一生。"而此时已经下午1点，还未就餐的黄老师又匆忙赶去另一个会议……

进入课题组以后的生活充满了挑战。刚入学时，心急的我想要"一展宏图"开始科研实验，可我很快发现研究生的科研与我想象中的截然不同，它并不像本科时那么简单，实验老师给你调配好了试剂仪器，安排好了实验方案，你只需要按部就班地完成步骤就可以。起初我对科研的流程一无所知，只能眼看着师兄师姐熟练地实验干着急。我向黄老师表达了我的困惑，黄老师没有多说什么，专门安排了一个周末带我们前往常州长江水源地采样，从搬运采样设备、进行采样工作到后续水样处理，黄老师全都亲力亲为，手把手地指导我如何进行调查及科研工作。

平日里黄老师工作繁忙，除了在校内讲课、行政工作、申请项目，还要经常到校外做学术报告和开会。即便这样忙碌，他还是把整个课题组放在第一位：无数次地强调实验室安全，亲自整理、收拾实验室，都是为了我们每个人的人身安全；课题组微信群，总有黄老师与我们分享的最新学科前沿、学术动态、会议报告，帮助我们获取尽可能多的信息；针对我们的疑惑及讨论，黄老师总会及时回复意见与建议。师兄师姐经常说，那些发回我们给他的论文和报告上，里面皆是标红的密密麻麻的批注，细致到哪怕是一个角标。黄老师常说："做学问绝不能有半点马虎，我们作为高水平大学的科研工作者，要对自己说出的话、发出的文章负责。做学问也是做人，不能辜负社会群众对我们的信任！"每周的组会黄老师从来不会缺席，一改平日的温和，很认真地听我们的汇报，一针见血地指出问题所在。当我们的工作不够理想甚至较为拖沓时，黄老师也会生气，表现出严厉的一面，让我们清楚地明白读研的道路是容不得半点懒惰之心的。两名即将毕业的师姐面临论文送审的关键阶段，黄老师顶着巨大的工作压力，加班熬夜修改她们的论文，细节问题无一马虎。

读研的压力是很大的，科研工作一如既往地枯燥，然而课题组的氛围在黄老师的带动下却是轻松又愉快的，他并没有因为毕业所要求的大量工作而把我们束缚在实验室中，也没有硬性规定我们早晚打卡，反而鼓励我们去参与一些体育活动。每到周末，黄老师还经常邀请我们聚餐畅聊，他经常说，如果生活中有什么不顺心的事情，可以把他当作年长的父亲一样倾诉，同时，他也会经常分享自己的生活经验，拉近师生距离。前段时间的樱花季，黄老师主动约我们去樱花大道拍照留念，整个课题组充满了欢快的气息。

导师是我们的领路人，是我们的指路明灯，拥有一位好导师无疑是人生的一大幸事。

润物细无声

——记导师许维教授①

▶ 张　弛②

在同济求学将近九载，即将离开同济的我，回眸来时路，4 年的本科与近 5 年的博士生涯中满满都是风景。有过迷惘，有过挫败，也有过欢笑，有过感悟。特别是攻读博士期间的学习、生活，离不开表面纳米结构与材料实验室这个大家庭所给予的鼓励和帮助，更离不开的是恩师许维教授手把手的指导和训练。

犹记得初到同济大学材料学院时，自己还是一个懵懂的孩子，怀着忐忑又欣喜的心情来到这个陌生的环境。从大三开始，借由学校大学生创新实践训练计划（SITP）的机缘，我认识了现在的导师许维教授。刚开始进入实验室的时候，我特别茫然，实验室的研究方向主要是固体表面相关的物理化学课题，而这些都需要较强的物理背景和相关专业知识。同时，这些分子尺度甚至是原子尺度上的研究方式与我之前所学习的宏观的材料科学截然不同，对我来说是全然陌生与未知的学习体验。那时候许老师刚加入材料学院，实验室并没有正式组建起来，一同来实验室学习的都是一些年纪相仿的小伙伴，嬉笑打闹中减压不少。最初的学习开始于阅读英文文献之后的组会汇报，我不仅对基础理论一无所知，而且专业英语词汇也完全不同于以往所学范畴，一篇三四页的英文文献，往往得花上一两个整天才能有一些最基本的

---

① 许维，同济大学材料科学与工程学院教授，博士研究生导师。
② 张弛，同济大学博士研究生。

理解，之后组会一汇报，又会发现很多地方的理解都有问题，当时还是门外汉的小伙伴们总会在组会过程中闹不少笑话。许老师并不在查阅文献之前讲一些晦涩难懂的原理与知识，而是在一次次汇报中一一指出问题所在，用具体的文献实例甚至生活化的比喻来阐述相关的原理和知识，并用演示文稿展示各种技巧，一步步教导如何阅读文献提取有用信息。良师循循善诱的教学方法、实事求是的科学精神，不断在潜移默化中感染我们、教育我们，我们便在一次次文献阅读和汇报过程中收获了对本领域的最初的认知和把握，从而为之后的研究工作打下坚实的基础。

如今回忆起来，我就是从那时候开始慢慢对于科研有了较为清晰的认识，以往可能认为是枯燥乏味、与现实相距甚远的"阳春白雪"，接触下来，发现却是与生活中很多方面都有密切联系。于是不免让人生出跃跃欲试的念头。可以说，许老师开启了我们人生另一个不同的方向，他就像是科研路上的指路明灯，毫无保留地为我们点亮前行的方向。

在这样一种良好的氛围中，我们便慢慢融入忙碌的实验生活。犹记得在实验室建立初期的很长一段时间内，从早 8 点到晚 12 点，实验室里的每个角落都留下了许老师与我们一起忙碌的身影：从一个个小

许维教授

部件的拆卸、安装，再到各种实验操作、仪器运行，每一步许老师都耐心地演示和指导；从刚开始如何阅读文献提取有用信息，再到后面的数据分析与处理以及论文的写作，都是在许老师的谆谆教导之下得以顺利完成。对于我们实验的失误或者失败，许老师也从不会批评我们，而是帮助我们一起找出其中的原因，一起探索、一起发掘、一起分析，从根本上解决问题，避免下次的失误。这种特别的经历也教会了我们以积极乐观的心态面对这些挫败，更是教会了我们越挫越勇的人生哲学。

如今，实验室已然步入正轨，但许老师依旧奋斗在科研第一线，每天超过 12 小时的工作时间，日复一日、年复一年。他春风化雨、润物无声地为我们解开科学世界的迷惑，他严谨求实、精益求精的学术态度与敬业精神，对我们今后的学术道路有无限的启迪。

回首来时路，汇成一句：感谢恩师！

用关爱抚慰学生心灵

——记杜建忠教授[①]

▶ 杨景贵　张文路[②]

每天早上8点，杜老师都会准时到实验室指导学生做实验，从溶剂的干燥到反应体系的真空控制，从反应物的加料顺序到后处理的步步提纯，在近乎严苛的精细操作过程中，杜老师给学生传递的是一种对科学的敬畏精神，唯有最为严谨的操作，才能触碰到科学的奥妙。

在工作之余，杜老师十分关照学生的生活。在课题组，杜老师自掏腰包帮助贫困同学；天气炎热时，杜老

杜建忠教授

师会给大家买雪糕，鼓励大家苦中作乐，克服困难做科研。化学实验室安全问题是很重要的。每一次组会上杜老师都会用几分钟时间询问大家最近身体状况和实验安全状况，并不厌其烦地叮嘱同学们要注意保护好自己，安全才是第一位的。但是百密一疏，还是发生了一次意外，2013级的一名直博生在做核磁制样时，手不小心被氘代试剂的瓶子锋利的瓶口划破了一个大口子，流了不少血。当时杜老师在办公室，

---

① 杜建忠，同济大学材料科学与工程学院教授、博士研究生导师。

② 杨景贵、张文路，同济大学研究生会成员。

听到这个消息后，立马放下手头事情赶来。在得知学生已经送到医院，便开始在微信群里跟大家分析这个事情，告诉我们手被划破的瞬间体内的血流压力很大，是不会让有机溶剂流进身体里的，但仍然需要小心消毒避免感染。接着，老师又细致地讲解了一遍开氘代试剂瓶的基本方法，确保每个同学以后不会再出现类似的问题。最后，老师又组织我们去看望那个同学，带去了很多水果及慰问金，并嘱咐他换药时别让伤口沾到水。这份温暖也传递到了每一个在场的同学身上。

杜老师在组内建立了一个微信群，经常和大家交流。在群里面你一句我一句地交谈中，很难发现谁是老师谁是学生，感觉跟一个大家庭一样。上海雾霾最严重的时候，大家也在群里面讨论这个事情，从当天能见度说到很多口罩都不能防 PM2.5，老师就问怎么才能有效降低雾霾带来的危害，有同学提出了要某公司生产的一种口罩才可以。杜老师听说了，给所有人配备一个。当时连提出这个建议的同学都吃惊了，因为这种口罩很贵，而且使用寿命不长，但老师连价格都没有询问就买了。在老师看来，学生的身体才是最重要的。老师曾和我们开玩笑说过，身体健康甚至比科研成果更加重要！平日里，老师也经常督促学生参加锻炼注意保护自己。在相对枯燥和繁重的科研生活中，杜老师对学生的关爱，就是淅淅沥沥的夜雨一般，抚慰了躁动的心灵，点拨了迷茫的思绪。让我们在之后的路途中，走得更加自信和稳健。

杜建忠老师2009年年末来到同济大学任教。刚到同济，对他来说是一个全新的开始，老师在招了几个研究生后便开始一点一滴地建立实验室。老师很热心于科研，每天很早来实验室，常常是刚刚收拾干净一个台面，就迫不及待地开始实验，实验结束，又及时与学生讨论。

随着实验室的完善，学生的增加，杜老师的课题组进入了快速发展的时期。在组里，杜老师鼓励大家畅所欲言，积极探寻自己的闪光点，就算失败或者长期没有实质性的进展，杜老师也不会责备，而是认真地和大家讨论实验方案，总结错误经验，鼓励我们再作尝试。

在科研生活之余，杜老师对我们组里的博士生和研究生也十分关心和尽责。组里专门设置一个活动基金，供大家应急所用。老师明确表示，如果谁有困难，向他提出来。每逢过年过节，杜老师会做东组织聚会，这些时候往往是整个课题组最开心的时候，松弛了平常紧绷的神经，脱去了日常单调的实验服，有的只是欢声和笑语，杜老师往往会成为大家开玩笑的对象，成为大家的玩伴。

——课题组学生

恩师如父母

——记我的导师翟继卫和师母沈波[①]

▶ 刘百慧[②]

我的导师翟继卫是同济大学材料科学与工程学院的一名教授，师母沈波亦是材料学院的教师，两人感情深厚，是一直为人称道的夫妻典范。研究生期间我有幸跟导师做科研，导师教我做事，师母教我做人，两人给予了我无微不至的照顾，助我成长成才。研究生毕业已近一月，回想起两年半导师和师母的滴滴恩情，心里盈满了感激，却不知如何回报，只能写下这篇文章，表达我对两位老师的感激之情。

导师长得斯斯文文，中等身材，微胖，笑起来像个弥勒佛，平时喜欢吃肉，却因为血压问题时常被师母"叫停"。导师是个急脾气，平时走路脚底下都生风，遇到仪器坏了等问题那就更急了，打电话、叫人、拿工具，若是他可以解决的立马就召集我们一起维修，需要返厂的就赶紧联系厂家，就算在外面出差，他也会持续关注进展，让我们不断汇报。在导师的教导下我们都改掉了拖沓的毛病，遇到问题不是逃避而是直面困难，积极寻找解决方法。

导师脾气急，但对科研却十分细致耐心，他常常告诫我们说科研成果要经得起推敲，经得起时间的考验，对于学术论文造假他深恶痛绝，我们做出来的实验数据都要经过导师的检验才能发表，但科研不就需要这种"较真"吗？导师当上副院长之后，公务一度变得十分繁

① 翟继卫，同济大学材料科学与工程学院教授，博士研究生导师；沈波，材料科学与工程学院副教授。
② 刘百慧，同济大学硕士研究生。

忙，可是不管再忙他都认认真真仔仔细细地修改我们的论文，并把意见及时地反馈给我们。导师对科研是真正的热爱，读研期间我很少看到导师休息，即使是周六、周日导师依旧在测试间、办公室里忙碌，有时候大家都下班了他还在工作。他对工作和科研的热爱也深深地感染了我，每当我懈怠时总能想起导师办公室门缝里透出的那一缕灯光，它使我重新燃起了对工作的热情。导师几十年如一日的忘我工作和无私奉献，正是在用"身教"来告诉我对待工作的态度，等我踏上工作岗位我也会像他一样认真努力地干好自己的本职工作。

导师是个睿智豁达的人。我大学学习的专业是应用物理，而材料却属于工科，两种学科的思维方法和解决问题的方法并不一样，很多专业课我没有学过也没有基础，因此我开始不自信且急于求成。导师很快就注意到我的状态，在一次聊天的时候他问我："你知道我为什么要招一些学科背景都不同的学生吗？"我摇了摇头，他接着说："每一个学科都有它自己的特点，不同学科之间的交叉才会产生新的东西，所以你要好好发挥自己的学科背景优势啊。"我这才明白导师正在劝我正视自己，从这以后我再也不着急把自己完全变成一个"工科生"，而循序渐进地学习相关仪器的测试方法，结合自己的物理学科背景，深入分析一些实验现象，果然受益匪浅。类似的事情还有很多，科学研究一路绿灯的情况很少，迷茫难过困顿的时候导师就是我们最坚实的后盾，他就像一棵大树，坚韧挺拔，默默地为脚下的花草遮风挡雨。

师母勤劳质朴，真的像妈妈一样关心照顾我们。刚来的时候难免会不适应，师母就常常找我们聊一聊，问我们习不习惯，睡得好不好，吃得怎么样，虽然都是一些家长里短的话，却缓解了我们进入新环境的不安。每年八月十五的时候师母都会给我们送月饼，吃了甜甜的月饼，那种无法和家人团圆的缺憾都会少很多。师母对我们的关心就像春风一样，一点一滴滋润着我们的心田：师姐生病住院，师母跑上跑下忙着照顾；测试间忘记打扫了，师母就悄悄帮我们做好；门忘关了师母帮我们锁好……

我是最让师母操心的人，师母像养育女儿一样对我倾注了很多心血。我身体不好，有时候会卧床一天，师母知道我可能会忘记吃饭，就

翟继卫教授

沈波老师

带着东西到寝室看我，要知道我住在七楼啊，师母的身体也同样羸弱，但为了我爬上了七楼，看到师母的那一瞬间我真的不知道说什么好，在这一刻任何语言都不能描述我对师母的感激之情。刚开始找工作时我连一件像样的衣服都没有，师母知道了就把她的呢子大衣送给我，每当我穿着师母给我的衣服去面试时，就像突然有了铠甲，爱的力量让我变得自信昂扬。有一次面试我恰巧遇到了师母，她就陪着我找考场，为我加油打气，跟高考时我父母一样目送我进入考场，但我没有想到的是当我从考场里出来时师母依旧在外面，等了我足足两个小时，看到师母身影的那一瞬间惊讶、感动交织在一起，我几乎落下泪来。我从初中就住寄宿学校，外出求学近十三载，家里人很早就当我是个大人了，我也总尽量少麻烦别人，但在师母眼里我就是个孩子，她也总把我们当孩子来宠，这父母一样的恩情怎能不让我心怀感动感激！

　　我毕业后选择去吉林省做一名选调生，离导师和师母就远了，正因为这一点我倍加珍惜我们在一起的时间，但我万万没想到临行之时导师和师母会来送我。他们心疼我要离开上海去遥远的东北，我又何尝舍得他们！吃饭的时候师母不停地把肉放到我碗里，导师沉默却慈爱地看着我，而离别的时候那么快就到来，我拿上行李箱转身的一瞬间，泪水簌簌而下，我已记不起语无伦次地对师母说了什么，只记得大声地说出了心里很早就想说的那句话："妈，谢谢。"

　　导师和师母待我的恩情像海一样的深，但他们却从来没图过回报，导师说过最多的话就是让我在工作岗位上好好干，师母说过最多的就是常联系，让我成家立业的时候告诉他们一声。春蚕到死丝方尽，蜡炬成灰泪始干，以前我不懂，而现在渐渐明白了教师的伟大：我们像蒲公英一样一茬接一茬地长大了离开，而老师就像大地，默默无闻地为我们输送养料，教育我们成长成才。

　　翟老师，沈老师，学生一定不会辜负你们的期望，仰不愧于天，俯不怍于人，踏踏实实、勤勤恳恳地工作，承担起自己应承担的每一份责任，扮演好每一个社会角色。

潜心做学问　精心育学子

——记我的导师林涛教授①

▶ 童徐能②

TONGJI XUEZI HUA ENSHI

　　起初，我只是个有可能学习的毛坯，是我的老师开阔了我的眼界，使我这块毛坯有可能发展进步。她一来到我的身边，就给我带来爱，带来欢乐，给我的生活增添绚丽的色彩。她把一切事物的美展现在我的面前。她总是设法使我的生活充实、美满和有价值。

　　　　　　　　——海伦·凯勒

林涛教授

　　校园里有他忙碌的身影，教室里有他抑扬顿挫的声音，同事们都尊敬他，同学们都喜欢他。在别人的眼里，他是一个谦和而又有成就的人，在他自己的眼里，他是一个追求奋斗的快乐的人。有人吃而忘忧，有人睡而忘忧，也有人醉而忘忧。有人独乐而乐，有人众乐而乐，而他以教导学生为乐，以科研为乐，以同学们满意的眼光为乐。

　　他，就是我的导师林涛教授。林老师忘我的工作精神，对学生的

---

① 林涛，同济大学电子与信息工程学院教授，博士研究生导师。
② 童徐能，同济大学集成电路工程专业 2018 级硕士研究生。

宽容博爱，对学术的严谨，对科研的坚持，深深地感动着我。"对于一个学生而言，最大的幸运莫过于遇到一个好导师"，从这点来看，我无疑是幸运的。导师——导为思想之指引，师乃行为之表率。除了韩愈所言"传道、授业、解惑"，林老师更是我求学路上的灯塔、人生路上的榜样。

其身正，不令而行

对于"治教"，可以说有着不同的做法：言教、身教、心教……言教虽为"经师"的主要凭借，但身教却使"人师"更得学生的信赖，正所谓"身教重于言传"。林老师平日里很少对我们督促抑或批评，但老师的身体力行在不断地激励着我们。很多认识老师的人给他的评价就是一句话：嗯，是个做学问的老师！

不看老师的种种成就，不看其他人眼中的评价，仅作为老师的一名硕士生，在过去一年学习研究中感受着老师的严谨和执着，诠释老师学术成就上的不平凡正是来自平凡中的点点滴滴。正是这些点滴，为我们的研究树立了榜样，让我和师兄弟姐妹领悟了研究的真谛和魅力。

我们的论文研究过程可以说一路伴随着老师的鼓励和教诲。经常是林老师的指引让我茅塞顿开，重燃了对研究的信心和兴趣。记得我曾为毕业论文中一部分内容苦思冥想了两三个月，大量的文献资料及其中的理论模型和企业调研中的事实总有出入，我对自己的调研结果产生了怀疑，因为文献是经过大家反复论证的，而调研仅仅是我一个人的观察。就是这道过不去的坎儿，几乎让我丧失了对研究的信心，认为自己可能真的不适合搞学术，我可能根本毕不了业。

当我把想法跟老师交流以后，林老师认真分析后指出："这是你到企业观察到的现象，是客观事实，我们应该尊重它。因为你平时查看的文献都是来自国外学者的研究，不同的研究环境带来不同的结果正说明了我们研究的意义，这样才能真正地为中国的管理和企业做点有用的事情。现在要做的是去合理解释结果而不是全盘否定它。"老师的鼓励将我从绝望的深渊中拯救出来，他的这种尊重事实的科学态度更是深深地教育了我。那几天，林老师时不时找我讨论，我们共同沉浸在研究的苦闷和快乐中。正是这种不断的思想火花的碰撞，让我找到了问题的解决方案，并有了后来的研究思路和成果。我觉得像老师这样尊重事实，客观地看待结果，远离了急功近利，没有了虚假浮躁，使我在枯燥的研究中踏上发现之旅，并在其中"痛并快乐着"。他对我们说："研究不只是为了毕业、晋升，不要一味地追求结果，成功是具有相对性的，只要脚踏实地、认认真真地做学问，才会真正感受作研究的乐趣。"别人说"学海无涯苦作舟"，可是在老师的悉心指导下我体会到了"苦中有乐"。

老师告诉我们，作为一个研究者，独立科研的素质异常重要。所以老师为我们提供了诸多科研项目的宝贵机会，培养了我们在科研和学术研究之路上所必须的科学素养。在每年的国家项目申请过程中，老师总是先让我们独立完成申请书的初稿撰写，充分发挥我们的创新思维。但这并不代表老师的不闻不问，在老师的修改过程中，足以看到老师对研究的认真。在我们论文的修改稿中，密密麻麻布满老师的字迹，一字一句地推敲，不放过任何一个错误，哪怕一个标点符号。记得一次写课题申请报告，因为一个名词的使用吃不准，老师春节当天还坐在电脑旁边，赶着查阅资料。

老师时常跟我们说，做学问要严谨，做出来的东西首先是自己满意了，才可能是有价值的。当我们的思路出现不一致的时候，他会充分尊重我们的意见，和大家反复讨论，直到一方说服另一方为止。老师总是说："你们在这个领域阅读了大量的文献资料，可能很多思想是我所不及的，我正是希望你们能够青出于蓝而胜于蓝。"这当然是老师的谦虚之辞，但足以看到老师对待研究的客观和谦虚的态度。

正是林老师这种对待科研和学生的态度，成就了老师科研上的累累硕果和桃李满天下。老师指导的很多学生现在已经成为各个岗位上的精英，正在践行着老师的教诲和理念。

"平平淡淡"师生情深

林老师不仅在学术上指引我们，还在思想和生活中对我们无微不至地关怀。回想与导师相处的日日夜夜，林老师和师母就如同父母一般关心和体贴。一个小小的电暖器，在我的内心感受到来自父母般的热心关怀和温暖；一句句嘘寒问暖的话语，让我体味着殷殷父母之心；一个个做人的道理，开启着我心灵与智慧的钥匙……感激之心，无以言表。这三年的生活，自己就像孩子一样沐浴在他们关怀的阳光之下。可以说，我是幸运的、幸福的。

一日为师，终身为父！记得那是一个冬天，寒假已至，但我和师兄为了国家自然基金项目的申请，没有按时回家，而是在实验室里紧张地忙碌，研究的热情让我们忘却了上海冬天的阴冷，但老师看在眼里疼在心间。拿来家里的电暖气，放在实验室让我们取暖。真正是"冬天里的一把火"呀！

老师的爱闪烁着父母般的关怀和温暖，看到我们每天在实验室烧水喝，老师就从家里拿来了一些纯净水的水票。每次我们回家，林老师总是告诉我们，父母年纪大了，应该买些东西孝敬父母，而他出钱给我们的父母买礼物已成了林老师的"惯例"。为此，我父母也一直心存感恩。父母打电话时常说，不仅要和老师学做学问，更要多向老师学习做人的道理。

其实就是这样，没有轰轰烈烈，有的只是平平淡淡，一些看起来平凡琐碎的事情，正体现出了林老师为人之师的高尚情怀。

艾青有一句诗："为什么我的眼里常含有泪水？因为我对这土地爱得深沉。"或许我们可以这么说："为什么老师永远充满动力，因为他们对学生爱得真切、爱得热烈。"林老师正是凭借这种对学生的爱，对科研的爱，潜心研究，教书育人。多少学生聆听过老师的教诲，多少青年教师得到过老师的启迪！老师说，他最欣慰的事就是看到自己的学生在岗位上取得突出的业绩。

导师，就像灯塔，你不仅照亮学术道路上的方向，更是给予学生温暖和希望，您是精神上的激励者，是我们人生的榜样。谨以此文记述我的导师及我与林老师的师生之情，也借此表达我对林老师的尊敬和感谢。您不仅是我们学术导师，还是一位永远值得尊敬的好老师。

"先学做人，再学做事"

——记我的恩师钱雪军[①]

▶ 徐子信[②]

回想我过去6年多的同济时光，有很多老师给我留下了深刻的印象，他们或者在教学上兢兢业业，使我学到了很多通识及专业的知识；或者在学生工作上尽心尽力，保证我们健康成长。但是对于我来说，称得上"恩师"的，首先得说我的研究生导师——钱雪军副教授。

钱老师在轨道交通计算机仿真领域深耕30年，长期从事计算机仿真与控制领域的教学与科研工作，主要对

钱雪军教授

轨道交通的驾驶仿真培训系统有较为深入的研究。

钱老师对工作非常认真，几十年如一日。无论是酷暑还是寒冬，每天8点都准时出现在工作室，经常因为工作需要加班到很晚才回去。在工作中无论是软件设计、硬件电路设计和制作，甚至是设备的搬运和摆放，事无巨细，无不躬亲。

还记得2017年3月，我跟着钱老师做本科毕业设计，这是一个

---

① 钱雪军，同济大学电子与信息工程学院副教授，硕士研究生导师。
② 徐子信，同济大学2018级电子与信息工程学院硕士研究生。

嵌入式设计的课题。我当时没有这方面的经验，钱老师就给我耐心给我讲解了设计方法，包括电路设计、PCB设计、程序设计等。在实际设计中遇到问题，钱老师总是很耐心地启发我，有时甚至亲自给我示范。我设计好的电路图，每次给钱老师看，钱老师总能发现一些细节方面的错误，帮我改正。焊电路板时，缺少经验的我总是焊不好，钱老师就戴起老花镜，一边焊细小的芯片一边给我讲解技巧和要点。当我手抖时，钱老师还不忘鼓励我不要紧张，焊坏了也没关系，可以重新焊。在钱老师的鼓励下我克服了畏难情绪，成功焊制了电路板。在单片机程序设计时，我因为不够用心，进度缓慢。钱老师严厉批评了我，并且用他的工作时间教育我。这使我警醒，端正了态度，在钱老师的指导下顺利完成了程序设计工作。在整个毕业设计过程中，钱老师尽心尽力，对于我能力和经验的不足，他总是很耐心地给予帮助；但是对我态度上的问题，他又很严厉地及时指出。就像他爱说的一句话："先学做人，再学做事。"我会一辈子记住这个道理。

研究生入学后，钱老师给我们上"线性控制系统"一课，这门课理论性特别强，有很多的数学公式。钱老师是我在同济遇到的第一个全程板书的非数学系的老师，由此可见钱老师的数学功底很深厚，这一点在我后来的课题研究中也得以体现。上这门课时，是周五下午，连续四节课，有时我们学生都困得打瞌睡，钱老师已年过五旬了，上课时始终精神饱满，让我由衷佩服。我们在学习中遇到问题，钱老师总是耐心地解答我们的疑问，有时甚至直接用纸笔给我们演算。

在后面的课题研究中，我做的是行车调度的软件仿真研究。这个课题涉及的知识面很广，既要求对城市轨道交通行车调度系统的工作原理有全面和深刻的认识，也要求对编程语言和编程思想很熟悉。为此，钱老师一边给我推荐编程教材和网上课程，一边联系上海地铁调度中心，多次组织我们去现场参观学习。在做课题的过程中，由于需要和不同岗位的人打交道，钱老师不光指导我们理论上和业务上的工作，还察觉到我语言表达和待人接物上的不足，并通过鼓励和传授经验，让我有了长足的进步。

钱老师就是我的恩师，是我在同济大学学习的引路人。我衷心祝愿钱老师身体健康、工作顺利、阖家幸福。在以后的工作学习中，我会牢记您的教诲！

用春晖般的爱鼓励学生奋勇前行

——我们的恩师朱静宇老师

▶ 季 茂 宋斐斐 王 贤 朱赞蓉[①]

朱静宇，人文学院中文系教授，博士研究生导师、中国比较文学教学研究会理事、上海市比较文学研究会副秘书长，从事比较文学学科理论、中外文学关系和翻译研究等。从教 30 年，严以治学，勤以育人，始终如一。她总是言传身教，用春晖般的爱鼓励学生奋勇前行。

严谨治学，孜孜不倦

朱老师无论处于多么忙碌、多么艰难的环境，总是把学术和工作放在第一位，我们时常亲切地称她为"女超人"。

朱静宇老师

---

① 季茂、宋斐斐、王贤、朱赞蓉系朱靖宇的学生。

印象很深的是有一年人文学院召开"比较文学学术前沿"高端论坛，这次论坛由朱老师牵头发起，邀请了众多在国内乃至世界比较文学研究中学养深厚的教授、学者。我们满怀期待，终于可以见到教科书中经常提到的学者们，聆听他们的讲座了。朱老师却十分辛苦，从前期与嘉宾确定是否参会、参会时间、演讲主题，到后期发出通知、确定会议流程、接待嘉宾……大大小小事无巨细，她总是亲力亲为。她常常工作至深夜，我们经常在半夜凌晨收到她的邮件回复，即便如此，她却总是以最饱满的姿态迎接她的学生和课堂。朱老师讲课时声情并茂、深入浅出，记得在讲《安娜·卡列尼娜》的时候，朱老师眼里饱含热泪，我们真切地感受到安娜自我意识的觉醒和对爱情执着的追求。

朱老师主要从事比较文学学科理论构建研究与中外文学的关系研究，多年来，朱老师著书立说，建树颇丰，这离不开她严谨治学的精神，同时也使我们明白了为学为人应有的品格和风骨。看到她为工作、为学术乐此不疲的样子，我们感到敬佩，但同时我们希望她能慢下来，注意休息，保重身体。

言传身教，严爱相济

朱老师对学生的要求十分严格。

这种严格，不是言语上的严厉，而是态度上的认真。她要求我们要秉持对自己负责的态度，端正心态，踏踏实实，一步一个脚印，坐得住冷板凳。无论是学年论文还是毕业论文，从开题到预答辩，每一个阶段朱老师都与学生紧密联系，总是在我们论文写作最困难的时候，给予拨云见日一般的指导。朱老师指导我们修改论文大到文章结构、内在逻辑，小到字词、标点，对一字一句都要求极高，常跟我们说论文写作"不要说废话，一字一句都要有它存在的意义"。写本科毕业论文的时候，我把初稿交给朱老师，朱老师之后找我谈论文，发现初稿已经被她用红笔勾画得"面目全非"，有的篇章几乎全部被砍掉，望着残碎不堪的论文，我感到心灰意冷，对自己产生了怀疑。朱老师却语重心长地笑着说："没关系，慢慢来，初稿写到这样已经很不错了，但要对自己有更高的要求，做就要做好。"于是每周逢朱老师有课，我就把自己修改的一章章论文给朱老师看，请她指教。朱老师绝不会看了就立马指出哪里需要改，她总是让我们自己说，说为什么这样写，这样写了要表达什么，她不停地发问，让我们思考。就在这样反反复复的一问一答中，我慢慢摸索出论文如何立意。

朱老师对学生的关爱，总是无微不至，从教30年，朱老师培育的学生不计其数，学生有什么问题，她都尽力帮助解答，从不放弃每一个学生。

曾经有个师姐，失去父亲的遭遇对她打击很大，整天恍恍惚惚，毕业论文迟迟写不出来。朱老师得知后，便与她家人沟通，多次找她谈话并开导她，但论文还是写不出来，她自己也极为苦恼。朱老师又让她每周都来听课，课后讨论论文，希望通过多与她交流见面而能督促和帮助她，起初是收到了效果，但没几周她又自我放弃了。看到自己的学生出现这样的问题，朱老师也不禁感到头疼，但还是没有放弃。先是帮她办理了延期毕业，避免她畏难而退学；同时经常去她寝室，开导她、鼓励她，通过讲自己的人生经历、遇到的人生打击和困难帮助她重拾生活的勇气，告诉她无论遇到什么挫折，都不能自我放弃。

在论文写作上，朱老师从立标题到写每一章每一小节都给予了她全面的指导。朱老师只要在学校就去寝室看她，时常陪她写作到深夜，再拖着疲倦的身体回家。如此坚持了1年半的鼓励和关爱，使师姐渐渐找到了写论文的感觉，面对生活也越来越积极。朱老师的鼓励和关爱终于帮助她重新找回了生活的勇气，她也顺利完成了毕业论文并通过了答辩。毕业的时候，她紧紧拥抱着朱老师，感谢恩师拯救了她。

她把每一个学生都当作自己的孩子，远远超越了对我们学习的关注，她给予我们的更多的是生活的关怀和人生的启迪。

研究生毕业后，处于婚恋时期的师兄师姐们总会有些迷惘，他们还会找朱老师倾诉，朱老师不仅像妈妈一样地亲切开导，给他们分享自己的人生经验，并提供帮助和建议。有个师姐结婚前突然想悔婚，朱老师得知后第一时间与她联系，询问缘由，给她分析利害得失，鼓励她不要畏惧婚姻，使师姐明白了婚姻并不是爱情的坟墓，而是幸福新的开始。婚礼的时候，朱老师买了个手包给师姐，送上真挚的祝福。还有个师姐，男朋友在北京读博，自己研二后不再有课，心思便飞到了北京男朋友身边，哭哭啼啼地跟朱老师说不想待在学校了，想去北京找男朋友。朱老师没有心软，告诉她，论文写作是当务之急，必须集中精力。为了她能安心留在学校做论文，朱老师跟她谈话到深夜，最后师姐顺利并且优质地完成了自己论文。

教诲如春风，师恩似海深，感谢朱静宇老师——我们心目中的好导师。

传承经典　润物无声（节选）

——记刘强教授[①]

▶ 佚　名

　　刘强教授自称酷爱教学，是个天生的教书匠。无论专业课还是选修课，只要一走上讲台，他便可以很快进入状态。多年来，他先后主讲过"中国古代文学史""古代文学经典""中国美学简史""魏晋风度与中国文化"等课程，均受学生好评。曾获得同济大学首届青年教师讲课比赛一等奖，并因此成为同济大学本科教学的督导专家。

刘强教授

　　在学生对刘强的评价中，"儒雅"是他们给予他最多的词。课堂上的他广征博引，妙语连珠，让他的学生在享受中学习经典，体味师者传授之义。在"笔记小说研究"课程中，学生这样评价他："老师的个人气质，亲切而温暖，亦师亦友，让听课变成了一种期待。这样的课堂是温暖的，舒展的。"

　　而"论语导读"等课程中，刘强创造了同济大学不一样的课堂风景线。讲台上，刘强在《论语》里发古今幽思；讲台下，学生们书声

---

① 　刘强，笔名留白，教授，作家，央视百家讲坛《竹林七贤》主讲人。原文刊《同济人》2012 年第 2 期，本文为节选。

琅琅；教室外，一群群学生驻足观望。这样的诵读之声，这样的群情激动，在如今的高校可能是绝无仅有的。国学经典诵读是刘强一直坚持传承的，学生在一遍一遍地诵读中不断感受着中华文化的博大精深。学生说："刘老师把这门课上活了，举一反三，用自己的博学与经历开阔了我的视野，开启了我的心智。"

刘强推崇"从游"的学风，把课堂延伸到饭桌上、茶座里，师生之间以一种更为放松的姿态去交流。他认为，教师与学生之间教与学的关系，应该如大鱼与小鱼之间的关系，大鱼带着小鱼游。他们谈宗教，谈地理，谈风俗，主题多元，气氛和谐，学生融入其间并感受他的言传身教。他在博客中这样写道："饭桌上实有比课堂更为有趣之处，师生围坐，宾主融融，边吃边聊，都是一种交流。"某年中秋节将至，刘强请班上的外国留学生、台湾交换生、硕士生等一起聚餐。他与学生闲聊、交流，彼此敞开心扉，表达情感。在品茗赏月、吟诗诵词中，中国传统节日文化意蕴如清明的月色轻抚大地般渗入学生的内心。

在课堂内外与学生的交流中，刘强不仅言传身教，给学生知识的给养，更以一个朋友的身份与学生交流人生，分享经验，点点滴滴，确有润物无声之效。

毒舌暖男

——我的另类导师叶凯[①]

▶ 陈秀彦[②]

我猜想，大家可能会觉得人文学院的老师都是儒雅而呆板的学究，其实不然。若你有机会走进各个领域卓有建树的老师的课堂，你会发现每一位老师身上都有不同寻常的奇异光芒。在同济人文从本科到研究生6年的学习时光里，叶凯就是这样一位给我带来震撼和温暖的老师。

叶凯老师

第一次上导师的课已经是大三的上学期了，那时候他还不是我的导师，但从那时候起他注定会成为我的导师。那是一个初冬的下午，我特别早地到了教室，打开电脑开始看书读文献，希望成绩能在期末迎头赶上，当时，我的成绩处在学院的保研线上下，努力一下尚有一线生机。那天老师来得也特别早，高高胖胖的，乍一看神似导演姜文，一个很大的军绿色斜挎包松松搭在他的右肩上，左手拿着一杯咖啡，进来就顺手把教室的灯全部都打开了，对着坐在角落里的我问道："你是要上我课的同学吗？"我点了点头，他马上回

---

① 叶凯，同济大学人文学院文化产业系副教授。
② 陈秀彦，同济大学人文学院中文系硕士研究生。

答说:"还以为你是来自习的,想提前告诉你待会儿这里要上课,会打断你自习的。怎么来那么早啊?不要死读书,外面天气很好,你应该出去晒晒太阳、透透气。"说完便走到我旁边打开了窗户,然后就开始课前的准备了。那一节课我听得特别认真,没做自己的事情,更没有走神,虽然课的内容我已经记不清了。

熟悉导师的风格后,也越来越能跟上他的思路,柏拉图、苏格拉底或是齐泽克、麦克卢汉,再到金庸武侠,甚至是好莱坞电影、英雄联盟、抖音,没有什么他不能聊的。他上课的连珠妙语至今还在不断成为一届届的学弟学妹的朋友圈签名,他上课很少点名,还会做一些课堂内容要求或是完成难度的预警,但还是有很多同学被他独特的魅力所吸引,就算不选也要来听他的课。

我以为这样一位老师手下的学生应该是松散自由、无拘无束的。后来正当我在庆幸被保送成为他的研究生,以为又有两年半可以耍的时候,就感到了他的严谨。开学第一周他就严格按照教学安排,召集师门商议论文。老师不是简单地给我一个论题,而是问我有什么喜欢的领域,几番询问下来,我才深感自己浅薄而匮乏,所有领域都浅尝辄止,没有一个方面我可以滔滔不绝。我遭到了入学以来第一次来自老师的吐槽,毫不留情,让我无力还击,但心服口服。

到了论文开题前一个月,每周二的夜晚都会收到老师聊论文的邀约,终于我好不容易写完了开题,感觉还不错,在深夜 12 点发给了老师,准备睡觉,然而不到 5 分钟,老师那边就回复了邮件,提出一堆论文里的问题,小到语法错误、概念不清,大到整篇文章的逻辑,而且每一句话后面都配上了微信自带表情包之"发怒的小脸",最后一句批评我的话是:"短短开头第一段话,就有那么多错误,真是前无古人后无来者啊!(发怒脸)"看到这里我居然笑了,但也感到内疚,马上改吧。这时候老师又发来一个"投降"的超可爱表情包,加上一句"快睡吧,明天再改,慢慢来,不着急"。

在开题答辩会上,他嘴上说没时间好好看完所有同学的论文,可是对每一个同学论文都点评到位,让人佩服!

搜索了一下我和导师的聊天记录,发现他给我发的最多的话就是

"好好用功"，发的最多的表情包就是每次对我毒舌之后的那一个"我投降"。他也会提醒我"不爱学习也要多为未来做打算"。每次托我做一些理所应当的小事都会担心给我添麻烦，还会给我送一个小礼物补偿。他的朋友圈除了犀利的言论和时新的要闻，还有烹饪带娃的日常。我终于知道为什么学妹在经历了他一学期的论文指导后，偶然看到他在她本科毕业论文上写下的评语会感动到眼泪夺眶而出了。

学贵得师 亦贵得友

——记恩师王蓓蕾[①]

▶ 陈颖莹[②]

想必每名研究生在入学前都会猜测自己的研究生导师会是什么样的人，我也不例外，在入学前的暑假从学校官网上得知自己的导师是王蓓蕾老师时，便偷偷查找了她的资料，内心十分紧张。从照片上看，我的导师十分严肃，不苟言笑；从履历上看，她成果颇丰，公开发表的文章都在 C 刊，主持过教育部人文社科项目。于是我更加忐忑了——作为推免入学的我，专业课可能远不如统招的同学基础扎实，

王蓓蕾老师

直至开学前，每每想到此处我就坐立难安。终于在 9 月下旬报到日，在同文楼的办公室里，我见到了她。那天阳光明媚却不炽热，天空虽然不似北方的天高云淡，却也蔚蓝清澈，我那些多余的忧虑也都随着与王老师的简单会面而烟消云散。那天之后，我原本的担心和不安都被王老师的真诚相待慢慢抚平，她认真严谨，热爱学术，温柔善良，尊重学生的成长和发展，给我的研究生生涯增添了许多欢乐与温馨。

---

① 王蓓蕾，同济大学外国语学院副教授。
② 陈颖莹，同济大学外国语言学及应用语言学 2017 级硕士研究生。

王蓓蕾老师关爱学生，给学生提供较好的学术成长环境和机会，且尊重学生的个人兴趣和发展。进入研究生一年级的生活，我很努力地让自己尽快适应新的学习和生活环境。研究生阶段学习和本科阶段学习有很大不同，蓓蕾老师通过两周一次的研讨，指导我如何找文献、看文献。由于本科阶段我对外语教学的相关知识了解较少，蓓蕾老师贴心地为我和同门列出书单，但并未要求我们在某时间内必须读完，而是让我们根据自己的兴趣，有选择性地阅读这些书目。同时，蓓蕾老师也很关心我们学校培养计划的完成，提前提醒我一些重要时间节点。此外，蓓蕾老师常带我们到上海市英语教育教学研究基地参加学术讲座和专家研讨。很多人文社科专业的同学有时会觉得自己读研好像并没有什么成长和进步，而我清晰地意识到自己的成长是在研究生一年级的下半学期。刚开始听本专业相关的学术讲座，我感到困倦，特别是外籍专家的讲座，常常听着听着就睡着，然后被大家结束时的掌声叫醒。但后来，我发现我可以跟着讲座专家的思路，不再瞌睡，再到后来讲座问答环节向专家提问、与专家互动，并且在活动结束后可以和蓓蕾老师、师姐做相关讨论，让我感到自己有所收获和满足。

我印象最深的是 2018 年 4 月在基地给埃利斯（Rod Ellis）教授做报告。寒假快结束时蓓蕾老师联系我，问我是否愿意参加这样一个活动。我十分心虚，认为自己是学术菜鸟，不足以给 Ellis 教授做报告。而且之前师姐告诉我 Ellis 教授是一位十分犀利的专家，但他提供的都是建设性意见，很有帮助。蓓蕾老师鼓励我抓住这次机会，选一个自己感兴趣的方向，开学见面详细研讨。说实话，如果被教授训斥我自己倒没什么，但我很担心到时候让蓓蕾老师尴尬……经过近两个月的疯狂充电，最终这次报告成功了。欣喜之余，我对蓓蕾老师是满满的感激。

在快要结束研究生一年级学习生活的时候，蓓蕾老师在研讨时提醒我们好好利用暑假，做好下学期的开题工作，并提供了她现在主持的一些项目内容，让我们根据自己的兴趣选择，并不做强制要求。我再三考虑之后加入了蓓蕾老师的国社科项目，进行高中英语选修课的调研。我慢慢上手之后，真切体会到初次见面时蓓蕾老师说的"搞教学相对本专业其他方向较难，是因为做教学研究需要和人打交道"。研究到了关键时期，合作校的老师不太配合使我不能收集数据，收不到数据论文该怎么写呢？何况那时已开过题。蓓蕾老师得知情况之后，迅速联系了合作校的英语组组长了解情况，并顺利帮我摆脱了当时的困境。

这一路蓓蕾老师给我了太多帮助和关心，感激两字已远远不够。生活上，蓓蕾老师也常和我们一起吃饭，不谈论学术，主要是了解我们最近的生活状态。这个时候蓓蕾老师就像是知心朋友，会为我们出主意、提建议，而且不忘说这只是她的看法，仅供参考。就像外语教学里的 scaffolding instruction（支架式教学），蓓蕾老师在为学生提供充足的学习资源和发展机会的基础上，真诚善良，关爱学生，尊重学生的选择和兴趣，让我们健康成长和不断发展。

王蓓蕾老师在学术上求实严谨，辛勤忘我。2018 年年初，得知蓓蕾老师暂时被借调到上海外国语大学，到上海市英语教育教学研究基地做专职研究员。我担心以后见她的机会会变少。可后来事实证明并非如此。蓓蕾老师在带领由专家和一线教师组成的队伍编写上海市高中英语教材之余，定期与我们研讨，关注我们的研究进展。

最让我感动的是，在蓓蕾老师的督促下，我终于把 4 月份和 Ellis 教授做的报告撰写成论文。蓓蕾老师不厌其烦地帮助我看文章、提出修改意见，直到最后论文完成。说实话，中间有一段时间我厌烦了这篇文章，不想继续修改，甚至不想看到它。每次修改完得到蓓蕾老师的意见反馈都是一片红色的批注，让我看不到尽头。蓓蕾老师没有催促我，告诉我一篇好的论文是需要多次打磨、修改，才能真正成为一篇有意义、有价值的论文。最终论文要投出去的时候，我思考再三，决定让蓓蕾老师作第一作者。如果不是蓓蕾老师，可能就不会有现在的这篇文章；而且蓓蕾老师在半年的时间里帮助我审阅了无数次。可是蓓蕾老师告诉我："颖莹，如果你想带上我的名字也可以，但是这篇文章是你的 idea，你搜集、分析的数据，按理你应该是第一作者，我最多是第二作者。"蓓蕾老师的这种行为让我十分感动。

后来，蓓蕾老师团队的教材编写进入关键时期，我怕打扰到她，非紧急事件我都通过邮件联系她。有天我发现她常常凌晨一点左右回复我的邮件。一种敬佩感油然而生。正是因为蓓蕾老师给我树立的榜样和带来的影响，我决定也希望能够成为一个像她那样的人，于是我决定考博，继续本专业方向的研究和探索。

我在研究生阶段最幸运的事就是有王蓓蕾老师做我的导师，从蓓蕾老师的一言一行中，我能感受得到她一直把教师这个身份放在首要位置。蓓蕾老师不仅在学术上引领我、指导我，在生活上也关心我、照顾我，我感到十分温暖。一个真正令人敬重的师者靠的不仅是学问，更重要的是良好的品行修为。蓓蕾老师春风化雨，桃李满园，最后也希望我能够成为一个让蓓蕾老师骄傲的人。

以身教者从　以言教者论

——记恩师吴赟教授①

▶ 谢晓丹②

师者，所以传道、授业、解惑也。吴赟教授不仅是学生求学路上的引路人，更是人生路上的陪伴者。她严于律己、以身作则的精神是学生学习的榜样，激励着学生追寻理想，展翅翱翔。

吴赟教授

不经一番寒彻骨，怎得梅花扑鼻香——循循善诱的服务者

"打铁还需自身硬"是我在研究生期间从老师那里不断收到的教诲。所有的飞翔，都必须要有强壮的翅膀。而外语人得以展翅高翔的基础便是"听、说、读、写、译"的打磨与深耕。我记得老师曾用一个非常生动的例子来比喻理想和努力的关系：人和树一样，越是向上、向高、向明亮处延展，根就越是向下、向深、向寂寥处扩散。要想枝繁叶茂，沐浴阳光的洗礼，必须深深地扎根地下，稳固根基。否则，即使看似郁郁葱葱、硕果累累，却经不起风吹雨打，只有脚踏实地，用汗水和努力灌溉出的植株才能把藏于土中的

① 吴赟，同济大学外国语学院教授，博士研究生导师。
② 谢晓丹，同济大学 2019 级英语笔译专业硕士研究生。

根耕种得扎实而丰厚，才能实现未来的开花、结果。打好基本功，不断强化"听、说、读、写、译"等基础要素便是外语人的"根"。

除了对专业基本功的强调，老师不断鼓励、敦促我们多读书、读好书，在读书中与思想大家交换灵感，在读书中体验人生百态，思考大千世界，在读书中汲取营养，丰盈自我。容颜易老，韶华易逝，未来支撑自己走过最艰难的时光，陪伴自己路过人生旅途的将是丰富的精神世界。"读过的书本会沉淀在你的谈吐里，积聚在你的胸怀里，在你的生活中一点一点显山露水，给你抵御风雨的智慧和能力，让你的飞翔稳健、从容，充满力量"，在 2020 级开学典礼上，吴老师的话给我们留下了深刻记忆。

家事国事天下事，事事关心——以身作则的引路人

"外语人肩上的责任从来不局限于个人的发展与前途"，吴老师时常教育我们将个人理想与国家发展相联系。时代赋予了每个外语人与众不同的使命。清末民国初，外语人的使命是唤醒国人，师夷长技以制夷；随着中华人民共和国的成立，外语人将目标转向了为国人引进精神食粮；今天，随着国家综合实力的不断增强，中华民族在实现伟大复兴的征途上需要的是"让世界听到中国声音"，因此新时代外语人需要"讲好中国故事"。吴老师曾多次教诲我们：外语人的阅读与思考并非仅仅为了一己的生存与欢乐；因为中国与世界的对话，需要我们的智慧与参与。时代的大潮涨退更迭，学外语的意义不再停留在语言与文学的维度，不再仅仅是语言方面的听、说、读、写、译，不再仅仅是文学艺术的个人审美和体验，要向千姿百态的国家与社会延伸，更需要的是对世界、对文明、对多元文化建设与传承的担当与责任。

师妹李佳慧说："每次参加吴老师主持的会议听她发言及发表的学术演讲，我都会被她娓娓道来的讲述吸引，更为她的博学、专注，以及对社会的使命感所打动。吴老师在开学典礼上向同学们提出了新时代背景下外语人的责任与使命，通过聆听她关于国家对外翻译实践的学术讲座，我对这种使命感的具体落实有了更清晰的认识；吴老师建议是：现在的付出都应为未来的目标做准备，脚踏实地，保持专注；在师生座谈

会上，她悉心为大一、大二的师弟师妹答疑解惑，给予他们鼓励。"

吴老师在科研上很有大局站位和问题意识，例如，2013 年度的国家社会科学基金一般项目"中国当代小说英译研究"和 2019 年度国家社会科学基金重大项目"中国特色对外话语体系在英语世界的译介与传播研究"，分别以"改革开放"和"中华人民共和国成立以来"作为宏观研究背景，研究的内容对接中国文化"走出去""讲好中国故事"等国家战略与倡议。2017 年起陆续发表的几篇国家对外翻译规划史研究，为宏观历时性研究积累了经验，而这些研究为目前对外话语研究提供了丰富参考范式。

随风潜入夜，润物细无声——和蔼可亲的陪伴者

吴老师亦注重关心学生的全面发展，帮助学生规划人生发展，助力学生成长、成才。吴老师渊博的学识、深厚的底蕴和丰富的阅历让同学们十分钦佩，她的课也一直是同学们本科阶段最喜欢的课之一。从上外来到同济，她始终肩负着在理工见长的同济培育人文土壤的责任；在大三期末的课堂，她也悉心为班上的每一个同学分析未来规划并耐心细致地让学生分享自己的经验和建议。

前行路上少不了崎岖坎坷，吴老师在帮助我们克服困难的同时也不忘叮嘱我们莫要忘记欣赏沿途的风景。我们常误以为有趣的生活在远方，熟悉的地方没有风景，但其实我们所经历才是我们所真正拥有的。珍惜所有的相遇，拥抱那不期而遇的"意外"。人生路上定会有风雨，也许有时会偏航，但老师鼓励我们勿要自怨自艾，勿要自暴自弃。不历酸辛，哪知坚毅；不经风雨，怎见彩虹。不论身处何地，遭遇何种困境，都要心怀希望。每一段相逢都是上天的馈赠，时时伸出温暖的双手，把欢乐给予他人，拥有同样温暖的陪伴与呵护，让前行的路不孤独，始终明亮璀璨。

求学之路漫漫，老师之谆谆教诲如甘霖般沁人心脾，滋养心灵。我辈定不忘老师之训导，必当一步一个脚印，为中华民族的伟大复兴而读书！

经师易遇　人师难遭

——记恩师郑春荣①教授

▶ 李岳梅②

　　研究生学习是一趟全新的旅途，我十分有幸在开展这一程路途的伊始碰到一位良师——郑春荣教授。成为郑老师的学生，是一种幸运，也是一种缘分。起初报考同济德语语言文学专业的研究生，我的心之所属是翻译方向，但最后进入了德研所，开始了全新的学习生活。这种与想象中的反差带来的并不是失望，而是惊喜与庆幸。郑老师的指导与影响——无论是在学习上还是生活中，注定会让短暂的三年研究生生涯收获累累硕果。

郑春荣教授

帆船——孜孜不倦、严于律己以治学

　　在一次研究生例会上，郑老师说自己是家中孩子资质最差的一个。这让不少学生感到惊讶，但仔细一想，郑老师的话里谦虚有之，但更多地体现出一种勤勉的品质。这种品质让郑老师像一艘在知识海洋中

---

① 郑春荣，同济大学外国语学院教授，博士研究生导师。
② 李岳梅，同济大学 2019 级德语语言文学硕士研究生。

的帆船，永远前进。

郑老师是德语语言文学专业出身，同时还是政治与国际关系学院的副院长。师姐说，现在像郑老师这样学习德语出身的国际关系学者并不多，而国际关系出身的学者中拥有跟郑老师同等德语水平的人那就更少了。研究生一年级的时候，我选择了国际关系学院的一门课程作为跨选课。当时的任课老师在提到郑老师时，语气里充满了敬佩，为郑老师的造诣，更为他的治学严谨与勤勉不倦。

在学术上的成就是郑老师勤于治学的回报。多个师兄师姐都和我提到过，郑老师的忙碌像是没有尽头一样。郑老师经常约他们在午饭时间谈事情，自己的桌面上就只是摆着简单的食物。匆匆吃完后，就又开始工作。学生在晚上发出去的邮件，通常第二天早上就收到了他的回复。

在小论文写作上，不论是对自己还是学生，郑老师的要求都很高。对于发表过的论文，郑老师的态度都是"还不够满意"，永远为自己留下进步空间。刚入学时，郑老师就说过，所里的每名研究生至少要写两篇小论文，写了还不够，还要发表出去，而且是"别人给你钱让你发表"而不是"你给别人钱发表"。郑老师会仔细审阅给他的每一篇论文，提出修改建议，这个工作通常是反复多次的，他每回都很有耐心，从中可见郑老师治学态度的严谨认真，在学术上从不马虎。

灯塔——指点迷津、以身作则以育人

研究所里的研究生超半数都是郑老师的学生，他对每一个人都非常了解。在培养学生一事上，郑老师不会对学生作出很多硬性、僵化的要求，而是根据他们的长处和不足因材施教。对学生来说，郑老师像是一座灯塔，既为学生在迷航之时指明方向，也是学生心目中的标杆与偶像。

每当学生遇到困惑时，郑老师的话总能为其拨开迷雾。他也总能接收到学生发出的求助信号，并尽自己所能来提供帮助。前一段时间，我忙于论文的开题，为搭建合适的理论框架而苦恼了许久。和郑老师聊过之后，他指出了我原本打算使用的一个理论的不妥，并根据我的

研究主题和内容向我推荐了另一个理论。我学习之后，思考了许久的问题果然得到了解决。

郑老师对学生的教育与影响很多时候是潜移默化的，似春雨般润物细无声。他自身成为一个标杆，而学生们会不知不觉地以他为榜样，向他学习。许多师兄师姐都将郑老师作为自己的偶像，仰慕他永远前进的精神。从郑老师身上学到的东西，不仅适用于研究生阶段，而且能够受益终身。

除了在学业上帮助学生，郑老师也十分关心学生的心理健康与生活状态。新冠疫情期间，有师兄家在湖北，受到疫情封锁的影响非常大。郑老师在线上的课程中看出师兄的状态欠佳，主动多次找他聊天谈心，稳定他的情绪。在郑老师的开导下，师兄逐渐尝试着从其他角度看待问题，渐渐地从低迷的状态中走了出来。对于其他没有处于疫区的学生，郑老师也一一发去了问候，并及时了解相关信息。这些点点滴滴都让我们感到十分温暖。郑老师不仅在学业上谆谆教诲，也在生活中给予了学生足够的关心与支持。

岸——张弛有度、务实去华以生活

郑老师是一个非常具有生活气息的人。学生的朋友圈里少不了他的随手点赞与评论，有时候走路走得多了，晚上在步数排行榜上也能获得郑老师的一个赞。

郑老师还会在朋友圈里分享日常，让学生得以一窥他在工作之外的生活。这些小事不知不觉间就拉近了师生之间的距离。

一次在电梯里碰到郑老师，他手中拉着个行李箱，一问果然是要去出差。他感叹工作的忙碌，"劝"我好好要享受生活。这又何尝不是一种人生真谛？生活永远都是最终的归宿，如果不能享受生活，那么学习与工作也就成了负担。

经师易遇，人师难遭。郑老师在治学、育人和生活上都为学生树立了良好的榜样。我相信，包括我在内的每一个学生在今后将会永远记得有这样一位老师，引路学术之旅，也点亮理想之光。

鸿才博学　高山仰止

——记恩师张德禄教授①

▶ 郭恩华②

张德禄教授是我追随多年的恩师，非常荣幸，我的本科、硕士、博士三个阶段都受教于张老师，因而我对张老师的性情、学问和品格有着比较深入的了解。张老师是"投资智力乐无穷"的学者，他是严以律己、宽以待人的老师，他相信"只要好好学，肯定能学出成就"，他坚持"好物质是由好精神得来的"，他秉承"以身作则"的精神，成功地从山东乡村走上了大学讲台并成为闻名海内外的语言学教授。

关于学问

张教授是国内系统功能语言学领域的专家，为我国外语语言学和应用语言学的学科发展做出了重要贡献。虽然学术成就高，张老师却始终保持着勤勉严谨的治学态度和勇于创新的

张德禄教授

---

① 张德禄，同济大学外国语学院教授，博士研究生导师。
② 郭恩华，同济大学外国语学院教授。

学术热情。张老师的认真勤勉是出了名的，他每年参加的学术会议和论坛很多，每次都是精心准备，发言的题目从不重复，而且往往引领学术前沿。这一点是很多年轻学者做不到的。张老师已年过六旬，这种严谨的治学态度，就越发显得难能可贵，为我们年轻人树立了标杆。张老师对名利看得很淡，这一点也非常值得科研工作者学习。按理说，凭他已有的学术成就，到这个年龄，本可以好好享受生活，但他却停不下来，坚持创新、笔耕不辍，而且总是一不小心就开拓了新的学术领域。

关于教学

张老师是国内外语教学研究领域的专家。他在教学实践方面有自己的原则和方法。

首先，重视本科教学。张老师一直坚持为本科生上课，开设的课程是"英语文体学"。早在十年前，当我还是大四本科生的时候就选修过张老师的这门课，一个深切的感受就是这门课程对提高英语写作水平很有帮助，有利于启发对英语写作的批判性思维。现在依然清晰地记得老师当年的风采，尤其是他的全英文授课令人印象深刻。张老师讲课音量不高，语调也较平缓（一如他稳重的性格），但是英语表达能力极强，词汇量很大，讲课逻辑清楚，深入浅出。直到我硕士毕业，当了英语老师并尝试全英文授课，才明显地体会到和老师之间的巨大差距。也正是因为"英语文体学"这门课程，我对语篇类型的发生机制产生了浓厚的兴趣，并最终走上了科研的道路。因此，从某种意义讲，张老师影响了我的整个职业生涯。十年后的张老师，虽已经满头白发，但依然坚持为同济的本科生开设"英语文体学"，这种数十年如一日的认真态度令人肃然起敬。

其次，注重因材施教和全人教育。张老师是系统功能语言（SFL）专家，对 SFL 有着坚定的学术信仰，但同时也一位颇具学术胸怀的学者。"他充分尊重不同学生的研究兴趣，不但不反对我们从事非 SFL 领域的研究，还会提供各种便利和资源帮助我们在这些领域更好地进步，真正做到了因人制宜、因材施教。"（王峰①）从学生角度看，被赋予充分的学术自由，做自己想做的研究是一件非常幸运的事情。

再次，言传身教、注重启迪。对于专业知识的学习，他总是鼓励我们要勤于思考，敢于质疑。"有些 SFL 理论方面的漏洞，他会毫不避讳地逐一给我们指出，并殷切希望我们能在以后的科研实践中去努力弥补和创新。他时常告诫我们不可迷信权威。有一次，为了说明系统功能语言学家马丁在划分宏观主位和超主位过程中的不足之处，他特意选取相关语篇现场标注主位成分，然后向我们详细阐释。""他的身体力行时刻感染着我们这批学子。"（郝兴刚）"做学问就要有打破砂锅问到底的精神"，这是张老师常挂在嘴边的一句话。

最后，注重细节、精益求精。张老师做事总是有条不紊，思维条理清晰，就连他的办公桌也总是整洁有序。"硕士刚入门时，导师给我们拷了几个 G 的学习资料，我发现老师对各种文件有自己的一套命名体系，文件多而不乱，让我印象深刻。于是我自己也跟着导师学起来，将文件编排得井井有条，文献管理得好，研究做起来就轻松很多。"（瞿桃）科研无小事，张老师这种对细节的追求为我们树立了榜样。在学生指导上，老师总是兢兢业业、事无巨细、精益求精。"在我博三的时候，论文写好了初稿，但是还没有修改到导师要求的程度，我着急毕业找工作，对论文修改没有耐心，还催问导师论文是不是可以送审并进入答辩程序了。这时，导师耐心开导我，还给我指明修改方向，帮我认真地审阅，从论文结构到理论框架，从语法表达到标点使用，连书写规范也不放过。"（丁肇芬）"记得我在提交博士论文二稿的时候，得知张老师在广东开会。但是就在第二天一早我收到了张老师的回信。张老师对我的论文二稿不仅提出了多条建议，而且对我附在论文后面的问题一一解答。他一定是在会议的空隙或者晚上利用自己的休息时间加班加点修改的论文。"（雷茜）"老师总是提醒我们要脚踏实地，刻苦钻研，切勿急功近利。哪怕一篇小论文老师也不厌其烦地修改指正。"（董娟）导师的系统功能语言学我已经上了不下三遍了，

---

① 文中所引均为张德禄教授学生对导师的评价。

但是每上次课都有新的收获，每次课都能感受到导师在备课上的用心和投入。

关于师德

张老师为人朴实稳重、温文儒雅、心胸广阔、虚怀若谷。在生活中总是宽以待人、严以律己。"作为外国语学院的学科带头人、学术名家、博导，张老师从来不摆学术大牛的架子。对待学生和同事总是和颜悦色、平易近人。尤其是他那招牌似的微笑总能让人如沐春风，因此深受学生爱戴和学院同事的敬重。"（胡瑞云、何继红）对待工作，他兢兢业业、忠于职守，为院系做了很多工作。"只要学院请他讲座，他再忙再累都会答应，而且总是精心准备，绝不含糊。"（胡瑞云）对待学生，他既是学业上的导师，更是生活中的慈父。"老师不仅关心我们的学习，也关心我们的生活。春节期间我儿子出疹子，老师还帮忙咨询医生，嘘寒问暖，关切之情让我非常感动。"（董娟）"在上海的第一个冬天，我因为不适应上海冬天的寒冷气候，肩膀受凉疼痛难忍。张老师知道后，提醒我一定要注意肩膀部位的保暖，建议我在图书馆学习的时候不要长时间保持一个姿势。他还现身说法，向我讲解自己在紧张的学习和工作过程中如何放松肩膀和休息眼睛。后来一想，老师的每一个细节都饱含着对我们的关心和爱护，让我感动不已。"（雷茜）

关于做人的道理，张老师从来不搞说教，而是侧重身教！他从来不会跟我们讲要如何做人，他自身的一言一行对我们是一种潜移默化、润物无声的教化过程。这种身教比说教来得深刻。简单举个例子，张老师从不在背后议论任何人，哪怕我们有时候很想听到他对某些学者的评价，他也顶多只谈学术，不谈人品脾性。能做到这一点，既是对别人的尊重，也是张老师稳重性格的一部分。但是，单就这一点，大多数人是做不到的。

时光荏苒，不知不觉老师已经年过六旬，从当年的满头黑发到现在的华发丛生，岁月见证的是老师对教育职业的坚守。他现在仍然坚持每周8课时，每个周一、周二、周三的上午，他都风雨无阻地来学校给学生上课，而且他永远是提前15分钟到教室，从不迟到，从不早退，从不闲扯。这种敬业精神值得我们每一个即将踏上教学岗位的年轻人学习。

桃李不言，下自成蹊。在这方面，张老师堪为楷模！甘为孺子育英才，三尺讲台存日月。张老师不辞辛劳，为教育事业默默耕耘数十载，最终收获的是春风化雨、桃李满园。对老师来说，培养出德才兼备的学生或许是最幸福的事吧。

脚下有风　心中有梦

——记黄立鹤老师[1]

▶ 杨晶晶[2]

从秋高气爽的九月到春意盎然的五月，我已在同济度过近一年的时光，领略了这所百年名校三季的风景。在这八个月的记忆里，这座校园与我最为密切相关的莫过于我所处的课题组——同济大学老龄语言与看护研究中心。这不仅是一个瞄准学科发展前沿、服务社会的研究小组，也是一个尊师爱生、和谐发展的导学团队。

黄立鹤老师

作为一个科研团队，我们一直走在产学研一体化的前端。从 2018 年成立到现在，中心虽然仅仅是一个一岁多的"孩子"，但在这短短的时间内，已形成了从基础研究、临床应用到健康服务的发展路线图，在国际 SSCI，国内 CSSCI 等检索期刊发表论文多篇，并已在国内外知名出版社出版论著、文集。当然，产出来自对相关领域知识的不断学习与深入研究。课题组最鲜明的特色之一便是突破学科壁垒，不再将研究禁锢在某一专业领域的小圈子当中，积极与其他专业相结合，做复合

---

① 黄立鹤，同济大学外国语学院副教授。
② 杨晶晶，同济大学外国语言学及应用语言学 2018 级硕士研究生。

交叉型的研究。虽然是文科类专业，但我们的学习与科研不仅仅是坐在图书馆翻看理论知识，我们的工具也不仅仅是文献数据库。课题组的成员根据研究需要都要到同济医院神经内科或社区进行数据搜集的相关工作，学习老年学、心理学及医学的部分相关知识，学习任务脑电的采集与数据处理，学习认知评估量表的使用，一步步将学习内容扩展到自身所属专业之外，一步步打破学科之间的壁垒。正是在这种尝试中，让我们发现自己另外一种可能，看到彼此身上不同的能力。

同时，我们也积极响应国家号召，扎根祖国大地。习近平总书记曾提道："新时代中国特色社会主义思想就是挺立时代潮头、扎根祖国大地、承托民族梦想。"我们的课题组也时刻关注国家和社会的发展，以自己的专业知识参与解决其中的重大问题。2019年1月26日公布的《老年健康蓝皮书：中国老年健康报告（2018）》显示，从2000年到2017年，我们国家60岁及60岁以上的老年人口从1.26亿增加到2.41亿，所占人口比重从10.2%上升到17.3%。依据联合国标准，一个国家60岁以上达到总人口的10%，或65岁以上老人占总人口的7%，即视为进入老龄化社会。根据国家统计局2019年公布的最新数据，我国已经步入老龄化社会。研究中心与课题组就是针对我国人口老龄化日益严峻的形势，以阿尔茨海默病为主的痴呆症早期预警及诊断尚不成熟等问题，对接"健康中国"战略，积极应对人口老龄化的总体要求，对正常及痴呆症老年人的言语行为特征及其发生机制（神经、认知、心理、社会等因素）与老龄看护等问题进行研究，并注重相关成果对早期诊断、预判、护理及高龄社区治理的影响与作用。这些成果可谓是真正地做到了学以致用，让知识不再束缚于书本和实验室，而是更多地应用到实际生活，应用到民生问题，为国家和人民的发展排忧解难。这不仅是我们作为新时代青年的责任与使命，更是我们接受教育后对社会的感恩与回馈。

黄立鹤老师是课题组的负责人，也是老龄语言与看护研究中心的秘书长。黄老师是外国语学院的青年才俊，相近的年龄使得大家相处融洽，亦师亦友。课题组成员都钦佩他的国际化视野、热点把握能力，并认可他的教学理念。黄老师基于我国人口老龄化发展趋势加快这一社会现象，制定出对科研学习与社会发展都有益的研究方向，能够准确地预测研究前景，看到这一方向的未来发展。这一切与黄老师丰富的知识积累与开阔的眼界是分不开的。记得第一次去黄老师办公室的时候，很难从办公室的陈设中看出这是一位文科老师。他的书架上摆满了医学、统计学、建模等方向的相关书籍，甚至还有人类大脑的模型。黄老师对他的书也是"毫不吝惜"，每当老师与组内成员商定出具体的研究题目时，他总会从书架中找出与之相关的书目，拿给成员们学习，并鼓励大家多学习一些统计知识和统计相关软件，提升大家的数理思维，这一切与我印象中的传统文科培养方式截然不同，这种学科交叉的方法理念也使得我们的研究更加多元化，充满乐趣与挑战。

黄老师的教学理念也是与国际接轨的。《当代外语研究》（2018 年第 6 期）刊登了黄老师有关英语专业改革的文章。文章里面，提出改革要从不同层次与定位的高校使命、英语专业和学科的关系、学生英语语言能力等多方面来综合考虑、统筹推进。英语专业改革应该根据自身条件，走学科型、通专融合型、复合交叉型等多元化、差异化发展之路。要培养从事该学科领域科学探索的创新型人才，坚持中国与融通中外相结合，培养具有国际视野的高层次研究型人才；培养具有较好探究能力，能够适应社会发展变化、具备领导力的创新型人才。黄老师也将他的理念体现在平时对学生的指导之中。现在组内成员不仅要学习本专业的相关知识，根据研究需要，还要掌握基础老年医学知识，并且学习场所也不仅仅是图书馆，而是真正地在社会中观察语言现象，在实践中感受研究的意义与价值。

刚加入课题组的时候，大家都有过迷茫与紧张，但在导师的指导下，在成员间的互帮互助中，大家都得到了成长。2017 级硕士研究生王晶在采访中说道："我的导师是魏耀章老师，但是入学两年来，我一直很幸运地享受着'双导师指导制'，另一位导师就是黄立鹤老师。黄老师带领我们课题组和医学院、同济医院展开了多项研究任务，思路清晰，立场坚定。黄老师也非常乐于帮助我们这些学术小白扫清前行的障碍，取得学术进步。在课题组的日子很充实，我们定期组会讨论，大家畅所欲言，互帮互助；课题组内部合理分工，输入与产出一个不少；定期去医院采集数据，积累语料，在实践中孕育学术观点；课题组群里经常分享干货，一起为学术提供便利和思路。不管是老师还是学生，本科生还是研究生，我们都能互相学习，一起进步。"2017级硕士研究生朱琦说道："课题组的研究课题结合了专业知识与社会热点话题，这使得我们的研究十分具有社会意义，也使得我们能够意识到研究的价值所在。在黄老师的学术指导下，思维和思辨能力得到了锻炼，让我受益匪浅。"

组内的本科生成员也有感而发："我是因为语言学加入到这个课题组的，对黄老师提的'语言康复治疗师'这个概念充满了好奇，黄老师很乐意带着我们感兴趣的人去做研究，也传授了很多实用的研究方法。课题强调产学研结合，以语言学为切入口的自己一开始很抗拒去医院做认知评估筛查，但慢慢地接触了很多有趣的例子。在一次次的见习中我才发现，很多老人哪怕是认知衰退，也仍然愿意步入社会，走进人群，继续爱孩子等亲人，继续享受人生。如果这个课题组的研究成果真的可以帮助他们提高探索人生的品质，那我一定很庆幸。"另一名同学也提到："加入课题组之后，也遇到了很多挑战。但是在黄老师以及学长学姐的引领和帮助之下，我一点点了解了这个项目的重要意义，对语言这个领域也有了更深刻的认识。黄老师有着丰富的跨学科知识。他还借鉴国外经验，开创了在语言学视角下国内老年领域的独特的研究，具有时代责任感和国际化视野。"另一名成员说道："每次开组会的时候，需要做汇报的学长学姐都做了很充分的准备。在汇报中，学长学姐总是尽量条理清晰，突出重点，让我们充分理解他们的想法；当黄老师提出疑问，给出建议时，学长学姐能及时阐释清楚，并采纳老师的意见。大家的讨论是很开放自由的，讨论问题更注重观点的价值，而不是在意是谁的观点。在组会中黄老师通常简明扼要地阐述自己的观点，在我们对一个概念有疑惑时，或专业或通俗，他总会用比较适当的方式让我们理解。黄老师对问题的分析重视逻辑性，对学术问题的要求很严格，总会在听取汇报之中指出课题组成员报告中的不足并提出修改意见。此外，黄老师很重视大家的观点，经常鼓励我们发表意见，也会就我们的意见给出评价。"正是在这种亦师亦友、友好轻松的学习氛围下，我们组内的每一名成员都能朝着自己感兴趣的方向自由地发展。

每一代有每一代的责任与担当，每一代有每一代的机遇与挑战。我们的导学团队在黄老师的带领下，也在用自己的知识承担起我们这代青年人的责任，为社会的发展贡献着自己微薄的力量。生逢其时，重任在肩，便满腔热血，一往无前，十分有幸能够加入同济大学老龄语言与看护研究中心，结识一群"脚下有风，心中有梦"的老师和同学，同他们一起迎风而上，筑梦前行。

他让我喜欢上了英语

——记我的英语老师薛维平

▶ 杨 丽

鱼离不开水，鸟离不开树，我们的成长自然离不开老师。我爱我的老师，因为他们无怨无悔地默默奉献在一年四季的 365 天中。今天我想谈一谈在大学期间对我产生深远影响的薛维平老师。

薛维平老师是我大一下学期的英语老师，也是我大学期间最喜欢的英语老师。我的英语水平一般，尤其口语和听力水平非常差，不敢在课堂上说英语，害怕说错，久而久之，就更加

薛维平老师

讨厌英语。但是自从上了薛老师的课，情况开始有了变化。薛维平老师幽默风趣，口语表达非常正宗，他改变了我对英语的看法，让我重新爱上了英语。老师喜欢在课堂上抽学生回答问题，而我又恰恰是一个喜欢举手回答问题的学生。无论回答正确与否，老师都会给予肯定，这大大提高了我的积极性，也让我有了自信。记得有一次我们需要在网上做一套题，有两次机会，第一次我得了 66 分，第二次我又把相同的试卷做了一次，虽然只得了 76 分，但是这对我的改变却很大，因为老师在课堂上表扬了我。就这样一学期下来，我渐渐喜欢上了英语。期末考试虽然我只得了良，但我依然喜欢这个老师。很开心地加了老

师微信，也因此发现老师特别喜欢摄影，特别喜欢旅行，老师热心于观察生活，他的每一张摄影作品都包含了一个故事，记得有一篇发在朋友圈的文章是这样的："火车上的一幕——女孩和她爷爷睡在中铺，非常可爱的小姑娘，一路上一直给我们吃各种零食，我们不吃她还不高兴。她父母在上海打工，这次爷爷领她回达州读书。爷爷是典型的农民，老是邀请我去抽一口。"

老师对于艺术摄影的热爱让我很感动，也让我产生了对摄影的热爱，有一次我拍了两张同济大学四平路校区的天空的照片，老师居然给我点赞了。老师对我拍照技术的肯定，让我开心了好久。

老师在平时上课的时候，向我们透露出他快要退休的消息，总觉得有点遗憾，老师这么喜欢英语教学，这么负责，课上得这么好，我们为他的退休感到不舍。不过又想一想，老师这么辛苦，的确需要好好休息，享受一下生活了，这样老师就能够有更多的时间从事艺术摄影了。

遇见您，践行更好的自己

——关于严桂珍老师①的点滴记忆

▶ 陈丹霞②

严桂珍老师

回想第一次见到您，应该还是 6 年前的秋天，秋光日暖，梧桐叶飞的季节。虽然您只是短暂地为我们上过两节课，90 分钟时间，案例、理论、分析、研讨，层层递进、有条不紊，我的心中也默默记住了您的优雅知性、逻辑清晰和学识丰富。后来有幸跟随您完成本科毕业论文，再到获得推免机会留在同济继续念研究生并成为师门中众多幸运儿的一员。长久的相处里，我们又进一步了解了您，并留下了更多难忘的回忆。

治学严谨，是每一个初入师门的学生对您的第一印象。无论是带领我们进行课题研究，还是指导我们的每一篇论文，您都会非常认真地修改，甚至每一个脚注的格式、每一个标点符号都不放过。受您的影响，师门里自然而然形成了一种对待学习乃至每一件小事的认真态度，尽可能高质量地去完成每一件事情成为我们之间的默契。也正因

---

① 严桂珍，同济大学法学院教授，博士研究生导师。
② 陈丹霞，同济大学 2017 级法学院硕士研究生。

为如此，师门里不乏"市优秀毕业论文""校优秀毕业论文"的获得者。优秀师兄师姐们的榜样故事让我们更加严格地自我鞭策，同门共事时大家也都争着抢着自愿承担更多的工作。"零差评"应该是对您授课最真实的评价吧，从案例出发，将生涩的民法理论变得生动具象；从问题出发，引导大家在思考中学习理论；从逻辑出发，在清晰的框架下构建知识体系。您是我们的导师，也是学院众多学子心中的女神，更是我们每次说起来藏不住的骄傲。

亦师亦友，是您和我们之间每一个点滴最真实的写照。平日里，无论在学术研究上，还是在生活工作中，您都给予我们充分的自由空间，引导而不干涉，指导而不强制。而在遇到困难或困惑时，您总是会在第一时间给予支持与回应。感谢您在我们勇敢前行道路上的支持，也感谢您愿意包容和接纳偶尔疲惫、想要休息的我们。研二上学期我在犹豫是否要申请外出交流的时候和您聊天，您鼓励我勇敢去做自己想做的事，也鼓励我去走更多的路、遇见更广阔的世界。原本的我考虑很多，总在权衡得失，但和您聊完，仿佛拨云见雾，看到了自己内心最真实的期许，最终我选择坚定地走向它。

借着写这些文字的机会，有幸听到了很多师兄师姐们和您之间的温暖故事。有同门分享自己选择到上海工作求学的经历，在自己最失意和难过的时光，是您不断地鼓励和帮助给了她温暖和力量，让她感受到了这座陌生城市里的善意。博士师姐每次提起在申请联培时您为她写的推荐信，眼里就有藏不住的感激，她说字里行间除了看到您对她努力给予的认可，更寄托着老师对学生的一份真心和让人不愿辜负的期许。师姐在德国联培快一年的时候，正巧遇到您有机会去对方学校访学，您给她带了好些小零食，让师姐惊喜又感动。还有那个立志成为学术型法官的师兄，是您带着他从魏振瀛教授的《民法学》读到王泽鉴教授的《债法原理》《民法思维》等著作，从曾经对法学一知半解到心中逐渐建立起清晰的民法学理论框架，您是他法学道路上的导师。您亦是他人生的引路人，从学业、择业，辞职又重新追求审判职业的理想，再到从事审判工作后准备继续攻读博士，每当处在人生的重要节点，远在家乡的他都会习惯性地拨通您的电话，倾听您的建议和嘱咐，您总是在引导着他不断前行。

时间过得真快，从初次遇见您到现在已经过去了6个年头，我们送走了一批又一批的师兄师姐，也迎来一个又一个可爱的师弟师妹。很多事情都在时光流逝中发生着改变，我们终将从斑斓校园走入社会，我们也将从上海奔赴祖国各地。但，不曾也不会改变的是，我们还是会想要在重要的人生时刻听听您的建议，还是会想要在学习、工作取得进步的时候与您分享，还是会想在偶有拖沓的时候再感受一次您的鞭策。

"身正为师，学高为范""亦师亦友"，我们都很幸运在人生尤为重要和美好的年华里与您相遇，也感恩有您，让我们得以在专业和生活的道路上不断蜕变，践行更好的自己。

吾遇吾师　何其有幸

——记导师孙效敏教授[1]

▶ 刘　洋[2]

不知不觉走到了临近毕业的门前，叹息时间飞逝，回首过往，近3年的硕士生活使自己改变了很多，从做事急躁到如今可以沉稳面对每项任务，从害怕受挫到如今可以坦然面对失败并予以总结。这一路的改变，离不开导师孙效敏教授的谆谆教诲，回想起这份师生情谊，无数的片段涌入脑海……

孙效敏教授

曾记否，他有条不紊地将知识点背后的原理透彻讲解，因照顾跨专业的同学，又会将知识点分析得通俗易懂，在他那里没有法科生和非法科生的区分，只要你想学就一定会给你讲解明白；曾记否，他在每周组会上，认真聆听我们汇报一周以来的成果，解答疑惑，指出不足；曾记否，他会尊重学生的选择，指点迷津……突然间发现，亲历诸多场景的我无法用语言对导师的那份敬佩与感谢具象化，只是觉得，能够成为他的学生，何其有幸。他曾说过的三句话，深刻在脑海，将会

---

①　孙效敏，同济大学法学院教授，博士研究生导师。
②　刘洋，同济大学法学院 2017 级硕士研究生。

是我一生的箴言。

即便过去了两年多，当年参加复试的场景依旧历历在目。因为考研初试的成绩并没有占有很大优势，所以复试时始终怀着忐忑的心情。进到会议室后，发现桌子两旁坐了大概十几位老师，刚刚在门口平复的心情又再次紧张起来。直到一位老师问了我第一个问题，才使我渐渐进入状态，而这位老师正是我如今的导师。等待复试结果的过程是煎熬的，而知道复试结果之后也是煎熬的，因为又面临选择导师的问题，那时我在经济法课题组的诸多老师中纠结，通知我们复试结果的老师告诉我们可以给老师们发送邮件，我怀着紧张的心情给孙老师发送了一封邮件，为了能够得到老师的回复，在邮件里极力展示自己的学术积累，发完考虑到老师工作繁忙，也不敢奢望能够立即得到回复。谁料很快收到了老师回复的邮件，上面只有两个字——"好的"。正是当时的这两个字成了我学术道路上继续前进的动力，也是这两个字开启了我与导师的师生之谊，成为我法学硕士生涯的序言。

"无论做什么事情都要认真"

历时近一年的课题，让我明白要想走好学术这条道路并非易事，有时查询的数据出现偏差，或者与相关结论不符，就需要从头再来，一遍遍分析，一家家公司章程查询。那时我在老师的身上看到了严谨、认真的学术态度，有时老师会写报告写到很晚，以便第二天组会可以与我们一起讨论。课题答辩当天，他也是做足了准备，最终评委老师提出的问题，在我们的报告中均有体现，课题最终获得了优秀，相关结论也被后来出台的司法解释所借鉴。当时老师就告诉我们："无论做什么事情都要认真，即使认真没有让你立即获得认可，但总有一天你会因为认真而脱颖而出。"这句话一直伴随着我硕士生涯，无论是写文章投稿，还是写毕业论文，每当我遇到研究不下去的地方时，总会想起老师的这句话，使我再次静下心，潜心研究。我坚信，认真严谨的品质将会一直影响着我的生活、学习。

"孩子，你要相信自己可以的"

老师教会我任何事情都要去尝试，即使是失败，也不要留下遗憾。考试失利，使我对自己丧失了信心，甚至觉得自己考不过了，产生了放弃的念头。老师得知我失利的事情，耐心鼓励和指导我正确高效地复习。而那句"孩子"，说到了每个学生的心坎儿里。"一日为师，终身为父"，原来在老师心中，我们都是他的孩子。他的鼓励使我有了再次尝试的勇气，也有了必胜的决心，为了缓解我的压力，他总是说过程比结果重要，当然有了好的结果更好，但是没有也不要沮丧，上天不会亏待努力的人，只要坚定做好自己的事情就好了。还记得，研一的时候，我告诉老师我想要考公务员，他大概计算了一下，我们论文预答辩和公务员考试应该时间接近，所以他建议我提早写论文，到了研二，他更是一直提醒我抓紧时间写论文，这样可以留有更充足的时间来复习。我听从了老师的建议，年初即完成了初稿，当大家都忙着写论文初稿时，我拥有了更多的复习时间。"风起于青苹之末"，时至今日我愈发感谢老师在我人生重要节点上给予的关怀和建议，就是这些关怀和建议让迷茫的我打消害怕，勇敢前行。

岁月匆匆，硕士生活稍纵即逝，接近尾声，但是这段生活传授给我的精神，将始终鼓励着我继续向前。同济大学法学院是我的梦想开始的地方，当初的我心怀对学术的渴望来到这里；孙效敏教授是我追梦路上的引路人，他的一言一行都是我学习的典范，"学高为师，身正为范"，如果问我"硕士期间能遇到为人正派、治学严谨的导师是什么体验"，我只想说："吾遇吾师，何其有幸。"

经师易得　人师难求

——记导师高旭军教授[①]

▶ 杨　宇[②]

与高老师的缘分始于我大三下学期。作为一名对法学专业有浓厚兴趣的外语专业本科生，当我看到同济大学法学院优秀学生暑期夏令营的通知时，内心早已跃跃欲试。可想到自己是非法学专业的学生便心生退意。外院的老师知道我的想法之后，第一时间向我推荐了高旭军老师，这与我自己的想法不谋而合——在浏览了法学院官网关于硕士生导师的介绍后，我的第一选择和唯一选择就是高旭军老

高旭军教授

师。怀着忐忑的心情给高老师发了邮件之后，得到了高老师积极的回应，老师非常赞同我想将外语和法律结合起来的想法。在顺利通过夏令营并且拿到保研名额之后，我和高老师进行了第一次面谈。高老师先是为我这个法学专业的"萌新"讲述了当今法律界的基本情况和法律人毕业后的出路，在询问了我对未来发展规划的想法之后，给我提出了针对性的建议。高老师很尊重学生的想法，给予学生充分的自由，

---

① 高旭军，同济大学法学院教授，博士研究生导师。
② 杨宇，同济大学法学院 2019 级硕士研究生。

他只是在学生给自己规划好的道路上尽全力帮助他们，并不会设计他们的未来。

课堂上，高老师化身成为连接我们和法学世界的桥梁，作为一名法学教授，高老师在课堂上并不是照本宣科，而是以案例分析为主。案例是当代法学的生命。判例是现代司法实践的风向标，很多学术界争论不清的问题，法官在实践审判中早已给出了明确的答案。课堂上高老师对学生循循善诱，启发学生独立思考，课下他经常鼓励学生多动笔，只有多练笔，写文章才会得心应手。高老师常常启发学生，要从小问题着手，以小见大。"法学的核心就是分析问题，解决问题。"这是高老师常常挂在嘴边的一句话，也将成为我今后努力的目标——运用法律知识为社会解决问题。针对当前学术圈的浮躁风气以及当前科研成果考核标准过于简单、僵化的局面，高老师也有自己内心的坚守。发表的每一篇文章，都是经过他长时间的思考与呕心沥血的成果。

有一次，开学初，高教授组织了一次师门聚会。高老师的学生不仅有中国人，也有来自德国的双学位学生。席间我们相谈甚欢，高老师英语、德语切换自如，更是令人艳羡。那次聚会恰逢中秋节，高老师用外语为留学生讲述中秋节的来历。用丰富的学识和生动的语言征服了大家。高老师的德国双学位学生私下跟我交流时曾讲到今年暑假高老师赴德为他们授课的故事。在他们眼中，高老师是风趣幽默的学者。大家都很喜欢高老师的课，因为他会在课堂中加入很多拓展性的问题以及他本人的亲身经历。在课余时间，高老师也很喜欢和他们在一起聊天。与学生相处，是高老师最喜欢的一件事。我也曾听过师兄师姐讲他们与高老师相处的故事，有时他们会为了一个学术问题讨论得异常激烈，但丝毫不影响师生之间的感情。与同学们讨论，交流不同的观点，进行思维碰撞，高老师也乐在其中。

在学术方面，高老师对学生循循善诱；在日常生活中，高老师更是亦师亦友。曾经有双学位的师兄师姐向高老师吐槽德语有多难学。高老师耐心地宽慰他们，并用自己的经历向他们传授经验。每年高老师都会为想去国外留学以及寻找实习工作的师兄师姐写推荐信。作为高老师门下的一名新弟子，我曾有机会观察高老师一天的工作生活。

高老师每天很早就来到办公室，在简单浏览了当天的时政要闻后就开始了一天的工作。高老师是高产的学者，数年来笔耕不辍。尤其是在德国法律研究方面，可以称得上是一面旗帜。工作之余，高老师也是一个很有生活情趣的人。在高老师的办公室可以看到很多盆栽还有茶具，如入芝兰之室。在这样的环境下，静下心来读书、写作成了人最想做的事情。

高老师是我法学道路上的引路人，为我打开了法学世界的大门，亦是我在法学海洋中前行的灯塔。既有学者的深邃，淡泊宁静，又有现代法律人的热忱，心系国家与社会，关心学生的发展，设身处地为学生着想。我相信无论高老师的学生们身处何地，在高老师门下的求学经历，都将是我们人生最宝贵的财富。

春风化雨　树德育人

——我们的好老师蒋晓伟[1]

▶ 陈伟华[2]

蒋老师常说："一个合格的教师，首要的是讲好每一堂课。"他也因此广受学生的好评。蒋老师主讲的是"法学基础理论"，课前总是认真备课，并不断修改、充实教材和课件；他授课结合东、西法治文化的差异，广征博引；注重理论与实际的结合，深入浅出地阐述基本概念、原理和论断，使学生能深刻领会其要义。蒋老师在繁忙的研究生教学之余，每年还坚持为本科生开设课程，他为本科生开设的选修课"城市管理法治化"，很受学生欢迎。

蒋晓伟教授

作为一名导师，蒋老师不仅以学识，而且以自己的"师德"引导学生不断进步。蒋老师以身作则，身教重于言教。一天上课，他突发肾绞痛，汗珠从他额头上渗出来，但他强忍着痛，讲完三节课。一个学生毕业论文开题时，由于准备不充分，没有得到蒋老师认可，他试图通过自己本科学校的老师与蒋老师打招呼，请蒋老师"放一马"，蒋老师不仅没有降低要求，而且严厉批评了那个同学。最后那个同学承认自己的错

---

① 蒋晓伟，同济大学法学院教授，博士研究生导师。
② 陈伟华，同济大学法学院博士研究生。

误，保质保量地完成开题报告。蒋老师经常对学生说："无论在任何环境下，做人是第一位的；要正心、修身，才能齐家、治国、平天下。"

作为一名导师，蒋老师还给予学生亲人般的关怀。蒋老师积极地为大家创造良好的学习和生活条件，上海市五五普法读本——《生活中的法》，由蒋老师率领 2005 级、2006 级 10 名法学理论研究生共同完成，所得稿费全数由学生支配，以贴补学生生活、学习开支的不足。蒋老师还积极为毕业的学生联系工作，以解决学生的就业难题，法学理论学科的研究生，很多就是由蒋老师推荐走上工作岗位的，如 2003级、2004 级法理学 7 名同学，毕业后的第一个工作岗位就是蒋老师通过校友推荐获得的。蒋老师对学生说，"我既是你们的导师，又是你们的兄长，有什么问题联系我。"

作为一名学科带头人、教研部主任，蒋老师不断开拓奠基新的领域，注重青年教师的培养和进步。作为法学理论的学科带头人，蒋老师 2005 年主持完成了法学理论硕士点设立，2008 年主持完成了博士学科，即马克思主义理论——"法治国家和公民法治教育"专业方向的设立，2010 年完成法学理论博士点的设立。"法理学"课程在蒋老师的带领下，成为上海市精品课程。他每年学术成果在学院位居前列。蒋老师在教研部和青年教师一起讨论制定教改和科研计划，并和青年教师共同完成课题研究和课题教改；积极把青年教师向相关法学专业领域推进。他说："培养自己身边的青年博士，给他们提供机会，使他们脱颖而出，是促进学科建设最经济实用的方法。"

作为一名社会科学的学者，蒋老师能坚持真理，勇于担当。作为一位资历较深的法学学者，蒋老师有很多评审、讲座的机会。蒋老师的学术讲座不回避社会矛盾，不掩饰现实制度的缺陷和弊端，而是从理论上分析弊端的根源，并提出克服缺陷和弊端的意见和建议，蒋老师开设的讲座很受学员和单位的欢迎。也有同志好心劝蒋老师讲得保守一些，但蒋老师说："要讲真话。"他依据的是大量严谨的数据和有充分说服力的典型案例。蒋老师经常说："社会科学工作者在坚持四项基本原则同时，必须坚持公平正义的价值标准，否则就没有说服力，甚至可能是歪理邪说。"

给学生细致入微的关爱

——记赵丽丽老师①

▶ 王天娇②

赵老师的课堂，闪烁着智慧和激情的光芒，她知识渊博，始终站在学术的前沿，传授最新鲜的知识，教会学生如何将理论与实践结合起来；她的课堂，跳动着理性和幽默的因子，以一种学生喜闻乐见的方式来教学，深入浅出，循循善诱，吸引了众多外院学生前来旁听。赵老师以她严谨求真、科学求实的学术精神告诉学生们科学来不得半点虚假；她因材施教，把学生们引入社会科学的华丽殿堂；以她

赵丽丽老师

务实的待人处事的态度，告诉学生们不仅要学好知识，更要用行动关心身边的每一个人。她不是道德的偶像，也不是完美的化身，她是一名自强、自立、自信、个性鲜明的知识女性。

赵丽丽老师打动学生的，不仅是她渊博的知识，还有高尚的人品和师德，她像亲人和朋友一样关心学生的学习和生活，深受广大同学的喜爱和尊重。赵老师对学院的各项活动都倾注了满腔热情，她能调

---

① 赵丽丽，同济大学马克思主义学院副教授、硕士研究生导师。
② 王天娇，同济大学研究生会成员。

动各种资源给予学生最大的鼓励和支持。学生们佩服她年纪轻轻却专业基础扎实、学术造诣深厚，在和学生们一起分析社会现象、社会问题时，她能综合运用各种理论，并向学生们介绍如何运用各门学科的理论工具进行阐释，说明每一个理论工具都有应用边界和局限性。

教学上，赵老师因材施教，循循善诱的育人风格让学生们获益良多。虽然对研究生来说，在校学习很重要的一个任务是学会做研究，但毕竟大家的职业规划是不一样的，有些同学选择毕业后直接工作，学习的重点可能就会放在通过兼职积累工作经验上，在知识的学习上可能会侧重于实践经验的掌握；有同学可能愿意投身于学术，就需要夯实基础理论，把握学科前沿。面对这样的情况，赵老师要求学生，不管将来选择什么道路，一些基本的专业知识和学术研究的规范及方法必须掌握。同时她让倾向就业的学生把侧重点适当地放在学写毕业论文上，而让倾向于学术的同学把侧重点放在夯实专业理论基础方面。

生活中，赵老师关心学生们的健康和成长。研究生早已过了没钱就直接向家人伸手的年龄，每天紧盯着学校发的那点补贴，省吃俭用。老师知道学生们的情况，就经常用自己的钱请学生们吃饭。老师还给学生争取为学校、学院"勤工俭学"的机会，一方面能够补贴学生们的生活，另一方面学生们也能从中学到课本之外的知识和积累经验。

有一次同学们做问卷的输入工作，由于量比较大，时间比较紧，同学们为了赶时间，数据录入得快，容易出错。错误多了肯定会影响数据分析的结果。当时老师就嘱咐学生们在输完数据后一定要认真复查。但数据量太大了，学生们检查完后，老师在做数据统计的时候还是发现了几个错误。为了保证分析的准确性，老师连续几个晚上加班，再次核对了一遍数据。这件事让同学们明白了社会科学对科研的要求并不比自然科学低。优质的学术成果和学术资料都是研究者的心血凝结成的，不能有半点马虎。

赵老师是一位和蔼可亲的导师。她对学生极其负责，每个星期都会找学生谈话，了解学生学习上的困惑和生活上的困难，然后对症下药。比如针对基础薄弱的学生她会推荐一些书目并给以指导，使其基础知识得到夯实，从而使他们减轻思想负担，增强信心。在平时的生活上，赵老师对学生的关怀无微不至、体贴入微。看到学生拎的包破了，赵老师就从家里拿来新的送给学生；学生写东西急需稿纸，赵老师也会把自己平时省下来的留给学生用；还把好吃的东西留给学生吃……生活的点点滴滴深深地感动着远离家乡的学子。赵老师在工作中无论有多忙，学生有困难她总是第一时间去帮助解决。她倾注大量精力，总是尽力把学生培养成内外兼修的社会有用之才。

引航护航 诲人不倦

——记我们的导师门洪华教授①

▶ 李次园 俞钦文 汪 婷②

进入师门，跟随老师的时间虽然不长，但回想与老师相处的时光，收获良多，感触颇深，有许多感激需要表达。

老师第一次与我们交流时，引经据典，并要求我们多看书，尤其是历史和理论方面的书籍，时刻强调要增加"做学术时的理论深度和历史厚度"。谈话结束后，我们在整理笔记时，赫然发现短短半小时老师在不经意间已经向我们推荐了30多本经典书目了。

门洪华教授

在我们入学三个月内，老师会根据我们的研究意向和兴趣与我们充分讨论，帮助我们确定毕业论文的整体方向。正是老师的真知灼见，才使得当其他同学还在为选题忧心忡忡时，我们却早已从容不迫地进行论文的材料收集、文献整理和写作了。老师对师门的论文无论是字数上还是质量上的要求都高于学院的平均水平，极其严格。师弟师妹

---

① 门洪华，同济大学政治与国际关系学院教授，博士研究生导师。
② 李次园、俞钦文、汪婷，同济大学政治与国际关系学院硕士研究生。

TONGJI XUEZI HUA ENSHI

的硕士开题报告普遍在3万字以上。临近毕业的博士师兄感慨道，他近3万字的开题报告老师悉心修改了整整7稿；而他发表在期刊上的论文老师更是一丝不苟地修改了将近20稿。正是这样的严格，我们才能够不断取得新的突破与提升。

有一次我们在办公室整理老师写论文所使用的文献时，才发现老师为撰写一篇文章所看的文献多达两百多篇，并在每一篇学术论文、新闻报道和书籍节选上画满了横线，做满了批注。老师做学问认真、严谨以及敬畏的态度可见一斑。

老师希望将师门打造为一个"学术共同体"，他给我们推荐许多经典书籍，并传授我们高质量读书的"小窍门"。他告诉我们对待经典一定要有敬畏之心，要明白"文章千古事""理无专在，学无止境"的道理。师门定期开展读书沙龙，老师即使行政事务再繁忙，每次都会如期而至。有一次的读书会一直进行到晚上9点半，老师仍耐心地解答我们提出的问题，对我们每一个人的读书汇报情况进行细致点评与指导，不急不躁，娓娓道来。正是因为老师对我们的要求和引导，我们的学习成长才不至于偏离方向。每个月15号和月底最后一天提交反映我们近期个人思想动态、学术思考以及生活琐事的思想汇报。即使很忙，老师都会仔细看每一篇思想汇报，无论是学术上的困惑还是生活上遇到的困难，他会在短时间内给予回复和指导，回复邮件的时间常常是提交思想汇报后当天的深夜或是第二天早上。

一天中午，师弟师妹们和老师就毕业选题进行探讨，不知不觉讨论到下午两点，离老师给他们上课的时间还有20分钟。他便和师弟师妹们骑车去教室上课，其实从办公室到上课教室的步行路程不过15分钟而已。但老师一骑上自行车就加快了速度，很急的样子。同学关切道："老师，时间很充足，来得及，老师您慢点骑。"老师却说："不碍事，早点到可以和同学们有更多交流时间。"

在2019年由老师牵头发起、学院举办的"第一届'一带一路'发展论坛"中，老师从论坛筹备的参会人员确定、参会时间、演讲主题、后勤服务等，事无巨细，皆亲力亲为。论坛正式开始的时间是上午9点。我们是7点半到的会场，自以为到得很早，推开会议室大门，老师已站在会议室中间，正思考着会场布置等相关事宜。他 7 点不到便来到会场忙碌了。会议午休时的老师领着我们向会务服务的翻译老师、送餐师傅、会场服务员、学生志愿者一一道谢，嘱咐为会务工作组先行送上午餐，且确保每个工作人员都已用餐时，老师才开始用餐，并对我们说："为人谦和、以礼待人是我们的优良传统。因为会务人员的辛勤付出才成就了一场出色的会议，他们的劳动值得且应受到我们的尊敬。始终要记得以谦逊与和善的态度对待身边每一个应当尊敬的人。"

老师办公室进门处悬挂的"为天地立心，为生民立命，为往圣继绝学，为万世开太平"的字幅，这不仅是老师追求与实践的理想，也饱含着老师对我们的殷切期盼。

夜里的那一抹灯光

——记仇华飞教授[1]

▶ 孔维一[2]

第一次与仇老师见面时的情景我依然记得很清楚。他大气不凡的谈吐让人钦佩，他和蔼的笑容中流露出的亲切感让我瞬间放松。

仇老师在第一学期开学时就说："人其实学得越多越觉得自己浅薄，始终抱有这种危机感，才能把学问做好，才能把工作干好。"他还不止一次地叮嘱我们，做研究的时候，不要急于出什么所谓的"成果"。要沉下心来认真学，要有开拓和创新精神，

仇华飞教授

通过不断的探索形成属于自己的东西。只有这样，专业才能提升，学科才能发展。

也正是基于这样的教学理念，我也渐渐领教了仇老师近乎"苛刻"的教学方式。他为了让我们学会独立思考问题，养成钻研的习惯，常常给出一个前沿课题并先由我们自己摸索，当方向发生偏差或是遇到困难时，他再及时地予以纠正和指导。平时上课也一样，对于我们的

---

① 仇华飞，同济大学政治与国际关系学院教授，博士研究生导师。

② 孔维一，同济大学政治与国际关系学院博士研究生。

问题，他大多不会马上给答案，而是引导我们回去再思考或找资料。研究生学弟学妹们甚至还有写读书笔记的任务，仇老师工作繁忙，但总要抽空监督检查学生们的读书笔记。如学生有一周未交，他就会催起来。正因如此，学生们的读书笔记在仇老师面前总是"门儿清"，想要"三天打鱼，两天晒网"地混日子，根本不可能。

从小到大写文章都是我自认为的"强项"。第一次完成仇老师布置的作业时，我洋洋洒洒地写了5 000多字，很是得意地交了上去。可没想到，等到反馈的时候，只剩下不到1 000字了。我初次经此打击，很灰心，我掏心挖肝地写出来的文章，就这么被轻轻地给抹掉了大部分。但是他郑重地给我解释说："你拿了去细细地体味，你的原文说了好多与论点无关的话，你再读读看，原来的意思并没有失去，但是笔笔都立起来了，论证更突出了。"我仔细一揣摩，果然，老师把多余的地方全删去后，文章精炼可读了。仇老师给了我很多的参考书目供我研读，书名、作者、主题他信手拈来，一切烂熟于心。

说实话，刚开始我们都很不习惯，也曾悄悄抱怨过仇老师的"严格"和完成课题的困难。但很快发现，通过这种方式，自己的学习能力有了很明显的提高。也正是他的这种严谨的态度，让我真正认识了什么是学术研究，对其充满了敬畏，不敢有一丝松懈和怠慢。

在不经意间，我发现只要是参加需要他发言的会议，无论规模大小、规格高低，他都会认真聆听，详细记录，而他的发言也总会让人感到一针见血，令人信服。

他把自己的私人时间压缩到最小化，为的就是能为学术研究让出更多时间。我们博士生上仇老师课都在晚饭时间，很多次我们上课之前路过办公室，都能看见仇老师坐在办公室电脑前，一手拿着点心，一手奋笔疾书。学生们提议晚间的课推迟一些，好让老师有个安心吃晚饭的时间，仇老师婉拒了，他知道我住在校外，担心我一个人晚上走路回家会不安全。

有一次，我写作论文时遇到了困难，已经写了一大半时才发现，文章出现了自相矛盾的论点。翻了很多书很多文献都找不到相关研究，情急之下也没管几点了，一个电话打给了仇老师。"我在办公室呢，你过来吧。"这时我才注意到时针已指向了晚上 8 点多，显然已经过了下班时间。敲开门时，仇老师正在伏案查阅资料，打开着的、反扣着的书有八九本之多。"明天要听个报告，有些内容还需要准备一下。"仇老师边说边放下手中的书开始为我答疑解惑。

我是一个缺乏毅力的人，幼年时许多爱好都半途而废，总是找出种种理由为自己的无力坚持开脱。而仇老师把一件事情坚持到底的韧劲让我顿生敬意的同时，也生出改变自己的决心。

我们敬重的师长

——记刘传联教授[①]

▶ 程 众 周辛金[②]

每日清晨来到海洋楼下，抬头望见三楼那扇掩映在花草之中的窗户已经打开，我们便知道，刘老师在办公室开始了一天的工作。刘老师极喜爱花草，室中的盆栽被呵护打理得枝繁叶茂，显出一片生机。老师对学生也是如此，悉心调教，循循善诱，根据每个学生的不同"习性"施教，令其茁壮成长。

初见刘老师，他高大的身形总能给人留下严厉的印象，可接触久了就会发现，老师其实是极平易近人的。所谓师者，"传道、授业、解惑也"，每位老师都有自己的个性、自己教导学生的方式，而我们从刘老师身上接受到的却是"慈父"般的关怀和教诲，它们始终贯穿在我们的学习、科研和日常生活中。

刘老师对学生一视同仁，不以亲疏区别对待。给学生布置任务时，也尊重我们每一个

刘传联教授

---

① 刘传联，同济大学海洋与地球物理系教授，博士生导师。
② 程众、周辛金，同济大学博士研究生。

人，让我们充分地表达自己的意见。每当我们与老师有不同的见解时，他总是会认真对待，就事论事，学生有不正确的想法，他会细心解释与引导，从不"打压"与"嘲讽"。所以，我们每次和老师交谈，无论学术与生活，都比较轻松，而且充满正能量。刘老师非常注重细节，他也这样教导和要求我们。记得师兄博士毕业答辩之前，刘老师让师兄提前演习，并提出了很多细节问题，比如演讲时候要自信，眼睛要注意看观众，演讲稿要内容丰富，等等；刘老师在修改文章时，会把错别字一一标出来。这种注重细节的习惯其实体现的是老师对工作的尽责和热情。这几年数次随船在南海实施国际大洋钻探，老师每日都连续工作 12 小时，观察样品时非常仔细，做出推断时又十分"大胆"，这种胆大心细的工作作风是我们要努力学习的。

这种热情不仅仅表现在治学与科研上，还表现在老师所钟爱的科普活动中。刘老师经常参加普及海洋知识的活动，他认为科学家们所研究的深奥的东西是很美妙的，应该让更多的人，尤其是中小学生有所了解。记得有一次，我们参与了一次小学生海洋知识科普活动，老师在给大家介绍他的研究时，把枯燥的实验讲得绘声绘色，他用提问式导入："小朋友们，你们猜谁是海洋中的霸主？"一下子就吸引了大家的注意力。跟着老师的讲解，小朋友们仿佛遨游海底，对海洋充满了好奇。介绍自己研究的对象时，更是眉飞色舞，如数家珍，一个个只有几微米的小化石，却可以在老师的口中变成一个个有趣的小故事。在互动环节，小朋友们提出了各种各样的问题，刘老师一一细致解答。在老师看来，让下一代对科学感兴趣是科学事业不断进步的一个基础，只有让学生们喜欢自己研究的课题，才能做出真正好的成果。

刘老师对待科研是严谨的，也是"随意"的，严谨表现在对科学问题与科学方法的把控上，而"随意"则体现在对学生做科研没有那么多"条条框框"。每个新入老师门下的学生，一开始总要被老师要求先把底子打牢，这往往就是日复一日、夜复一夜地用显微镜观察化石标本，大量阅读科学文献。当我们掌握了一定的方法后，老师就会鼓励我们多思考，有新的想法就要大胆加以实践，要想做出创新性的成果就不能完全按照前人研究的路走，只要论证与规划得当，没有什么是不能做的，而且老师总是给我们充足的科研空间与资源。所以，在刘老师门下做科研，我们是幸福的。

刘老师待学生们如自己的孩子。记得第一次和老师一起出差，秋天去北京，气温变化比较大，老师出发前特意嘱咐我们，要带几件外套，出门之前要先查天气；一路上给我们聊家常，和我们谈心，讲述了自己的求学经历，我们之间不仅仅是师生，更像朋友。在去湛江出差取样品的时候，老师没有一点教授的架子，和我们一起坐在小板凳上来筛样取样，不顾筛样时泥土飞扬，让我们看到了一个真正的地质工作者。取样途中，刘老师有事要先回去，当天晚上给我们再三交代：吃东西不要选择路边摊，吃干净的饭店，工作慢慢做，不要着急。听着这些叮咛让我有种父母对子女"唠叨"的感觉，刘老师更多地教会我们如何在外面照顾自己。

人们常说老师要教书育人，教书的目的便是育人，刘老师对我们总是言传身教，教的不是书本知识，而是独立思考的能力；教的不是如何"赚钱"，而是如何立世。也许我们眼中的刘老师不是报纸、电视上遥不可及、高高在上的科学"大拿"，却是一个具有朴素理想的师者，老师常说，"为中国多培养几个从事超微化石研究的人，我就满足了"。是啊，钙质超微化石，在海洋沉积物中是那么微小，那么不起眼，可这些微小的个体在海洋地质学研究中又是那么重要，蕴藏着无穷无尽的线索与真相，等着我们去探索与发掘。每当想起老师这句话时，我们总是信心百倍、干劲十足！

奉献海洋　孜孜不倦

——记导师杨群慧教授[1]

▶ 唐　威[2]

2013年6月20日10时许，"蛟龙"号载人潜水器被布放至深水中，注水完成后开始下潜。"蛟龙"号潜水器在水中约7小时，水下作业约5小时，这是"蛟龙"号首个实验性应用航次的第4潜次，也是"蛟龙"号的第56次下潜。搭乘在自由游弋的"蛟龙"号上的正是我国首位深潜女科学家——杨群慧。这次下潜，她跟两个同行者顺利取得了梦寐以求的保压力的冷泉水样，丰硕的成果让她掩饰不住内心的喜悦。

杨群慧教授

　　2015年2月3日，"蛟龙"号载人潜水器在西南印度洋龙旂热液区执行第100潜次作业任务，于北京时间21时06分返回海面，23时23分达到起吊点。但是，潜水器回收水面支持系统A型架在起吊潜水器时，左侧马达突发漏油故障，无法完成回收工作。在经历了轮机部门和水面支持部门完成对A型架损坏马达的拆除更换后，直到次日凌晨

①　杨群慧，同济大学海洋与地球物理学院教授。
②　唐威，同济大学硕士研究生。

5 时 55 分，"蛟龙"号潜水器才顺利回收至甲板。这次下潜，"蛟龙"号离开母船 22 小时，也是首次在海上过夜。而执行此次深潜任务的还是我的导师杨群慧。我能想象，在封闭狭窄的载人舱内，疲惫的身体、紧张的情绪，再加上海浪的不断冲击，每一秒钟都是煎熬。每隔 10 分钟向母船汇报一次潜水器状态和 GPS 坐标不断消耗着她的体力。更令人钦佩的是，此次下潜的作业任务包括搜寻海底热液喷口、取样、测温、布放标志物和相关工具，以及回收前期作业工具，都圆满完成了。

为了采集到新鲜无污染的样品、收集到可靠的分析资料，像这样的出海科考成了杨老师每年必需的工作。"向阳红 9 号""大洋一号"科考船遍布了她的足迹；东海、南海、印度洋见证了她的汗水和收获。从叶绿素到 DNA，从 POC 到营养盐，生物化学实验室里，每天都能看到她忙碌的身影。从启航到靠港，从清晨到深夜，杨老师用海洋化学实验为海上生活写下了浓墨重彩的一笔。她仔细装好滤膜，小心翼翼地向玻璃过滤器中倒满海水，认真地在实验表上做好记录，一遍又一遍，不知疲倦。船上的科考调查队员曾对我说，不论海况如何，每天最忙最累的一定是杨老师。说这话的时候，他的言语之间满是佩服和称赞。听着过滤器奏着叮咚的交响乐曲，看着海水从时间滴答中慢慢溜走，在滤膜上留下深深浅浅的印记，我想，此刻她的内心是享受和满足的。

杨老师就是这样一位不辞辛劳探索海洋、为祖国海洋事业默默奉献的女性科学家。犹记得，当出海结束回国的第二天，杨老师就来到办公室，工作到深夜，一如往常。我想正是由于许许多多像她这样勤勤恳恳、无私奉献的海洋工作者，祖国的海洋事业才能稳步发展，才会日益强大。

生活中，杨老师更像慈母，给我无微不至的关怀。记得来同济大学的第一天，杨老师提前帮我安排好了住宿，让我安心进行实验，解决了我的后顾之忧。每当我科研进入困境时，她总会及时地为我指明方向，让我受益匪浅；每当我思想上出现困惑时，她总会像知心朋友，用她的人生经历为我答疑解惑，让我醍醐灌顶；而每当我实验出现问题时，她会耐心地指导，让我找到问题所在，积累经验。每当我稍有懈怠时，她也会提醒我，让我严格要求自己。看着潘安阳师兄、宋敏、金冉和张金玉师姐从懵懂无知到逐步走向海洋科学知识的殿堂，走向更高更好的平台深造学习，我想她是欣慰的。

夜空群星闪耀，灯光依旧明亮，每次深夜离开海洋学院，总会看到杨老师办公室的灯光还是那么耀眼。每当这时，她伏案工作的身影又会浮现在我的眼前。正是杨老师的包容和接纳，为我打开了海洋知识的大门；正是她的理解和关怀，照亮了我前进的方向；也正是她的教诲，才让我在科学研究的道路上从容向前。

时间从指间不经意地滑落，日月流转，硕士生涯已过去两载。每念及此，杨老师的谆谆教诲依然在我的耳旁。她为中国海洋事业的无悔付出感染了我，她对科学的钻研和求真务实的精神打动着我，她奉献海洋、孜孜不倦的品格将指引着我前行的路，让我受益终身。

不忘教书育人使命

——记李岩教授①

▶ 范师杰　叶笑尘　朱毅伟②

李岩老师虽担任院长，事务繁忙，但始终不忘教书育人使命。

作为一名教师，李院长始终不忘教书育人的职业使命。教学工作中，精心准备自己的授课内容，两节课的课堂内容，背后投入的是查找资料、修改课件的大量时间和精力。她说自己特别喜欢看学生的反应，来寻找自己授课内容不足的地方，以此不断修正。

李岩教授

"既然上课，就要做一个受学生欢迎的老师。"这是李院长给自己定下的教学目标。她所授的课程"航空材料"，紧贴业内步伐，在波音公司提出全复合材料机之后不久，就将复合材料于航空领域应用的知识加入了课程，广受学生好评，连毕业多年的学生也都认为这是最有用的课程之一。每次看到评教系统里的评价，李院长都十分感动，自己的课程能被学生所喜爱，让她十分欣慰。

李老师始终把学生放在第一位，身为航空航天与力学学院院长，

TONGJI XUEZI HUA ENSHI

---

① 李岩，同济大学航空航天与力学学院教授，博士研究生导师。
② 范师杰、叶笑尘、朱毅伟，同济大学2016级飞行器制造工程专业本科生。

又是学科带头人的她，每天的工作、会议日程总是排得满满当当。在报考李老师研究生之前，同学们不免会担心她能有多少精力放在培养学生的事情上。后来证实这种担心是多余的。当我们遇到问题需要跟李老师面谈的时候，只要跟老师发邮件或者在微信上发消息留言，李老师都会尽快回复并且安排最近的时间去跟大家沟通。研究生新生入学与导师见面的时候，李老师对着她新招收的四名学生说："虽然我平常事情很多，但如果遇到了困惑，遇到了问题，一定要跟我说。只要你们跟我说，我一定会找时间跟你们聊的。每天上午9点或下午2点左右，只要你们需要，这都是留给你们的。"她还说："研究生的时间过得很快，第一年如果仅仅只是课程的学习，这么多时间就用得的太可惜了。课题组里的项目以及你们师兄师姐们的汇报可以多听听看看，及早找到自己的专业兴趣，也尽早开展自己的课题研究。我希望你们有时间精力尽量投入科研上，千万不要碌碌终日，临近毕业才开始着急，随便投稿一篇小论文之后完成学位论文只求一个毕业。我一直认为优秀是一种习惯，一个人一直对自己有高的要求，每天都会有很多事情做，完成之后你会觉得这样的日子特别充实，有成就感。给自己定一个高的目标并向它努力，丰富自己的经历，锻炼自己的思维，真真切切地的在这个过程中收获能力，不管你们以后继续深造读博还是出去工作，我都希望你们是优秀的，会有很大的发展。"李老师以自己的经历启迪学生：机会只会给有准备的人，不能懈怠。

她回忆自己初入大学时，与今天大部分刚入学的新生差不多，思想上有些松懈，再加上大学的学习节奏和高中有很大不同，因此在第一学期并没有取得理想的成绩，但这同时也激励了她，重拾高中时养成的良好学习习惯，很快便适应了大学学习生活，成绩慢慢优秀起来，最后取得了考研成绩的第一名。此时恰逢香港回归，教育部推出了与香港大学的联合培养项目，学校在最后时刻决定将名额给了她。机会只留给有准备的人，虽然考研时不了解这个机会，但长期的努力与坚持让李院长把握住了这一机会。李院长把她求学时的条件与现在对比，对于当今的大学生，机会无疑是更多的，但只有做好充分的准备，才能在机会来临时把握住它。

李老师要求我们学会坚持，要培养自己的韧性。她时常讲起自己在科研工作中经历过的挫折，借此激励同学们怀着百折不挠、持之以恒的信念投入科研中。她说起有一次回国，因为申请自然科学基金不需要推荐，李老师就跟周围的年轻教师一样，开始自己撰写申请书，申请自然科学基金的资助，寄希望于此来开启自己回国后的科研工作。李老师当时信心满满地提交了申请书，可接踵而至的却是接连两次不通过的打击。自己带着很新颖的研究方向归国，科研基础与背景也都是很好的，可为什么接连两次申请都没有通过呢？放弃了国外更好的待遇与科研平台回国，用了这么长时间去申请基金都没法通过，自己的科研也没法起步。她想到过放弃，想到重新去国外发展。一次偶然机会她跟钟院长抱怨起这个事情，钟院长对她说："什么事都咬咬牙再坚持一下，我觉得你还是很有希望的。"回去之后，李老师又重新认真地修改自己的申请书，并交给业内专家听取意见，第三次提交的资助申请终获批准。她至今还清楚地记得，自己知晓基金获批时那种难以言表的喜悦。做科研真的需要静下心来、扎得进去、下得了工夫，要多参加学术交流，从中知晓别人在做些什么，要适时虚心地请教别人，要在受挫的时候咬咬牙坚持。

　　李院长对要求加入中国共产党的同学们提出了期望。"入党动机非常重要。而且我觉得全心全意为人民服务、为国家富强努力奋斗是会有幸福感的，这也跟一个人的责任心、集体荣誉感特别有关系，作为一个中国人，我希望中国强大；作为一个航力学院老师，我希望我们学院越来越好，而实现这一切的途径，就要靠我们去努力"。李院长的这些话让我们铭记至今。

航空梦想，从这里起航

——带学生造"飞机"的教授沈海军[1]

▶ 余 翼[2]

2012 年以来，沈海军带领着同济大学航空航天与力学学院的学生们陆续制造了 300 余架各式各样的模型飞机，并利用自身的资源对社会开展各种公益航空科普活动。现如今，在同济大学微小飞行器实验室内，陈列着弹身伞降飞机、古代玛雅飞机、氢燃料电池飞机、3D 打印微小飞机、世界最大飞人、世界最大电动遥控纸飞机、十二生肖卡通飞机、古希腊蒸汽动力飞机……数百架自制的模型飞机千奇百怪，令人目不暇接。据不完全统计，这几年实验室已接待前来参观者两万余人，开展公益航模制作工坊 20 余场，公益航空科普讲座 60 多次。

这些飞机和事情的背后蕴含着大家大量的汗水，隐藏着太多不为人知的故事。其中令人难忘的，当数 2016 年夏天完成的两件事：打造 C919"大飞机"和放飞远古"飞行器"。

打造 C919"大飞机"

2015 年 11 月，家喻户晓的首架中国大型客机 C919 正式下线，并将要首飞。得知这一消息后，高汇谦同学的心中顿时生出了一个念头：我们可以制造一架缩比的验证机来试验一下 C919 的各种性能，也可以为即将首飞的 C919 送上一份祝福。高同学是同济大学 2016 届飞行器

---

[1] 沈海军，同济大学航空航天与力学学院教授。
[2] 余翼，同济大学航空航天与力学学院硕士研究生。

制造专业的高材生，一个地道的航模发烧友；后来成为本次 C919 缩比飞机设计制造课题的负责人。

有了这个想法的高汇谦找到了沈老师，得到老师的意见和肯定后，高汇谦马上召集人马，着手 C919 缩比飞机的设计。从那时起，高汇谦和他的两名组员就马不停蹄地对 C919 进行 CAD 三维建模。飞机设计中，建模工作属重中之重，容不得丝毫差错，因为每个结构设计细节失误都可能给后期组装带来巨大隐患。在查阅了很多资料和文档后，他们首先确定了 C919 飞机缩比后的整体参数，然后 CAD 建模后将模型导入 Catia 软件中进行简单预装配；如此下来，飞机的外形布局和构造就确定了。

沈海军教授（右一）在 C919 缩比验证机试飞现场

放飞远古"飞行器"

航空航天与力学学院飞行器制造工程专业，听起来似乎和无数的公式、图表、计算脱不了关系。但在 2016 年暑假沈海军教授开设的"微小飞机设计与制作"实践课上，"穿越时空，放飞远古飞行器"的课程设置却实现了科技与艺术的完美结合，为枯燥的工科学习注入新的乐趣，为古代人类文化注入了新的生命。

该课程起始于 7 月下旬，围绕人类远古飞行器探秘主题进行，分为上下两个部分。上半部分课程包括远古飞行器版画木雕、3D 打印古玛雅"黄金飞机"以及焊丝版玛雅"黄金飞机"；下半部分课程则是设计、制作仿古玛雅电动遥控"黄金飞机"。这里，所谓的"黄金飞机"是指近年来考古学家在玛雅古墓内发现的形似飞机的黄金饰品。该课程共有 12 组 50 人参加；作为组长，关振熙同学带领着第一组的 3 名同学，出色地完成了上述各项任务。

投身公益科普，播撒飞天的种子。近两年沈海军老师在航空科普教育上投入了大量精力，希望能把对航空航天事业的兴趣和飞天梦的种子埋进社区孩子们的心里。

沈海军老师将团队 5 年来的研究编写成了一套教材，名为《沈教授教你做模型》，这套教材已编写了 11 册，没有太多的专业术语，文字生动，又配以图片说明，通俗易懂。这套教材是给社区孩子们准备的，因为他经常要到社区给孩子做科普教学。

最初，同济大学周边的社区向学校申请参观微小飞行器实验室，后来有更多社区和学校参与进来。甚至在儿童节、国庆节期间，同济大学也组织一些孩子前来参观。如今，社区甚至会邀请沈海军老师到社区活动室进行现场科普。于是，他就把他的微小飞行器实验室"搬"到了社区里，手把手教孩子们设计和制作。2018 年 1 月 14 日，天津电视台记者采访时，正好赶上沈老师向金安居委会的孩子们讲解中国明代飞行器"神火飞鸦"的制作：剪下事先在薄木板上打印好的飞行器图案，进行拼接，完成后再上色。短短 40 分钟，孩子们就完成了多款古代飞行器的复原手工模型。

辛勤耕耘　不断创新

——记曹志远教授①

▶ 吴若兰

曹志远教授

　　曹志远先生与同济大学航力学院的相遇不是偶然。1985 年，上海大学钱伟长校长和同济大学李国豪名誉校长都关注了他的研究工作与成就，他们先后发出邀请，希望他能够来上海高校工作。虽然，钱伟长校长是曹志远先生在清华大学读书时的恩师，但经过认真的思考，考虑到自己工作特长与涉及的领域，曹志远先生选择了以土木工程为优势学科的同济大学。李国豪校长的慧眼识珠和他深思熟虑的选择，让这次相遇变成了一次命中注定。随后他在同济大学任职的 20 余年经历，证明这次相遇无疑是双方最正确的选择。

　　同济大学带给他的是良好的学术研究氛围、优秀的团队，以及对他学术研究的大力支持与帮助。在进入同济大学后，曹志远先生的科学研究有了较大突破，他围绕学术研究逐步形成了分属于两个分支学科的五个研究领域，硕果累累。

　　同时，他对同济大学的学科建设也做出了重要贡献。如 1991 年他

---

① 曹志远，同济大学航空航天与力学学院教授，博士研究生导师。

和稽醒教授一起申请并获批同济大学力学学科的第一个博士点——固体力学。后来，他转入工程力学专业，他带头组织申报新的工程力学博士点，申报材料总分第一获批，还担任了同济大学工程力学专业委员会主任，工程力学国家重点学科责任教授。曹先生对同济大学学科发展做出重大贡献，学校破格授予他资深教授特别荣誉称号，同时，他也享受国务院政府特殊津贴。

曹志远先生为同济带来的，不仅仅是荣誉与成就，还有一批批优秀的学子，他已指导了30余名研究生，其中大多为博士生。他不仅严于律己，对学生也十分地严格。学生入学，他就针对每个学生的特点以及专业研究方向设定了培养要求，给每个学生都制定出了详细的培养计划，即使在文献阅读、开题报告阶段，他也是亲临指导，严格要求，对学生的学术论文工作的每个环节都严格把关，对论文中的每个细节都仔细审阅、反复推敲。曹志远曾对他的学生提过他取得如此学术成就的秘诀是要做到三点：一是扎实的知识基础，二是主动的创新意识，三是在一个研究方向上的长期坚持和不懈努力。这是他学术生涯的真实写照。

他以自己严谨务实的科学态度，勤奋创新的工作作风和为科学事业献身的精神影响和教育着每个学生。他培养的研究生曾获得九三、光华、星华等奖学金，其中一人成为学校首批获得九三奖学金的两名博士生之一。他培养的学生中五人已是博士生导师，两人是市级设计院的工程师。而他辛勤付出的回报，就是一个他自己培养出的优秀的团队。

理论研究注意结合工程实践是曹志远先生培养学生的又一特点。他研究生的学位论文大多结合上海地铁、高层建筑施工等工程问题。因此他的研究生毕业后在工作单位大都成为技术与学术骨干，深获用人单位好评。曹志远先生的学生曾说，虽然在读时感到压力很大，但在即将完成学位论文之际，却深切领悟到曹老师平时严格要求的同时，更多的是对学生的关切和真情，以及对学生的高度责任感。

曹志远先生博采众长，开拓创新，善于把学科前沿最新科研成果及时融入他的讲课内容中去。20余年来，他已先后40多次主讲过六门研究生学位课程。其中，研究生课程半解析数值方法和博士生学位课程耦合力学等当时在国内尚属首次。他编著的几本研究生教材在高校中深获好评，曾先后获高校优秀教材奖一、二等奖及先进指导教师一等奖和上海市隧道奖励金、三建奖教金。

曹志远先生以 68 岁退休后，也没有完全离开热爱的学术研究。在退休后的几年，又圆满完成他参加的多项国家自然科学基金项目，承担了深圳填海工程项目顾问与咨询工作，参加了一本美国出版的英文书稿的编写工作，同时又正在筹划另一部学术专著的编写与出版工作。

曹志远先生身上所体现的辛勤耕耘、自强不息、不断创新的精神，其实也恰恰是同济大学航力学院的精神。他在同济大学航力学院所做的，就是将这种精神发扬光大并且传承了下去。

平凡岗位上的不平凡

——记优秀党员教师温建明①

▶ 王金鹤　陈远志②

当我们来到温老师办公室说明来意时，温老师显得很惊讶："我就是个很普通的大学老师啊，采访我什么啊？"而作为温老师的学生，笔者时时刻刻感受到温老师这位"平凡教师"的不凡之处。

"当老师就是要为同学奉献的"

温老师是航力学院的一位党员教师，她主讲的"理论力学"获评上海市精品课程。而我看到最多的，却是温老师关心同学，奉献自己的点点滴滴。

在同学眼里，温老师是细致负责的良师益友。

大一时评选奖学金，班上有一个同学学习成绩很优秀，只差了一点没评上。温老师了解到这个同学家庭经济条件并不好，就去做其他同学的思想工作，经多方协调，终于为这个同学申请到了奖学金。这个同学感受到

温建明老师

---

① 温建明，同济大学航空航天与力学学院班主任。
② 王金鹤、陈远志，同济大学航空与航天学院本科生。

了温老师的关心，学习成绩一直名列前茅。而这只是温老师关心同学、奉献自己的时间和精力为学生着想的一个小小的事例。

有些同学没能适应大学的学习生活节奏，学习上落后了。温老师每次班会上都会说："人生的成功方式有很多种，不应该被一种方式定义。"她会耐心细致地做同学的思想工作、心理疏导，时刻关心学生之所想、学生之所思。

"老师是为同学服务的，你们有任何问题都可以来找我。"温老师平时更喜欢单独和同学谈心、谈生活、谈未来的规划，她会提一些建议，但还是更多地关注学生的想法。我们也在这个过程中体会到，人生真的有多条道路，我们的未来也有无数种选择。

"温老师是很负责的班主任"

教我们"材料力学""流体力学"的程军老师如此评价温老师。温老师和我们的每一门专业课的任课老师都保持着密切联系，时刻关注着学生的学习情况。任课老师反映有些同学上课精神状态不佳时，温老师会在微信群里对我们提出要求；平时的测验成绩出来后，温老师会仔细分析，必要时会单独和一些同学谈话。了解课程学习的真实情况。在我们学习遇到困难时，她会及时采取措施给予帮助。

大一时王华宁教授反映"理论力学"测试同学成绩普遍不理想，温老师及时抽时间为我们提供辅导和解疑，而此时温老师的儿子正在高中备战高考。

"我闭着眼睛都能找到温老师办公室"

在周围的同学中，有很多是温老师的"话友"。他们或对自己的成绩不理想感到懊恼，或对未来的发展感到迷茫，这时他们都会去彰武路东大楼找到温老师。而温老师也会耐心细致地为同学们开导。

在温老师看来，教书和育人两者不可分割。大三以来温老师了解到有些同学由于没有体育课，一直窝在寝室里，便提议班级有计划地进行体育锻炼。她倡导并积极组织班级的集体活动，以增加班级的"集体感""凝聚力"。她希望我们的班集体不仅是学习的单位，更是可以携手进步、相扶相助的集体。

"我作为一名教师，就应当做好教师赋予我的职责和责任，同时我又是一名党员，我也应该要比普通教师更加积极上进一些。这也是我们党员给别人该有的印象。"

一位平凡的教师，却也不平凡。这就是我眼中的温老师。

一位真正的学者

——记导师许学军教授①

▶ 刘 拯②

许学军教授

在同济校园的西侧，隔路坐落着数学科学学院的两栋楼，东曰宁静，西名致远，这两个名字，我一直很喜欢。

宁静，是不慕名利，是厚积薄发，是"板凳甘坐十年冷，文章不写半句空"；

致远，是求索真知，是许身家国，是"愿以吾炳烛之明，启中华旭日之光"。

虽说文理医工，各不相同，但论科研工作，无论哪个方向，都必须耐得住寂寞。读本科的时候各位老师便教导我们"做学问要专注，求真知需静心"，彼时初入大学，少不经事，每日与同学挚友穿梭于教学楼图书馆之间，未能理解其中奥妙。待如今读了博士，独思索时常八九，与讨论者无二三，方渐渐品出其中味道。不过，读博至今，我还从来没有过举目四望孤立无援的感觉，所学尚浅，未达境界，固然是原因之一，但我想更重要的，是时至今日，我从未独行。

在学术之路上伴我前行的，自然是我的导师许学军了。

---

① 许学军，同济大学数学科学学院教授，博士研究生导师。

② 刘拯，同济大学数学科学学院博士研究生。

我的导师是真正的学者。我从 2016 年 9 月确定保研去向，便进入讨论班追随导师学习。班里只有一名 2015 级的学长和一名 2016 级的学姐，加上我和同级同学两名本科生也只有四个人，纵使如此，讨论班也还是每周如期地开展。或许是担心我们听到疑惑处不好意思问询，讨论班上时常会有导师邀请的本专业方向的年轻教授一同参与，这无疑为讨论班上的互动和交流平添了更多的活力。

除了讨论班，我和同学还旁听了由导师开设的研究生的课程，提前接触了一些专业知识，不敢说自己学到了多少，但是对于自己将要面对的学科专业的确逐渐有了基本的认知。这是导师的建议，他在我们刚刚保研通过的时候就和我们进行了交流沟通，提醒我们在本科的最后一年不要松懈，要抓紧时间，提前进入状态，找到节奏。事实证明，能够提前一年开始研究生阶段的准备工作并进入讨论班参与学习研讨，对我而言是一件何其正确又何其幸运的事情。

说实话，我一向不是一个严谨踏实的好学生，有点懒散、不够专注这一点也没能逃脱导师的法眼。从本科毕业论文开始，老师就时常提醒我，要用心，要下功夫，要花时间。对我交上去的毕业论文，导师从摘要、关键词到参考文献格式，指出了我的粗心和不足，大到篇幅布局，小到标点符号，让我既惭愧又钦佩，师之为学严谨至此，我这个做学生的又怎能不认真努力呢？

时至今日，每次上讨论班，导师依然会一针见血地指出我们的偏差和疏忽，也总会提一些在我们预期和准备以外，却是更加本质、更加核心的问题，让人措手不及，而又在思考之后令人感到醍醐灌顶。或许不知情者会认为我的导师有些严厉，其实不然，这是老师对待知识的态度。每当主讲的学生思路清楚、逻辑清晰时，他总会点头赞同或是稍加总结，我每次侥幸获得导师肯定时都倍感鼓舞。导师一向鼓励我们自己去推导，去实践，脱离开书本和论文，从最简单的情形出发，通过自己的推导来掌握问题和证明的本质，继而真正理解和掌握所学的知识，这种授人以渔的教育方法让我受益良多。除了讨论班和课堂，导师带我们参加各种学术论坛和讲座，会在茶歇或讲座结束时介绍我们认识本专业方向的专家学者，甚至是我们正在研读的论文的作者本人，这些宝贵的交流机会让我们能拥有更高的视野，更开阔的思维，很多疑问也在这些交流中得到解决。

数学学习和研究并不是一项轻松的工作，时不时会陷入困境，在证明和推导中进退维谷，面对满屏幕的算法故障颓然叹气，而每次我来到讨论班上，哪怕没有轮到我主讲，听着导师和同学们的交流，那语调里的沉稳和坚定总会给我力量。

我的导师从来没有说过类似"有什么不会的问题就来找我"这样的话，在他的眼里，我们不仅仅是学生，也是正在成长的科研工作者。正是导师这样的态度，让我相信自己一定能够通过努力解决问题，不仅解决眼前的问题，还包括未来科研道路上大大小小的无数的问题。我不是一名搭顺风车的学生，我是在导师的指导下披荆斩棘的战士，道阻且长，我无所畏惧。

感谢我的导师许学军，能够包容我如此缓慢地成长，让我有机会去感受科研的趣味，品味数学之美。在国家需要时能够挺身而出，以平生所知所学，贡献自己。

文理兼修的"杂家"

——记梁进教授①

▶ 邹宏春②

初识梁进老师，是在大三的"金融衍生物定价理论"课上，正是梁老师给我打开了金融数学的大门，从那时起我便决定读金融数学的研究生。或许是上天的眷顾，让我能够顺利保研进入梁老师的研究团队，自此就在梁老师的带领下开始了我的金融数学研究之旅。

记得第一次单独和梁老师聊天，她向我介绍了研究金融数学所需要的一些专业知识及一些科研技巧。她说：

梁进教授

"你们基本上都是出身理工科，我希望我的学生能够同时注重艺术的培养，将人文与理工相结合，做一名科学与艺术兼修的人。如果你今后想要做好研究、写好论文乃至做更大的事，一定要文理兼修，在各方面都很杰出，这样你的思维才能更加丰满活跃。"

从大四开始跟着梁老师做毕业论文起，我才开始真正了解梁老师，她不仅是在金融数学领域建树颇丰的学者，在金融二叉树方法最佳收

---

① 梁进，同济大学数学科学学院教授，博士研究生导师。
② 邹宏春，同济大学数学科学学院硕士研究生。

敛速率、信用衍生品定价和碳排放的优化等研究领域发表过 70 余篇国际国内高水平学术论文，主持多项国家级科研项目、品牌课程与示范课程；与此同时，梁老师又是充满浪漫主义情怀与文艺气息的杂家：除了写过多本专著、教材和译著外，还出版了《淌过博物馆》《如河的行板》《数学与名画》和《名画中的数学密码》等多部散文集。她是科学网上著名的博主，写作内容涵盖教学、数学、人文、旅行等多个领域。梁老师是一名博物馆的爱好者，曾在葡萄牙、德国、法国、荷兰、英国等国从事高校教学与金融相关工作的同时，游历世界著名博物馆，并且喜欢用数学的眼光欣赏收藏于各大博物馆中的名画，她说："站在一幅好画面前，仿佛自己的灵魂都能够陷进去。"另外，她在学校开设"数学文化"选修课，学生们都觉得听梁老师讲课如同将理工与人文的颜料调在一起涂抹画卷。

梁老师知识渊博、学术造诣深厚、治学态度严谨、生活积极乐观，不仅具有理工科的严谨，又兼具人文的浪漫艺术气息。想当初吸引我进入金融数学大门的原因除了学科本身的魅力之外，还有梁老师在平时上课散发出的一种科学与艺术兼具的气息。

梁老师在她的散文集《如河的行板》中收录这样一句话，"我望着原校址上那片郁郁葱葱的原野，心中充满了复杂的感情。忽然觉得那些在田里正在生长的幼苗，像极了我的学生。幼苗生长的土地是贫是沃并不取决于幼苗自己，但它们都应该能受到阳光和雨露同样的关怀。它们应该有同样的机会长成有用之材。"这是梁老师自己总结的导师与学生之间的关系，她希望自己可以引领自己的学生能够全面发展，在未来有机会成为栋梁之才。

因为本科毕业论文是跟着梁老师一起做的，所以在研究生一年级暑假期间梁老师让我修改一下毕业论文，写成文章准备投稿。我写好给梁老师看后又做了进一步修改，没经过梁老师同意我就把文章投出去了。梁老师知道以后很生气，但她并没有训斥我，而是马上召集大家给我上了一课。她告诉我们在投稿之前都必须征得所有作者同意，哪怕是贡献不大的作者，随后她说可能我是不清楚，以为修改之后就可以投稿了。虽然看起来这是个小问题，但是关乎学术道德，我们必须从小事着手，才能成就大事。我从梁老师身上学到了很多。

在讨论班汇报时梁老师引导式的解答、科研报销时细节上对我的要求以及生活中梁老师对我的关心都令我难忘。梁老师一直告诫我们：你们这一批年轻人前途广大，要做一个对社会有用的人；我希望你们有良好的心理素质，做好面对挫折的准备，要做一个全面发展的人。这些会帮助你在未来取得更大的进步。

言传身教　春风化雨

——我和导师梁汉营①的故事

▶ 齐雪菲②

在成为梁汉营老师学生之前，对于这个在统计学领域很有影响且担任学院主管科研副院长职务的知名教授，我更多的是敬畏。我敬佩他在科研方面那么出色，我感叹他把科研和行政工作兼顾得如此好，我也担心忙碌的他可能会忽略自己的身心健康……但是，在真正成为他的学生之后，那些担心一一消失，那种敬意愈来愈强，我为能够成为他的学生而骄傲、幸福。我不仅全面地认识了老师，更时时刻刻感受到他带给我的力量和温暖的支持。

梁汉营教授

我不愿意过多介绍那些他获得的重大奖项和拥有的厉害头衔，因为在我眼里，擦去那些闪亮的光芒，作为导师的他同样精彩、真实、可爱，"传道、授业、解惑"，不仅教书，也在育人。以身作则，言传身教，是他做的最多的事情。

研究生阶段需要学生更多地学会自主学习与探究，"师傅领进门，

① 梁汉营，同济大学数学科学学院教授，博士研究生导师。
② 齐雪霏，同济大学数学科学学院 2018 级硕士研究生。

修行在自身"。梁老师还会"扶上马，再送一程"，比如，每周两次的讨论班风雨无阻，他比我们还认真听讲，追问每一篇论文并推导细节，不允许有任何的含糊敷衍，连论文编写的 LaTeX 代码也做了详细的规范。有的时候，我在一些论文引用或借助他人方法时，往往注重方法的模仿和使用，而忽略方法的本质思想，导致对问题的认识不够深入甚至出错。每当这时，梁老师就会让我把这部分知识补充好。他反复强调论文的逻辑性和严谨性，用自己论文告诉我们什么是规范、严谨、清晰。读他的论文，每一步证明清晰准确，每一个词准确得当，我总是被深深触动，默默下定决心：要向老师看齐。老师有忙不完的事情：每周要上多门专业课、开各种会议、处理学院事务等。但跟他约时间讨论问题时，他总是把时间定得特别早。已经 50 多岁的老师精力总是那么充沛，让年纪轻轻却不够勤奋的自己惭愧不已。

一些同学可能会叫自己的导师为"boss"或"老板"，但我们不会，因为生活中的梁老师穿着特别朴素，办公室配置简单，还会和我们交流如何更便宜地购买电子产品，讲述自己求学的故事，真诚可爱，值得信赖。

一千个人眼里有一千个哈姆雷特，每个人对好导师的标准可能都不同。而在我心中，好导师就是他的样子。当我想偷懒的时候，我总会翻一翻邮箱里那些深夜老师发来的信件，想象还在勤奋工作的老师。统计学教师中做科研的因为各种原因现在只剩下梁老师一人，支撑这个方向的他依然还是那样积极乐观，那样拼尽全力。我经常会想起他头上的根根白发，我常常回想起他骑自行车的模样，告诉自己：要努力，不要辜负这么好的老师，要成为一个更优秀的人。

治学严谨 亦师亦友

——记我的导师贺群教授[①]

▶ 钱彦同[②]

由于我是外校过来的直读博士研究生，当初在暑期夏令营选择导师时，没有对贺群老师充分了解，就做了决定。因此，刚入学的时候，我的内心是忐忑不安的，不知道自己的表现能否达到导师的期望。但仅仅过了一个月，这些疑惑便在我的脑海中烟消云散，贺群老师对学问严谨认真的态度，对学生无微不至的关怀都深深打动了我，能遇见如此优秀的导师，让我感到无比幸运。

贺群教授

贺群老师给我印象最深的是她的治学态度。每次我们在讨论问题时，她都要求我们将每条公式、每个定理都一步一步地推导出来，要知其然，更要知其所以然。贺老师自己以身作则，有次讲课中忘记了联络的表达式，她就在黑板上直接一步一步地推导出来。她常说，研究数学最重要的就是严谨认真的态度。对任何一个问题的解答不能似是而非，而是要彻彻底底地搞懂，这样才能对数学问题有着更深一层

的理解。

　　贺老师给了我和师姐很多学术上的指导帮助。每次我们遇到比较难以理解的定义定理，贺老师都会很耐心地用较为通俗的方式给我们解释，当我们在计算公式卡壳时，她会和我们一起，在黑板上一步步地推导，直至得出正确的结果。

　　贺群导师不仅是良师，更是益友。她能够细致地去发现每个学生的优点，充分尊重学生的研究兴趣和发展方向，并支持学生的选择。贺老师对学生的指导不仅仅是在学术上，也包括工作和生活的各个方面。不仅帮助学生们答疑解惑，也会像朋友一样聊热点话题、实习情况、未来规划等。有其他同学在学习的时候遇到问题，也会专程来请教贺老师，贺老师都会非常耐心，无悔地给他们讲解。

　　贺群老师用实际行动，为我们指明了一条正确的科研之路，相信在她的指引下，我的科研之路也会越走越远，不负所期。

学生视他为人生的引路人

——记朱仲良教授①

▶ 钱柏成②

朱老师信奉积极的人生哲学，注重在实践中培养学生乐观精神。他为学生树立了坚强、自立、自强、自信、宽容的榜样。

朱老师能充分尊重学生的未来职业规划和人生意愿，他支持学生对时间的自我分配和规划，他说，导师与学生相处过程中，会有不同需求，单纯考虑一方的需求，其结果必定是失衡的。两者要在相处过程中找到一个最佳的平衡点，才能实现最大的收获。

朱仲良教授

朱老师的宽容、理解和尊重，使学生能够以放松的心态投入本学科的学习和研究中。

朱老师心思细腻，关心学生的生活，无论身处何方，总是记挂着大家。每逢周末节假日，朱老师考虑到留校的学生比较孤单，会抽出时间组织一些活动，让他们的生活变得丰富多彩。朱老师现在主要研究天然产物的鉴定，而扬州的宝石一条街享有盛名，朱老师每去扬州，

---

① 朱仲良，同济大学化学系教授、博士研究生导师。
② 钱柏成，同济大学研究生会成员。

都会买许多玉石，拍许多照片与学生交流。朱老师常在周末邀请大家到家里，让学生自己动手做饭，他认为生活自理能力与学习能力、交际能力等一样，都是当今年轻人必备的能力之一。从细微处可以反映朱老师对学生的关心。有学生说，在一次苏州太平山徒步活动中，朱老师记得他爱好摄影，特别为他带了单反相机，在那一瞬间那位学生发自内心地感动。

"读万卷书，行万里路"是朱老师的人生信条。旅行，是他每年带给学生们的"必修课"，新疆、西藏、青海、甘肃、陕西、内蒙古、广西、贵州……老师带着学生们走遍了祖国的大江南北。2007年，去了云南的香格里拉，在垭口玩雪，经历了惊心动魄的虎跳峡，留下了难忘的记忆，师生之间也结下了深厚的情谊；2009年，去了西藏，在雅鲁藏布江边历经8个多小时徒步20千米，领略了江边峡谷美景和沿途村庄风光，感受了天然的温泉，看到了南迦巴瓦峰。学生还记得黑色夜幕中看到远处村庄灯火时的激动，这是战胜体力和意志双重极限的凯旋，一生难忘。2011年暑假，到祖国北疆——新疆旅行。一路从吐鲁番到和田，再到喀什，最终到达边境线上的红旗拉普。从上海到新疆，遥远的路途中，有的不仅仅是风景的壮美，还有一个大家庭的欢声笑语，和对"读万卷书，行万里路"的感悟。

朱老师，来到您的课题组我们每个人都觉得很幸运，因为你渊博的知识和高尚的品德。

不论是课堂上还是生活中您总是把微笑挂在脸上，让我们有了一种亲近感。我们喜欢走进您的课堂，在这里学习那些高深的知识不再是一件苦差事，您说的关于每个知识点的事例有趣又典型，能帮助理解，让我们看到一个色彩斑斓的新世界，我们成长在您传授知识的土壤里。您总是给我们创造表达的机会，来锻炼我们的思维，又给予我们细心的点评和指导，现在看文献、讲文献都成为我们生活的一部分。对于科研，您在指导我们的同时又给了我们很大的自主发挥的空间和力量，让我们能有目标、有计划、高效率地动手实验。您治学严谨，对我们要求严格，但不会让我们感到有压力，相反，在您的课题组学习生活很轻松、很快乐，您与我们建立了和谐的师生关系。您对我们每个人都很了解，清楚地知道我们的优缺点，能帮助我们找到适合自己的科研方法，取长补短，让我们对自己的研究充满信心。对于我们犯的错误，您总能及时纠正，给予我们充分的理解和包容，在您这里我们不必战战兢兢，能大胆地去想去做。生活中您更像慈父关怀着我们每一个人，每当出现迷茫时，总能得到您最直接的安慰和最有效的指导。我们喜欢跟您聊天，因为那时不管您的说话态度还是谈论的内容都像是我们身边的一个好朋友，可以跟我们一起聚餐，一起唱歌，一起出去放松心情，您对我们的未来投入了比我们自己还多的精力。我们在休息的时候您还在电脑前制定着我们的计划，修改着我们的论文。

"学高为师，身正为范；学而不厌，诲人不倦。"这正是朱老师的真实写照，他是学生心中的好导师。

朱老师，您的循循善诱，谆谆教诲如引领我们生活学习的航帆，给了我们奋发图强的动力，给了我们奔向美好前程的希望。很想跟您说声谢谢，谢谢您一路的呵护，一路的鼓励，谢谢您从教十几年来对学生始终如一地关怀；或许我们不是您最好的学生，但您一定是我们最好的老师，我们为自己的研究生生涯遇到您这么一位亦师亦友的好导师而感到自豪幸福！

——化学系学生

低调教授收获"良心选票"

——记"我心目中的好导师"左曙光[1]

▶ 樊丽萍[2]

穿着简朴、不善言辞，甚至还有些拘谨……这是同济大学汽车学院教授左曙光留给记者的第一印象。有点难以想象，在同济大学研究生会最近开展的"我心目中的好导师"评选中，他以极高的票数当选。通常，所谓的明星教授和人气教授，若不是学界"大牛"，也至少是在讲台上口吐莲花的个性人物。

左曙光教授

走进同济大学汽车学院，很多研究生悄悄告诉记者，左曙光得到的选票，都是学生们的"良心选票"："这位教授为人处世极为低调，能把学生的事情当自己的事情。"关于这一点，只有他身边的学生最明白。

年轻："曙光队"演绎常胜"传说"

走在校园里，43岁的左曙光很容易埋没在学生堆里。他看上去比实际年龄要年轻很多，像在学校里攻读学位的博士生。一名汽车学院

① 左曙光，同济大学汽车学院教授，博士研究生导师。
② 樊丽萍，文汇报记者。

的学生告诉记者，要是左曙光走上篮球场，那他跟学生还真是没两样。

和很多高校院系出现"阴盛阳衰"不同，汽车学院还是男生们的"天下"。为此，学院也有一个充满阳刚气息的"传统"赛事：每个课题组，都以教授的名字挂牌成立篮球队。比如，左曙光教授课题组，就叫"曙光队"。如今，学院的硕士生和博士生加起来有千把人，篮球队多达 16 支。一年一度的学院篮球赛，仿佛是另一场学术争霸——打球的学生有一种为自己导师声誉而战的使命感。

"曙光队的成员，历来有很多小个子。可每年他们都能拿到名次，还时常拿冠军，真是'奇迹'。"有人向记者透了底："曙光队"队员们其实本来水平很一般，学生们打球的动力，很大程度上来自左曙光。

"为了鼓励我们锻炼身体，左老师平时经常亲自上场，和我们一起打球。"汽车学院三年级硕士研究生宋丽庭很有感触。繁重的科研和教学任务，已经让如今的很多大学教员变得步履匆匆，仿佛总是很忙碌。但左曙光则不然，学生们不仅很容易在办公室找到他，平时也经常能在球场看到他和学生们在一起。在球场上打后卫的宋丽庭每次发挥不佳、防守失利，围观同学发出"一声叹息"再正常不过，可总有一个人在边上大呼"别放弃"——这个人就是导师兼"教练"左曙光。"不管是比赛还是平时训练，老师总给我们鼓劲。他对我们有希望，我们也不让他失望。"

左曙光丝毫不认为和学生一起打球是件"值得说的事情"。在这位大学教授眼里，关于"好学生"的定义，不仅包含着良好的德行、创新的能力，也必须拥有一副好身子骨。

平等：研究生不再有"打工感"

左曙光和学生在一起打篮球也有额外的"好处"：他把球场上队员之间平等、合作的氛围，延伸到了自己的课题组。

左曙光目前带教 8 名博士研究生、30 名硕士研究生，还承担着国家 973 项目、863 项目和国家自然科学基金等多个国家级科研课题。和很多理工科研究生习惯把导师尊称为"老板"不同，左曙光的学生尽管也要进实验室、承担一定的科研课题，却从来没有一种在实验室

"打工"的感觉。这差异，正体现着左曙光对学生的用心。

"一些学生为什么会觉得参与导师的科研课题项目，就是在给老板打工，仿佛自己成了廉价劳动力？按照我的看法，那是因为他们没有在做课题的过程中享受科研的乐趣、没有持续性地发现新问题、获得新知识。"左曙光每年招收新的研究生，都会不厌其烦地传授一些从事科研的基本技能：从如何利用学校图书馆的资源、如何查阅文献，以及面对一篇论文，重点该看什么……他像一个循循善诱的领路人，既注重授人以渔，又始终引导学生根据自己的想法、做自己真正有想法的研究。

每周，左曙光都要和学生们碰头，交流一周以来的科研进展。在硕士生倪天心的印象里，左曙光是一个脾气很好的教授。"开会时，时常会有师兄提出不同的意见和看法。老师不仅耐心倾听，还会告诉我们：在某某专业领域，这个同学的研究比他深入，观点很值得一听。"科研上的灵光闪现，常常就在不同想法的撞击之下产生。

老派：像中学老师那样写板书

在学生们心里，左曙光还是一个"很老派"的教授，"学院里上课还拼命写板书，估计就他了。"

左曙光给本科生上专业基础课，涉及大量数学和力学的知识点。每次讲到一个新公式，他都会在黑板上写出每一步的推导过程。他认真得像个中学数学老师，还时常问学生有没有听懂。

"读工科的学生，基础必须要扎实。"左曙光对于教学的专注和投入，是早年问学于吉林工业大学时，向自己的导师学来的。在他看来，今日自己学术上获得的些许成就，都建立在早年导师精心细致的教学之上。说到师承，他希望自己能身体力行，做一个负责任的好老师。而他的学生今日在课堂上受教于他，今后若有机会走上讲台，也会把这种扎实的治学传统延续下去。

如记者采访前就听闻的情况一样，左曙光为人低调，"不太愿意多说"。很多关于他的佳话，都是同学们聊天时传递的。不久前，有个学生得重病，身为导师的左曙光打电话问候一番，叮嘱他好好休息。导师们问候貌似随着电话挂断也就终止了，其实不然：左曙光私下里积极找人脉为学生联系医院，还自掏腰包准备了慰问金，叮嘱班干部去看望，但不能透露资金来源……

　　某年学院篮球赛，获得佳绩的"曙光队"队员买了一个篮球送给左曙光，作为对教练的感谢。队员们还想在篮球签名，不料却遭到拒绝。"篮球是用来打的。你们签了名放我办公室，那它就派不上用场了。"左曙光把球抛向学生们，叮嘱大家有空多运动，随后又补上一句："等你们毕业了，再送一个有全体队员签名的篮球给我吧，那时我一定收下。"

教书育人 知行合一

——我眼中的余卓平老师

▶ 徐国栋[①]

高考录取结果出来以后，充满好奇的我开始从网上了解将要就读的同济大学汽车学院，网页上查到的第一人便是汽车学院院长余卓平教授。赶紧百度了一下他的履历："同济大学汽车学院院长、教授、博士生导师，同济大学校长助理、国家燃料电池汽车及动力系统工程技术研究中心主任、中国汽车工程学会副理事长、全球汽车精英组织成员、上海汽车工程学会副理事长、上海市汽车工业高级职称

余卓平教授

评定委员会专家库主任委员……"当时，对于这样一位成就卓越的教授，有一种敬而生畏的感觉，想不到的是，余老师后来成为我的恩师，成为我人生的重要引路人。

大一刚入学，从辅导员口中得知，余院长将担任我们 2012 级 1 班的班主任。惊喜之余，理智告诉自己，大学班主任，尤其是学术"大咖"，总是和学生疏远的，但事实证明，这位"大咖"却特别亲近学生。

---

① 徐国栋，同济大学汽车学院 2012 级本科学生。

上好每一节班会

"教书育人，知行合一"是余老师教给我的大学第一课。余老师尽管常年飞往各地参加各种会议，但是对待班级的班会仍是一丝不苟，从不落下，即使是有事情不能按时到，也会跟同学们表示歉意，并另约其他时间，另开班会。在余老师的眼里，班会并不是无关紧要的讨论会，而是与学生思想、情况交流的重要机会。五年来，从主题班会"旅行的意义"到毕业班会"畅想职业规划理想"，每一次，余老师都会与我们热情沟通，并适时指导、帮助。例如，进入德语学习阶段，他会用流利的德语告诉我们语言学习的重要性；实习环节，他会主动给我们推荐实习机会，帮助同学们进入更好的实践平台；他也会主动与我们分享他的人生经验，从专业学习到人生规划、职业发展和处事原则。而更为难能可贵的是，他对生活的感恩之情。记得当我们班级在院内篮球赛取得佳绩的时候，他给我们分享了他上大学时打完篮球后"一毛两分钱的菜汤"的故事。上一辈人，论学习条件远不及我们，却取得了如此卓越的成就，这是我们这一辈人应当努力学习的。在这些班会中，我们听过创业故事、奋斗历程；我们交流过人生规划、职业理想。收获的，不仅是一位科学家的人生经验，而更多的，是对人生的启迪。

严师出高徒。这句话用到余老师身上或许一点也没错，几十年的育人生涯，余老师早已桃李满天下。但他的严厉，不仅是对学生，更是对自己。大四期间，班级里有几个同学因为贪玩，耽误了学业。余老师得知后，多次与他们单独谈话，分析问题，指明方向，还亲自指导他们的学习，定期了解他们的学业进展情况，帮助同学及时解决所遇到的问题。他们在余老师的关心和帮助下取得了进步。

创新思维的引路者

余老师对我们在这方面的指导也可谓不遗余力。徐春柳、李锦泉等同学曾有过一些创新的想法，想要申请 SITP 项目，苦于没有足够的专业技能和实践知识，于是找到他担任导师。在此过程中，余老师除了亲身指导，帮助同学们解决结构力学问题和材料选型问题，还推荐申报人去一些相关工作部门进行咨询。在他的帮助下，课题顺利进行，最后，SITP项目"激光投射下的书写辅助工具"成功结题，取得了不错的成绩。作为学院的院长，余老师还捐资在学院里设置了"余卓平奖学金"，鼓励学院同学参与各种实践创新活动。汽车选型方向的同学徐文婷获得此项奖学金，再次感受到余老师对实践教育的重视程度。

对于工科生而言，实践是学习必不可少的一个环节。余老师十分重视组织这类活动。例如，组织了我们班级前往上海大众三厂参观。使我们第一次在一线了解了汽车生产线中的前沿生产技术和科研发展方向。

学生的事，就是最大的事

大三快要结束的时候，由于班级里的一些变动，我开始担任班长的职务。以前只是从班级的角度了解这位导师，但在担任班长后，与老师有了更多的直接交流，才发现在这位可敬的老师的心中，学生永远是第一位的。

很多次，由于班级里的各种事宜，我都会跟余老师发短信、打电话咨询。在这个过程中，余老师总是第一时间给我回复。尤其对班级里同学的事情，十分热心。曾有一次，班上的胡梦颖同学由于要交出国材料，时间很紧张，需要找他签字。当时他身处国外，在当地时间近凌晨一点及时给出了回复。

大学即将结束的阶段，由于面临升学方面的问题，我主动找到余老师，坦露了自己对未来发展方向和学习道路的困惑。余老师耐心地和我交流，提出想法，并推荐我去他的课题组学习。得益于他的指导，我在这个新的环境中，取得了比较好的学习成果，最后也确定了我研究生阶段的学习方向。保研时，我再一次报考了余老师的课题组，在余老师的指导下开始研究生阶段的学习。在这里，我还能学到这位榜样人物更多的东西。在人生方向的选择上，也会因此有更加清晰的认识。

一个可爱的人

一次，余老师得知我们班级想要办中秋晚会，便主动提出参加活动。起初，我们还有些担心，活动会变得比较拘束。其实，我们的担心是多余的，余老师和我们一起吃饭、碰杯，一起唱红歌。记忆里，似乎很少有老师能营造这么融洽的氛围。这样的活动无疑增进了师生之间的感情。

立德树人，高山景行。很庆幸在我人生重要和精彩的阶段能够遇到这样一位引导我学习新知、锤炼品行、创新思维的导师，愿自己能以老师为学习榜样，在追求卓越的道路上砥砺前行！

同济大学翼驰车队的创始人

——记李理光教授[1]

▶ 李笑杰[2]

作为学术界的中坚力量，李理光老师不但在学术方面研究成果丰硕，他对学生工作也是十分支持与关怀。

我在本科的时候加入了同济大学翼驰车队，这支大学生方程式车队就是李理光老师创建的。李理光老师之前在美国学术交流时，参观了美国举办的大学生方程式大赛，了解到欧美高校对学生实践与理论结合的教育方式，认识到这是一项有益于中国汽车工业高等教育的赛事，于是极力将该

李理光教授

赛事引入中国，是中国大学生方程式大赛的创始人之一。李理光老师作为同济大学翼驰车队的总指导老师，经常指导我们的技术创新与车队管理。

每当完成教学、科研工作后，李老师都会到车队实验室查看车队的工作进展，了解队员们在车队工作中或者学习上的难处，他十分看重学生的创新思维和思考能力；技术方面，李老师用他渊博的知识和

---

① 李理光，同济大学汽车学院教授，博士研究生导师。

② 李笑杰，同济大学汽车学院 2021 届硕士毕业生。

经验为学生开拓思路，更多的是让我们大胆创新，并思考解决方案。李老师坚持尽量不干涉学生的工作，也让我们有了更多的自由和更广的发展空间。对于我们的学习和生活，李老师也十分上心，每当队员在生活或者学习上出现困难，李老师都尽自己所能提供帮助。

李理光老师要求车队向国际水平看齐，从建队第一年开始，李老师就坚持让我们出国参加比赛，无论差距有多大。令人骄傲的是，同济大学翼驰车队是国内唯一一支坚持每年出国参赛的车队。李老师希望我们能在出国比赛中看到国外先进的技术，并与国际队伍多多交流，从而更加开拓我们的思路和认识。李理光老师对我们从来没有硬性的要求。他常说的一句话就是：差距我们不要怕，只要能学到东西，每年有进步就好，这是最重要的。在李老师多年的投入与指导下，同济大学翼驰车队从第一次参加日本赛的弱队，如今发展成为能够闯入日本赛前六名的亚洲一流车队。

李老师很看重我们学生在车队中的收获与成长。记得2015年10月，我们在襄阳因为争议判罚而在比赛最后一天与冠军失之交臂，在赛后，李老师安慰我们低落的情绪，给我们讲述他求学时遇到的种种困难与挫折，他说失败是成功之母，人生中总会有得有失，希望我们能从中总结不足，在人生经历中磨炼、成长。他总是鼓励我们要敢于创新，不要因为追求名次而墨守成规，不敢使用新技术。在第二年比赛时李老师打着伞，在襄阳的寒风和大雨中与我们一起见证了建队九年的第一个总冠军的诞生。我们喜极而泣，但在李老师看来，我们的成功是必然的。

夺冠之后，李理光老师对我们有了更高的要求。我们作为中国的冠军，参加全球水平最高的德国赛时，李老师则全心投入我们的后勤工作，每天起得比我们还早，开车去超市为我们买早饭，中午系上围裙为三十多人做饭，晚上陪我们一起奋战在赛场，直到确认我们每一个人安全回到营地住宿才离开。无论严寒酷暑、刮风下雨，都是李老师和我们一同度过。

李老师平时除了管车队、教学，还有许多项目以及会议要参加和出差，所以平时也很忙碌。但李老师对教学工作依然十分尽职。记得发邮件给他看我的论文，他经常是在深夜认真地批改完后就给我回复，令我非常感动。每一次组内会议，李老师都是第一个到会议室，做准备工作。在学术上，李老师鼓励我们组里的学生相互合作，这样既能提高效率，还能掌握更多的知识。生活上李老师对我们也很关心。每年教师节前后，李老师组织课题组内的分享会，李老师的许多学生都会回到学校，不仅仅为分享经验和专业上的热点，更是对李老师的一种感恩。作为学生的我们要将李老师的这种治学精神传承下去。

李理光老师是同济大学汽车学院车用动力方向的责任教授，是体现国际汽车工程学术界最高个人荣誉的美国汽车工程师学会会士。在国内车用发动机领域，李理光老师作为众多国家项目的负责人，先后完成国家攻关、重大基础研究、国家技术创新、自然科学基金等众多项目，发表学术论文 200 余篇。

学生未来的指引者

——记孙立军教授①

▶ 刘　锐②

1994 年，31 岁的孙老师被学校派往日本进行访问合作研究。在日本，31 岁就拥有教授头衔是很难想象的，个别日本专家因此对我国学位、学衔制度的质量和严肃性产生了某种程度的质疑。而孙老师用行动证明了自己。孙老师一到日本就立即投入了紧张的研究工作。在不到 4 个星期的研究中，首次发现并证实了路面结构中存在"惰性弯沉点"，解决了双层路面结构逆分析解不唯一的世界性难题，为路

孙立军教授

面结构的无破损评价开辟了崭新的研究思路。其研究成果以及工作精神引起了日本专家的广泛好评。为此，日本多所大学的专家专门聚集在一起，就他的研究进行了专题研讨。孙老师向日本专家展示了中国青年教授的风采，他的工作为他本人、也为我国的学术职称制度赢得了声誉。

1998 年，孙老师在加拿大从事访问研究，期间他应邀对加拿大引

---

① 孙立军，同济大学交通运输学院教授、博士研究生导师。
② 刘锐，同济大学研究生会成员。

以为豪的路面设计系统进行了技术评估和技术鉴定，他不仅指出了该系统的错误和不足，并且提出了改进方案。他的敬业精神、工作热情和工作质量受到了广泛的赞誉。他还利用各种场合宣传我国的改革开放政策，他的活动两次被当地报纸专题报道，并配发了照片。

记得在我读书的时候，孙老师几乎是天天坐在研究生办公室和我们一起工作，每次和大家讨论问题、畅谈感想的时候他总是特别地开心，经常忘了时间。孙老师总是能够非常有耐心地对学生的研究工作加以引导，不厌其烦地回答学生碰到的各种问题，包容学生的失误。我清楚地记得做博士论文时向孙老师每一次的求教。尤其是对我来说特别关键的一个下午的讨论，我想孙老师可能已经不记得了。那个下午孙老师本来是要去参加体检的，结果为了帮我搞清楚论文中我长期以来一直纠结的一个问题，我们整整讨论了一下午。就是那个下午的谈话让我茅塞顿开，不但顺利完成了论文，也令我此后的研究工作受益匪浅。

——2001 级硕士生、2003 级博士研究生　邵敏华

第一次和孙老师进行深入交流还是在读研究生之前选导师、研究方向的时候，孙老师对课题各研究方向进行了详细的介绍说明，鼓励我们在各个方面都可尝试一下选择自己感兴趣的进行研究学习。而在开题阶段，由于我在外实习，孙老师几次督促我抓紧时间找他当面商量具体的题目，认真询问我在研一期间的学习内容，以此为根据并结合我的兴趣意愿，为我的开题提出了很多建设性的意见，让我对自己的题目能够有深入的了解。平时孙老师也很关心我的实习情况，包括实习的具体工作及以后毕业工作意向等等，从不同的方面对我们未来的道路进行指引。

——2012 级硕士研究生　王宁

她像一盏明灯

——记导师陈小鸿教授①

▶ 安　康②

　　陈小鸿老师从教 30 年以来，言传身教，传授知识的同时培养学生的人格品质，在情感、态度、价值观上对学生进行激励与鼓舞。

　　为培养及提升我们独立思考、勇于探索的科研精神，老师每周往返嘉定主持组内博士、硕士例会。老师对待学生因材施教，采取恰当的交流方式，使我们能够更好地接受、吸收与利用知识。对我们提出的问题，老师会不知疲倦地给我们从问题的源头讲

陈小鸿教授

起，让我们收获颇丰，对问题有更为深入的理解。老师参与了上海许多重大交通规划和交通工程的决策研究过程。尤其是 2010 年上海世博会，她带领团队，先后完成了 10 余项科研课题，为上海世博会交通系统规划研究做出了突出的贡献。

　　第一次见到陈小鸿老师时，我还只是一名普普通通的大三学生，被同学叫去听陈老师的讲座，当时只是抱着去看一看的心态，也不期

---

① 陈小鸿，同济大学交通运输学院教授，博士研究生导师。
② 安康，同济大学交通运输学院博士研究生。

望能学到什么。但是这次听完陈老师的讲座却让我的很多想法发生了很大的变化。我到讲座地点时，陈老师已经站在了讲台上，这让我觉得这位在大家眼里的"大牛"没有一点的架子，心中对老师的敬佩之情油然而生。在讲座的过程中，陈老师慷慨激昂，循循善诱，妙语连珠，让我进一步认识到交通规划在城市发展中的重要意义和作用，也让我深刻意识到自己作为这个专业的学生在将来所应该担负的责任。陈老师渊博的学识也让我赞叹不已，陈老师在考虑问题时总是可以站在一个很高、很有大局观的角度上。在同学提问环节，陈老师不紧不慢，言简意赅，深入浅出地解答了同学们的提问，陈老师的大家气质深深折服了我。

第二次近距离接触陈老师是在保送研究生的面试中，虽然在面试之前和陈老师有过邮件联系，陈老师给我的感觉十分容易接近，和学生交流也不会摆什么架子。但是在面试时近距离见到陈老师时还是十分紧张，担心自己表现不佳而给陈老师留下不好的印象。在面试前陈老师像是看出了我的紧张和不安，朝我走过来告诉我放轻松，相信自己的专业积累，将自己真实水平发挥出来就可以了。老师温和的声音让我的紧张感一下就消失了一大半，于面试中发挥出了较好的水平，顺利通过。

每个学生都期望遇名师而从之，而我有幸成为陈老师的一名研究生。陈老师在科研中的兢兢业业以及在学术上严谨的态度为我们学生树立了一个良好的典范，对我们的科研和学习起到了重要作用。记得有一次中午去找老师，发现老师由于工作太忙，午饭仅仅用一个三明治解决，老师的勤奋和敬业深深感染了我，每当我懈怠的时候，想到老师的认真负责，想到老师辛勤忙碌的身影，总会催我奋发前进。

陈老师对学生发展和生活等各个方面的关心和鼓励，让我觉得她更像是一位伟大而无私的母亲。每次出去游玩，陈老师都会提醒我们在玩的时候要注意安全，遇到什么问题及时给她打电话。在平时交流的时候也会提醒我们学习固然重要，但是平时要多注意身体，多运动，劳逸结合；在学习或者科研过程中遇到什么问题，有什么解决不了的困难老师总会设法帮助解决。陈老师无微不至的关怀为我们提供了一个良好的学习科研环境，让我们感受到了家庭般的温暖。

陈老师认为，作为一名高校老师要同时充当多种角色，最重要的工作是教书育人，学生获得成功是她最有成就感的事情。本科阶段科研对我来说很遥远的事，因此开始攻读硕士时有点适应不了节奏，对自己的研究生学习和科研都没有什么想法，在和老师的交流中，老师循序渐进地引导，耐心深入地分析让我对自己的研究生生涯有了更清晰的规划。记得第一次写论文，无论是思路，还是深度都远远达不到高水平论文的要求，当我感觉走不下去时老师耐心地帮我分析，寻找解决的方法。从最初连我看了都会不好意思的初稿，到最后论文的发表，最重要的是一直有老师的鼓励、支持及帮助。每当我想起老师一个字一个词地帮我斟酌论文时，我都会感慨老师在学术方面的严谨、对学生要求的严格。有时候也会觉得老师对自己要求太高了，但正是这样一位严厉的老师，这样严格的要求，学生才会有进步，才能够有一个更好的未来。

遇到这样一位好导师，我感到十分幸运和自豪，她就像一盏明灯，为我们指引未来的方向。

红心逐梦　丹桂流光

——记辅导员张桁嘉老师[1]

▶ 王嘉铭[2]

张桁嘉老师

　　不觉间，离开交通运输工程学院已经 4 年了，但我始终不能忘却的，是我大一时的辅导员张桁嘉老师。

　　第一次见张老师，是 2015 年 9 月本科新生报到的那一天。

　　此前，只是听说在大学，会有一群人陪伴我们成长，他们叫作辅导员；对辅导员这群人起初的感觉，有一点好奇，也有一点担心与敬畏。

　　但在那个湿热的沪上初秋，见了张老师第一面后，我的所有害怕与担心就完全消失了。在北楼递交党组织关系介绍信的时候，他就坐在工作人员中间，一眼望去，干净白皙，和蔼可亲——其实，如果不是其他老师介绍，我甚至可能会把他认成学生。我热情地向张老师问了好，他也热情地予以回礼。

---

[1]　张桁嘉，原同济大学交通运输工程学院辅导员，现同济大学学生处辅导员。

[2]　王嘉铭，同济大学经济与管理学院 2015 级硕士研究生。

就这样，我成为他的学生，他成为我的辅导员和班主任

新生开学的一件大事就是遴选新生发言代表，在学院群里看到了通知后，我怀着忐忑的心情向张老师报了名，不知道能不能成功。谁知，张老师的心情也同我一样忐忑。在第一次班会上，我声情并茂地为大家朗诵了一首《黄河颂》，张老师听到后，笑着对我说："我原来还担心你上台到底行不行，现在我觉得你没问题。"后来得知，学院里报名的同学只有我一个人。

高中前，我很少接触电脑。记得撰写新生发言稿那次，应该是我第一次用电脑写讲话稿。为了有更出色的发挥，我对已经写好的讲话稿尽可能地修改和完善，不知不觉就到了张老师规定的提交时间。然而，那时的我却连把文档拖曳到聊天框中发送的功能都不了解，情急之下，我不得不询问张老师。"先把文件保存到桌面、再拖进聊天的对话框、然后点击发送……"他十分耐心地指导我进行操作。

就这样，在他那里，我感受着耐心、包容和理解

那一天，张老师为我修改发言稿直到深夜。在第二天上台前，张老师又特意为我鼓劲、加油。终于，我用一次精彩而流畅的脱稿发言赢得了全场的掌声。

而让我真正了解张桁嘉老师的，就是中共一大会址纪念馆的志愿服务活动。最初，当得知他是一位坚守在中共一大会址纪念馆七年的志愿讲解员时，我也十分惊讶。我非常想知道，是什么让他能够为一项志愿服务工作坚持这么久。张老师从开学起就经常鼓励我们利用课余时间参与志愿服务，新生中也报名了一批志愿讲解员。

我负责的是2015年为纪念抗战胜利70周年新设立的抗战展览——这个新的展览，规模更大，分为上下两层，有数百张图片和上万的文字说明，解说词足足有36页之多，没有先例可循。几次试讲的失败让我和其他同学压力都很大，我甚至一度想到放弃。

而张老师得知这一情况后，多次鼓励我们要坚持下去，他还帮我们反复打磨了解说词，指导解说时的动作、神情、语态，甚至为了帮我们缓解压力，特意请我们吃饭。终于，在他不厌其烦地指导下，我顺利通过了志愿讲解员上岗考核，成为一名志愿讲解员。而在他兄长一般的悉心指导和帮助中，我也读懂了他对这一岗位的热爱。

是的，张老师坚定地信仰马克思主义，他不仅多年如一日，坚守在中共一大会址纪念馆志愿讲解岗位上，还经常在日常生活中和形势与政策课上为我们纠正错误认识，驳斥抹黑党和国家的言论，洞若观火，鞭辟入里，让每一名同学都十分感佩。

就这样，在他那里，我感受着责任、情怀和担当

不仅如此，张老师作为我们的辅导员，对学院中有困难的同学也格外关心和照顾。作为经济较为拮据、单亲家庭出来的我，张老师在我入学后不久就特意找我谈心，给我鼓励，在学习和生活上给我最大限度的支持。每当来到他的办公室，我就觉得自己在一个陌生的城市里，有了一种家的温馨。那个学期，在他的关心和鼓励下，我获得了4.67的绩点，被评为了中共一大会址纪念馆的优秀志愿者，并担任了学院本科生第一党支部党小组的组长。真的非常感谢那段时光里有他。

时节如流，转眼就是大一下学期，四个多月的学期里，他按要求前往甘肃定西支教了三个月。在这期间，我却作出了一个决定：为了实现当年高考时的愿望，我决定大二起，从交通运输工程学院转专业到土木工程学院。当他支教回来后，我怀着忐忑不安而又十分愧疚的心情告诉了他我的决定。我本以为可能会让老师很失望，辜负了老师的关心和培养，但他想了想，却只是点点头，淡淡地说了句："去吧，在土木那边好好干。"

就这样，在他那里，我感受着温暖、善意和关怀

后来的故事，也并不是"从此音尘各悄然，春山如黛草如烟"。时不时地，在我前往嘉定校区探望同学朋友的时候，在我们参加校学生党支部书记论坛的时候，在他寻找一个四平路校区的同学帮忙的时候，在我们向彼此发送新年祝福的时候，我们总能以各种形式见面。

不过，令我印象最深刻的，还是在我本科毕业时，他特意赠给了

我一份交通运输工程学院的毕业礼物。

在 2019 盛夏的 7 月，捧着这一份礼物，一向不爱哭的我，突然有了一种流泪的冲动，因为我明白了：有些人，虽然相处的时间不长，但他的精神和品质，足以永远成为我们的老师；有些事，虽然过去的时间很久，但它的温馨和感动，足以深深温暖我们的心灵。

因材施教育新人

——记辅导员钱偲老师[1]

▶ 佚 名

认识钱偲老师已有两年了。从大三以来，他一直担任机械与能源工程学院 2015 级辅导员，在学生心目中，他是关心学生、很有责任心的老师。大二军训时我的手腕受了伤，在我休息的这段时间，每天都收到钱老师的短信，关心我伤愈的情况。有一次申请奖学金时出现了一些失误，钱老师知道后，不但没有责怪，还因为我的学习有了明显进步而给我鼓励。

钱偲老师

---

[1] 钱偲，同济大学机械与能源工程学院辅导员，现机械与能源工程学院学生党委副书记。

钱老师对辅导员工作十分尽责。每周召开班长例会，听取汇报、了解情况、布置新的工作任务。他经常到学生宿舍走访，与学生近距离接触，获取来自学生的第一手信息，以利于有针对性地开展工作。

钱老师作为辅导员有两点给我们留下了深刻印象：一是他善于鼓励学生在逆境中奋发前行。

黄盛前同学来自广西，高中就入了党。但作为一名少数民族学生，由于中学学习条件所限，基础较薄弱，进入大学后，一时难以适应，出现了各门功课不及格的情况。这也导致他预备党员不能及时转正。黄盛前一度情绪低落。钱老师也为他着急，多次找黄盛前谈话，解决他的心结。钱老师在谈话中首先强调，作为学院的规定，要予以理解，不能有对立情绪；同时，说明预备党员延期转正不是处分，不能因此而产生消极情绪。希望他振作起来，下苦功补好基础，提高成绩。"自己要有决心，没有克服不了的困难。"这些谈话帮助黄盛前从迷茫中找到了方向，也增强了前进的信心和力量。通过自身的努力和老师的帮助，黄盛前较好完成了学业，转为正式党员，还光荣入选2018年广西选调生，获得同济大学杨帆奖（一等奖）。如今，黄盛前已走向工作岗位。在毕业典礼的学生寄语中，黄盛前动情地表达了对母校、母校老师，特别是钱偲老师的感激之情。表示要以出色成绩回报母校、回报精心培养自己的老师。

二是引导学生把个人的发展和国家的需要结合起来。

有一年学生毕业，有一个西藏日喀则专项招聘的机会。系里分析认为熊景阳同学比较符合条件，考虑把他作为推荐人选。也找熊景阳谈了话，听取他的想法。熊景阳开始是有顾虑的，不够自信。钱偲老师多次与他交谈，指出了他的有利条件，也指出了良好的发展前景。鼓励他作为新时代的青年应当到祖国需要的地方去发挥自己的聪明才智。熊景阳同学决定一试，他的家人因为钱偲老师的及时做工作，表示全力支持。熊景阳顺利通过了笔试、面试和体检，成为西藏日喀则地区的一名公务员。

钱偲老师是学院征兵工作负责人。他认为，在大学生中征兵是实现军队现代化的需要，大学应该确保完成任务。同时，他也认为，部队是一个大学校，是一个能锻炼人的地方，应该鼓励、支持学生到部队去。今年部队征兵时，钱偲老师有心推荐宗芸萱同学。一方面，宗芸萱同学各方面表现不错，符合部队要求；另一方面，宗芸萱同学有学习不够刻苦、缺乏毅力的缺点。钱偲认为，如能把他送到部队去锻炼几年，对他的人生和事业发展无疑会有积极意义。在他的引导启发下，得到了宗芸萱和他的家人的支持，如今已光荣入伍。

钱偲老师认为，作为一名老师，只有从国家的发展和学生的成长成才结合起来，才是最好的教育。他是这样思考，也是这样实践的。

在病中，她心中仍牵挂着学生

——记张苗苗教授①

▶ 张文路

　　我们的老师，亦是我们的榜样张苗苗老师在去年学校组织的体检中，被诊断出有较重疾病，需要尽快接受治疗。张老师怕学生担心，让学院的老师不要向学生们透露，入院前又再三嘱咐学生们认真科研，不能松懈。她希望尽快把病治好，重新投入工作。在家里静养期间，张老师最担心、最挂念的就是她的学生们，她最怕因为自己的原因耽误了学生们的发展。虽然医生嘱咐要在家里静养，张老师还

张苗苗教授

是定期把学生们组织到家里来，耐心地倾听和解决他们在科研上遇到的问题。她的学生们都说，虽然在讨论的过程中张老师时常有身体不适的情况，但每一次都坚持下来，直到把学生们的所有问题解决为止。在生病期间，张老师不顾自己的身体，耐心地指导学生完成学术论文。张老师对学生的认真负责让同学们感动不已。他们深深地为自己遇到这样一位好导师而感到荣幸。

　　当然，对同学们来说，张老师不仅教学认真负责，搞学术也成绩

TONGJI XUEZI HUA ENSHI

---

① 张苗苗，同济大学软件学院研究员、博士研究生导师。

斐然。在治疗过程中，张老师会因为一个课题想出了新的解决方案，而兴奋地组织大家一起讨论。大家都说这个时候的张老师精神焕发，一点生病的样子都没有。张老师在医院中甚至会与医院的教授们讨论项目的合作，期待其研究结果能与其他学科进行交叉，取得更有意义的成果，推动社会的进步。可以说在张老师的眼中，学术就是她的灵魂，任何困难都不能阻止她追求学术的脚步。试问如果一个人对学术的热爱达到如此的境界，怎么可能没有成就，怎么可能不快乐呢？张老师就是同学们身边最好最亲切的榜样。面对病魔，她乐观积极，永远保持着一颗充满正能量的心。

张老师对待科研不但认真负责，更是一丝不苟的。她时常会说，我们做科研写论文的人，并不是为了制造出许许多多没有人看的垃圾论文，如果我投入一年的时间研究得出的成果发表成一篇高质量论文，也比一年几十篇低质量的论文好。张老师关注科研本身，并不是科研能给她带来怎样利益，张老师时常鼓励同学们静下心来做些真正有益于社会发展的事情，争取发表出来的论文，若干年之后能够真正为科技乃至社会的发展提供帮助。

张老师最让我们感动的，正是这份纯粹的追求科研的决心。做学问，就应该做好几十年如一日却不一定能成功的准备，只有这样才能够真正放平心态，做出东西来。功利的心只能让我们钻进死胡同里，离真理的目标越来越远。只有不以成绩和功利为目的的科研，才能做出真正对国家对社会有用的成果。2013 年 6 月，张老师被评为本科生优秀毕业设计指导教师，她还参与了多个基金项目，其中包括教育部留学回国人员科研启动基金，两项国家自然科学基金项目。但是张老师为人低调，从来不炫耀。她认为搞学术最重要的不是获得的结果，而是在这个过程中的收获。

学术上，她孜孜不倦，追求突破；教学上，她润物无声，耐心细致；育人上，她因材施教，授人以渔。她传递给学生不仅仅有专业上的知识，还有严谨的态度，专注的精神以及坚强的毅力。连疾病都不曾将她打倒，她的身体力行鼓舞了无数学子在科研的道路上不断攀登。

张老师的科研能力很强，对于自己研究的领域有非常深入的理解和独到的见解。张老师亲历一线研究工作，经常带领我们参加一些国内外的学术交流会议和研讨会，以便我们能更好地掌握国内外的科研动态，对我们自己的课题研究和论文的写作都有相当大的帮助。

在课题方面，张老师给予我们非常认真的指导，经常用一些启发性的思维方式，培养我们的思考能力。对我们论文的研究和写作，张老师会提出详细的指导和修改意见，帮助我们提高研究和撰写论文的水平。在课题组里，张老师鼓励我们选择探索自己感兴趣的科研方向、课题或项目，另外，张老师使课题组形成了非常和谐的组内关系并使成员产生了较强的社区归属感，她鼓励我们相互合作共同完成课题的研究，给予我们创造合作以及展示的机会。

张老师做人正直、得体，和蔼可亲。在历届同学的培养过程中，总是给他们提供创造和发挥的机会。还有一点非常重要，张老师非常尊重我们的人格和个性。张老师能够理解我们都有自己的主观想法和对世界对生活的理解，每个学生想要追求的人生目标是不同的。

张老师这种对于个人意志和自由选择都能给予无比尊重的品质给我留下非常深刻的印象，这是一种伟大的人性光辉。

张苗苗老师对学术一丝不苟，学术研究就是她最大的特长和爱好。当我联系她出席晚会的时候，她特地问我需不需要讲话。她除了学术之外好像也真的没有什么爱好和特长。我想她在学术研究中已经获得了很大的乐趣吧，而这正是我们需要向老师学习的地方。

在老师生病的期间，为了不让她担心，我们比平时更加努力地完成自己的学习和工作，看着老师在生病期间对我们学术和生活上的关心一点都没有减少，我们都很感动。我们很希望老师的身体能够早日康复，回到学校，回到我们中间。我们想念她。

——张苗苗老师的学生

善育英才　勇攀高峰

——记童小华教授[1]

▶ 潘海燕[2]

童小华教授

童老师将"教书育人"视为自己为师之天职，无论公务多么繁忙，始终坚持承担本科生、硕士生和博士生的教学工作。为了不影响正常授课，他经常乘头班航班外出参加学术活动，赶最晚一班航班返沪。从基本概念到经典方法，从历史传承到最新前沿，童老师总是能将枯燥的理论知识隐含于通俗易懂的生活实例，让课程同时兼顾科普性和趣味性。而不时的提问和互动交流又调动学生的潜能，引导学生想象和思考，最大限度激发学生学习的积极性与创新思维。为了让同学们能够系统、全面地了解测绘科学与技术的历史、现状、发展前景等，在童老师的全力推动下，由八位院士联手打造的精品课程《测绘学概论》于2013年在同济大学正式开讲。该课程被学生誉为"最高大上"课程。童老师说："大师们都身处教学科研第一线，积极将新理论、新技术及国家重大科研项目新进展等充实到教学内容

---

[1] 童小华，同济大学测绘与地理信息学院教授，博士研究生导师。

[2] 潘海燕，同济大学测绘科学与技术专业2013级博士研究生。

中，学生可以深刻了解国家战略需求与学科发展的前沿。院士们高屋建瓴的思想不但能够让新生在大数据时代的信息化发展趋势中种下跨学科思考的种子，培养主动解决复杂问题的意识，而且在教学中所展现的强烈的民族自豪感、卓越的工匠精神和赤诚的爱国情怀，也会潜移默化地感染学生，激发学生爱国主义热情，激励追求卓越的人生态度，有益于培养具有创新特质和国际视野的精英型人才。"

正是这一系列高瞻远瞩而又卓有成效的措施，由童老师领衔的同济大学"测绘科学与技术"学科入选国家一流学科建设名单；测绘工程专业获批教育部卓越工程师建设计划；多位教授担纲973、863、重点基金等项目课题负责人，承担"嫦娥"、高分卫星、"北斗"等工程任务；根据学校发布的评估报告，学院连续两年人均绩效评估全校第一。

他尊师重教、爱岗敬业，是言传身教的好榜样。童老师衣着简朴，总是背着一个双肩包。和童老师一起出差，总能看到童老师抓住一切可以利用的时间，阅读文献或修改学生的学术论文。

每周一次的例会从课题组成立至今已经有十几年了。尽管童老师工作非常忙碌，但是课题组的例会他几乎从未缺席过。在例会上，童老师仔细聆听每个同学最近一周的学习、研究进展，认真推敲每一个环节的科学性和合理性，一针见血地指出存在的问题并给出建设性的意见。而每周的文献会则是介绍相关研究领域国际同行的最新研究成果，把握最新的研究动态。他鼓励并资助学生参加各种国际会议，给大家提供各种交流和学习的机会，在学习的过程中开阔大家的视野。学生的每一篇学术论文，从结构到内容，从语法到标点符号，他都会仔细修改。他一丝不苟的科研态度、忘我的工作热情以及敏锐的洞察力都深深地感染和激励着课题组的每一名同学。

他光大师德，承担薪火相传的使命。在每年的课题组年会上，童老师会邀请已毕业的师兄师姐欢聚一堂，大家总结一年来的成长与收获，分享工作的近况和感悟。童老师还会积极鼓励大家在紧张的科研工作之余要加强体育锻炼。有空的时候也会和大家打乒乓球、羽毛球……通过一系列的活动，师生间的感情更加深厚，课题组的凝聚力变得更强，同学们的斗志与激情也更加饱满。秉承"严谨、求实、团结、创新"的科学态度和"同舟共济、自强不息"的科学精神，童老师建立了一支勇于创新的空间数据质量研究团队，部分学生已成长为国家杰出青年科学基金获得者、长江学者和上海市青年科技启明星等，为国家的测绘事业培养了一批又一批一线的专业技术人才。

他是一名精益求精、不断攀登的科研工作者，对学术研究充满无限的激情和渴望。童老师的研究方向是航天遥感空间信息可信度。测绘遥感空间数据是支撑深空科学探测、高分对地观测等国家战略的关键信息。其可信度是决定陆下降、绕轨运行等航天工程关键过程成败的核心因素。

平台颤振是高分辨率卫星普遍存在的复杂现象，在卫星在轨稳定运行和高精度测图方面影响显著。西方发达国家大多依靠高精度测姿硬件等对我国进行封锁，而我国传统采用的大量地面控制点方法常存在不足。针对这一重大需求，童老师率领课题组成员，首次构建了可信度理论方法支撑下颤振"探、分、补"技术体系，通过自主研发软件和数据处理系统，以软补硬，解决了平台颤振精密探测补偿难题，保障了卫星在轨稳定运行和国家测图精度要求。而他提出的视差法颤振探测技术，达到了与美国高精度星敏探测相当的精度。由此，实现了资源三号卫星全任务周期在轨颤振变化监测，保障了卫星在轨稳定运行。

他首次修正了"嫦娥三号"激光敏感器测角测距参数并固化在处理器中，在距离月球表面100米处，"嫦娥三号"着陆器悬停，基于多波束激光三维成像，在不足一秒时间内即扫描获取月球表面地形影像，精确探测出威胁安全软着陆的月石、月坑障碍，圆满地完成了避障任务，为"嫦娥三号"避障探测和安全软着陆做出了重要贡献。他还建立了国内第一个多法向大平面激光成像与障碍探测地面综合检校场，完成了嫦娥三、四、五号全系列产品系统检校，提高了测距精度。

潜心科研求业长，亦儒亦雅弄墨香。宽严相济人心暖，一言一行是榜样。"资三"颤振著辉煌，"嫦娥"探月谱华章。锦瑟流年不知返，正是人生好时光。童老师，是也！

严谨求实与创新　巾帼不让须眉

——记张晓艳教授

▶　金　玲①

　　张晓艳老师，同济大学生命科学与技术学院教授。1984—2006 年，先后于中国科学院武汉植物研究所、美国新墨西哥州高地大学、美国密歇根州立大学林学系及复旦大学生命科学院植物学系就读及从事科研工作，2006 年起，在同济大学生命科学与技术学院任教并从事生物信息学相关研究工作。

张晓艳教授

仰之弥高，钻之弥坚

　　在同济生命科学与技术学院生物信息学专业开创之初，教授屈指可数，张老师算是其中一位。她作为一位非生物信息背景的教授，毅然不畏艰辛地投入到这个时代所需、充满挑战的专业的建设中。十年有余，同济生命科学院的生物信息学已经有了较为完整的体系，张晓艳教授和她所带领的团队也取得了一系列突破，傲人的学术成果不断引得同行称赞。而每一次的进步中，张晓艳教授给予的是更多的激励："keep going, there is still a long way to strive"。

---

① 金玲，同济大学硕士研究生。

动人以行，其应必速

张晓艳老师到同济任职有十多年了，培养过一批又一批的研究生，作为一名导师，张教授不仅在学业方面给予学生专业的指导，在做人方面她的一言一行更是深深地影响着大家。张老师总是强调整个实验室就是一个团队，而一个团队的成长得益于各成员之间的互相协作，集思广益，绝不是单单靠哪一个"很厉害"的成员就可以成功。张老师作为整个实验室的引导者，时常向大家强调互帮互助的重要性，课题遇到困难了一定要跟大家讨论，一个人闷头苦干是不可取的，讨论会收获新的灵感与方向。张老师也非常注重学生的个人发展，十分尊重学生个人的研究兴趣，对于学生的研究课题，她会给予引导和建议，着重锻炼学生独立思考和设计并完成课题的能力，培养学生的主动性。她说："我不喜欢逼人，你喜欢的话自己做起来也积极快乐，不想做我强迫你做也没意思"。

张老师在指导学生进行科学研究的过程中，十分注重学生良好品德的培养。在她看来，作为一名科技工作者，应牢记两点：一是诚实，在实验室积极寻求与外部多方合作时，她总是告诫："合作最重要的是诚信，诚信是双方合作的基础，只有诚信才能使双方愉快合作、互利共赢、共同成长"；二是乐于共享，科研资源和科研成果的共享，我们应铭记心底。一个成果不应作为个人私有，那是狭隘的，应有为全人类的发展做贡献、谋福利的胸怀。如果能够实现资源完全共享，那么，医疗卫生界的进步将更加迅速。张老师的这种宽广胸襟、博爱的精神也感染着大家。

张老师也关注学生们的微信群，在这里可以全面了解同学们的学习和生活状态，随时都与同学们在一起，经常利用微信讨论群及时分享一些近期的论文和科研成果，并指出论文中的一些亮点，指出可以向哪方面深入研究，带给学生们新的理念并让学生产生思维碰撞。张老师也很心细地关心每一名学生的生活情况。每周的组会上，除了对大家在工作中遇到的问题提出各种建议之外，总会问："最近大家有没有遇到什么困难啊，学习或生活还都可以吗？"她也会给我们分享她个人的成长经历和经验，使大家少走弯路。学生们眼中的她更像一位慈母，大家生活中的困惑、疑虑，都会和她倾诉，她会鼓励我们："当一时半会陷入低谷时不要慌张，也不要气馁，要从身边的小事做起，慢慢地让自己成长起来；当遇到困难时，一定要坚持下去，困难解决之后再回头看，它们都是些小插曲。"

研究生物信息，需要有好的编程基础，大多生物信息实验室都不愿意接受一个毫无编程基础的学生。但是张老师很尊重学生的兴趣和志向，她认为先前的知识储备固然重要，但是这些学生只要有兴趣、肯努力，也可以在新的领域取得不错的成绩。所以，对于本科背景是非生物信息学专业的学生，张老师还是很欢迎的。

张老师对有勇气跨专业的学生说："如果你真的对生物信息感兴趣而且相信能够做好的话，我非常欢迎你加入我们的大家庭。"正是这种一视同仁的态度让实验室有来自不同的学校、不同背景的学生，带给大家不同的新视野，从而有更好的发展。

一名即将毕业踏入社会的研究生说："研究生阶段是自己人生一个重要的转折点，在与导师相处的这几年中，不仅学到成熟的科研思路，锻炼了创新的思维方式，培养了独立解决问题的能力，让自己真正成为一个能够踏入社会并为之贡献的人，张老师的科研精神、处事之道将让我受益终身。"

循循善诱，诲人不倦

除了科研，张老师也为本科教学做了大量工作。从生命科学与技术学院生物信息学专业只有两名专业教师起步，她在学科建设上投入了大量的精力，承担了生物信息专业大量的教学任务，圆满完成了两次教育部和学校的教学检查工作。她结合同济大学生物信息学专业10余年的发展历程和长期对国内外大学的生物信息专业的成果进行调研，撰写了详细的调研报告，并提炼成教学论文《生物信息学本科学位课程发展思考》，发表于教学类核心期刊《中国大学教学》。

张老师为本科生开设"生物信息学"课程。从备课到讲授再到融会贯通，每一个微小的环节都反复地揣摩和改进。她将先进的教学方式和启发式的思维融入课堂教学，她从不按照书本及照搬PPT授课，而是根据同学们的学习情况将内容重新规划、讲解。有趣的进化故事、脑洞大开的问题、多样化的阐释以及和蔼可亲的形象活跃了整个课堂。同时还有专门对应的实验课程。临近期末，她让同学根据一学期的学习，提出自己感兴趣的生物信息学主题，然后调研、讨论，最后在课堂上做汇报讲演，并给予点评指导。正是这样的课堂集中了学生所有的注意力，传播了更丰富、灵动的知识。张老师给我们上"生物信息学"这门课时由于国内没有该课程的专业教材，而 Arthur M.Lesk 编写的 *Introduction to Bioinformatics* 第三版本与本课程十分贴切且内容非常翔实，张老师就从美国订购了这本教材，在开学后第一节课，就给同学们每人发了一本。她十分注重结合科研成果和国内外研究现状，把新信息、新技术、新理论贯穿到课堂教学中。她采用"双语教学"，对教学内容和方法进行了一系列改革和实践。2010 年承接"上海高校示范性全英语教学课程建设项目"；于 2013 年获得了"上海高校示范性全英语教学课程"荣誉称号；撰写的论文获 2013 年同济大学双语（全英语）课程建设研讨会优秀论文奖，并进行了大会交流。

她的努力得到了领导、同事和学生的高度认可与广泛好评，2016 年获同济大学育才教育奖教金。

被同济大学聘为教学督导以后，张老师积极履行职责，每年坚持抽出大量的时间听课，并与任课教师和学生做及时的交流。2017 年被同济大学聘为"同济大学教学督导与评价委员会"委员。

张晓艳教授用自己对学术的认真、执着和严谨来启迪学生，用自己对生活的理解、感悟和热爱来感化学生，践行着"为人师表，知行合一"这一职业诺言，树立了优秀的典范。

见微知著善意传　知人善用人心暖

——记张敬教授[①]

▶ 佚　名

张敬教授

　　生命科学与技术学院的张敬教授，曾获得上海市育才奖、科技进步奖一等奖，上海市教学成果二等奖，同济大学"三八红旗手"等诸多荣誉。这些旁人羡慕的荣誉，其实都只是张敬老师勤勉工作、仁心大爱的副产物。真实的她，于自身名利，淡然视之。

　　在她的研究生眼中，张老师既是一丝不苟的科研严师，也是一位温柔细腻的"导师妈妈"。每年的教师节，是张敬老师家里最热闹的时候，很多毕业多年的学生都会尽量赶在这一天回来看望他们敬爱的张老师。张敬老师带过的研究生如河里的参差荇菜，每个人都各有特点，张敬老师能根据个人特点，或流之或采之或笔之，因材施教。对每一个学生，她都不吝惜自己的精力与财力，见微知著尽其所能帮学生解决棘手问题。

　　譬如研究生小 A，入门不久，张老师就发现这个小姑娘性格比较内向，不太合群，从不与实验室的其他研究生一起吃饭，集体活动也都抗拒参加。张老师通过细心观察，发现原来她担心自己体味重，尽量

---

① 张敬，同济大学生命科学与技术学院教授，博士研究生导师。

避免与他人接触。张老师首先从心理上对小 A 进行疏导，然后帮她联系医院，并自己掏腰包付了手术费，帮她从生理上彻底解决了体味问题。为了顾及小 A 的颜面，手术之前张老师在组里宣布派遣她出去交流一段时间，给予她充分的术后恢复时间。从此小 A 性格上变得开朗，如今已结婚生子并在上海定居，生活幸福。

研究生小 B，来自一个普通院校，基础较差，家境贫寒，早早自立，大学期间就开始打工养活自己。在读研期间，张老师尽力想办法给他一些额外的补贴，最后更是为了他的毕业论文费尽心血。小 B 由于工作经验丰富，找工作非常顺利，在他到工作单位正式报到的第一天，就买了一个靠枕，送到张老师办公室，帮助张老师缓解腰部疲劳。

研究生小 D，工作认真，积极热情，研究生期间意外怀孕，工作和生活的压力骤然变大。张老师不仅在科研中帮她多方协调，在生活上更是给予很多的照顾，帮助她顺利按时完成了答辩，目前在家乡高校当老师。

张老师就像对待自己的子女一样对待她的每一个研究生，不仅在科研上授正业，而且在精神上传善道，在生活中解疑惑，是一名当之无愧的"四有"好导师。

在本科生眼中，张敬教授既是一位授课认真、言传身教的好老师，也是一位关心学生、为学生谋利益的好院长。张敬老师在同济教学一线工作 25 年，承担的课程有很多，如"特色阅读与讨论""生物统计学""营养与健康""走进生命科学——实践与探索"等，所以几乎所有生命学院的学生都听过张老师讲课，并且反响很好。张老师具有高超的讲课技巧，在知识点上讲授理论联系实际，在课程细节上反复淬炼，并在这几年参与课程思政，润物细无声。张敬老师从 2015 年接任生命科学与技术学院教学副院长以来，把学院本科生的国际遗传工程机器设计竞赛（iGEM）队伍从"游猎散兵"做成了学院王牌。从组建竞赛指导老师团队，到联系实习公司；从建立专门的竞赛基地活动室，到经费的申请及报销，无一不凝聚着张敬老师的诸多心血。iGEM 竞赛队伍也在纯生物技术的 iGEM_Tongji 的基础上，扩增了 iGEM_software，几年来，两支队伍已取得 4 金 3 银 1 铜的佳绩。iGEM 竞赛已成为学院培养学生团队协作能力、创新创业能力、组织策划能力等综合实力的大舞台。

在新冠病毒疫情爆发期间，张敬老师通过召开视频会议，时刻关注学生的心理健康。在返校第一时间，她专程赶到实验室，与 iGEM 学生交流，并鼓励大家：比赛拿奖并不意味着全部，最重要的是学习如何与他人团结协作，如何收获并成长，使大家备受鼓舞和感动。张老师像母亲一般亲切的话语让大家即使在疫情期间项目开展不顺利时也能积极并且信念坚定地准备比赛。对学院的问题学生，张敬老师也是同样付出了很多心血。有这样一个学生，不愿主动与家里人交流，甚至父亲住院一个月都不肯打电话慰问一下，张老师得知后，当着学生的面用自己的电话拨给他的父亲，并让这个学生一定要向父亲说一句慰问的话。孩子的父亲当场哽咽。张敬老师就是这样一直用自己的方式诠释师道，是当之无愧的学生引路人。

在同事眼中，张敬教授是一位果敢担当、知人善用的暖心领导，是一位勤勉踏实、严谨敬业的学习楷模。张敬教授在学院人缘很好，这源于她不计回报的热心肠。她会努力发掘身边同事的优点，并发挥自己的人脉为大家牵线搭桥办实事。她曾对一位很受学生欢迎的老师说："无论你做什么事情，只要你能给出一个正当的理由，且对学生对学院有利的，我都尽我所能地支持你"。这句话的背后，付出的艰辛外人是很难体会得到的。

除却工作，张敬教授也是一位"国民好媳妇"，她跟公公婆婆同一屋檐下生活了 20 多年，照顾了重病婆婆 10 多年，从没抱怨一声，也没跟家人红过脸。"凤凰鸣矣，于彼高冈。梧桐生矣，于彼朝阳。"心存善念者，总是吸引着美好的事物在身边聚集。

张敬教授就是这么一位可亲、可敬、可爱的老师。

与导师一起做科研的日子里

——记高绍荣教授①

▶ 李静一②

求学同济，道教馆寒来暑往，现在看看自己走过的路，除了感叹光阴荏苒，白驹过隙，更多的是心中对导师长久以来谆谆教导的感谢。

我的导师高绍荣教授搞科研恨不得将每天的时间精确到分钟，加上平时还有繁重的管理工作，每天忙得连轴转。但是对他的每一个研究生，从来都不吝时间，更是关心备至。任何时候遇到任何问题，我们都可以毫不犹豫地推开导师的门，迎接我们的永

高绍荣教授

远是导师一张不知疲倦的关切的脸。从实验室到高老师办公室，只有十几步的距离。然而积跬步方能至千里，5年来，这段最熟悉的距离已然夯实了我最重要的科研成长路径。感恩一路有良师相伴！

进入导师课题组之后，组会就成了我最重要的科研日常。在组会上不仅仅要汇报自己阶段性工作，也要分享自己阅读到的文献，做到知识共享和交流。或许有人在看文献的时候选择简单一些的杂志，这

---

① 高绍荣，同济大学生命科学与技术学院教授，博士研究生导师。
② 李静一，同济大学2014级生命科学与技术学院博士研究生。

样理解起来会快一些。但是从我刚进入实验室就被高老师要求瞄准顶尖的文章，让我首先从思想和眼界上有一个高的起点。当然，起初阅读来自《细胞》（*Cell*）、《自然》（*Nature*）、《科学》（*Science*）、《干细胞》（*Stem Cell*）这样的顶尖刊物确实比较困难的，但是在高老师的指导下，经过长期的浸润和磨练，后来就能够紧跟国际顶尖实验室的研究节奏了。组会上高老师还乐意让我们分享他掌握的前沿信息，和大家讨论课题是否有做的前景，要向着哪个方向走会有意义。导师还尽量为同学们争取参加各种国内外学术会议的机会。我曾经有幸见过在胚胎领域做得非常好的张毅老师三次，都是导师争取到的交流机会。最近的一次，张毅老师应邀到访同济，导师也为我们争取到了与张毅面对面交流的机会，受益匪浅。

很庆幸，有导师的悉心指导和严格要求，让我能够有一个高的起点，有开阔的科研视野，从而增强了对标国际一流水平的信心和勇气。

踏实严谨的工作习惯是科研活动的基本要求。从文献中汲取科研养分是非常重要的，但是如果没有良好的科研习惯，也很难产出高质量的科研成果。我们实验室有正规的管理流程和严明的规章制度，大家自觉遵守，这也确保了实验健康而高效地运转。比如，实验室的垃圾分类就有严格要求。玻璃、培养皿，实验手套、纸，锐物（如针头）等要分别放入不同的垃圾桶。这些看起来是小事，但是细节决定成败，往往成为决定实验成功与否的关键性因素，也有利于避免安全事故的发生，如较多见的养细胞污染的情况，在我们实验室里却极少发生。

在做植入前胚胎方面研究的时候，我接二连三得知相关领域已经有人赶在前面发表了科研成果消息。对于自己课题的研究和推进是一个打击。在我几乎丧失信心的时候，是导师一直在安慰我。导师用自己的经历鼓励我不能因为别人比自己快就沮丧，要坚定自己的信心。导师带着我一起阅读文献，探讨思路、手把手指导我的实验。他鼓励我说："科研是场残酷的竞争，唯勇者先！即使暂时错过了先发的优势，还是要有攀登高峰的勇气。"这些话深深印在了我的心底，也都成为我投身科研、矢志不移的底气。

高老师全力为实验室的学生打造完善的平台，并且不断进行优化，比如及时更新实验仪器、丰富实验室的可用资源等。高老师特别鼓励同学们有自己的想法，并给予全力支持，实验室的研究广度和深度不断得到拓展。

高老师待人诚恳，尊重关心每个学生，尽全力给予帮助，并且针对每个学生的科研进展给出具体而有效的指导。高老师充分尊重每个学生，讨论从来都是针对问题，委婉地指出有待改进的地方，从不训斥学生，学生也会因此及时改进自己工作中的不足。课题组内的学生能以一种健康的心态不断努力，通常会更有成效。学高为师，身正为范！导师的言行默默地影响着我们，将大家团结在共同奋进的科研道路上。有这样一位真正适合自己的导师确实是求学之路上的一件幸事！

大自然的使者

——记郭光普老师①

▶ 徐 博②

　　一个可以和老师聊天，无拘无束地交流想法的课堂，是我们学生一直所憧憬的。很幸运，我们在大学里，在郭老师的课堂上实现了我们的愿望。而且郭老师的课堂不只是在教室里，桌前、树下、河边、山间等，都可以成为他的讲台，他时刻把教书育人放在心里，把这个时代的教学放在心上。在他的课堂上，我们不仅可以学到必要的基础知识，还能一起讨论生命的奇妙，还有为人处世之道。他是我们的老师，更是我们的朋友。

郭光普老师

行于自然，学于实践

　　郭老师的研究方向是宏观生物学，所以他的课会有许多户外的实验。在大一的时候，有一门生态学，这门课有一个课外观鸟实验，需要记录固定地点鸟类的行为并做分析，郭老师告诉我们，最好的了解

---

① 郭光普，同济大学生命科学与技术学院副教授。
② 徐博，同济大学 2016 级生物技术专业本科生。

生物习性的方法就是自己实地观察。为了完成这个实验，我们小组走遍校园，找到一个乌冬的鸟窝进行定点观察，每天早起记录它们两个小时内的行为。很幸运，这个鸟窝里还有几只刚出生的小乌冬。完成实验后，我们了解到乌冬妈妈抚育幼鸟的全部过程，这是在课本中学不到的。

印象最为深刻的是天目山实习。我们在那里采集植物叶片，捕捉昆虫，制作标本等。其中最有意思的是郭老师会随时随地给我们讲授有关知识，向我们展示自然的魅力。与其说他是我们的生物老师，不如说他是我们的自然老师。郭老师毫不吝啬地向我们讲述他所看到的奇妙的世界。我们在跟着他的脚步领略这个世界的美好，享受大自然的馈赠，并学到知识，从而构建我们自己心灵中这个世界的样子。

思想如水，育人可贵

和郭老师聊天可以感受到思想的自由，天马空行，坦诚交流，享受思想碰撞的快乐。他的课堂鼓励同学们发表自己的观点，大胆探索。郭老师多次在课堂上组织辩论，学生各自成组，每个人都可以围绕辩题独立思考、自由发言。根据不同的课堂内容有不同的辩题，有学生成才问题，有物种进化问题，有空间分割问题等。我觉得这也是郭老师课堂上很有特色的一面，让学生真正成为课堂的主体，让学生有自己的思考，而不是单纯地接受课本中的知识。

作为一名教师，郭老师首先做到了思想开放，勇于探讨新事物，接受新认识。我觉得这也是他育人成功的关键。有一次在课下和郭老师交流时，我对于幼鸟排遗物处理的方式提出了不同的观点，认为可能是从口中排出由幼鸟妈妈叼走，郭老师不否认这个新奇的想法，并鼓励我去进一步探索。他教会了学生要大胆探索、敢想敢做。

乐在其中，不畏艰苦

郭老师不只在学校课堂里，远在边疆和大山深处，都有他的足迹。郭老师有许多野外调查的项目，或是环境保护，或是资源调查，又或是物种进化。他经常出差，每次时间都很长。边疆和大山的艰苦环境，交通不便，高原反应等都不能阻挡他。为了自己的工作，也为了对大自然的热爱，当然也为了能在课堂上与学生分享更多大自然的故事，让学生学到更多有意思的知识。在调查之余，郭老师也组织过学生参与支教活动，云南、西藏等地都有郭老师的课堂。

如果项目允许，郭老师还会带着同学一起参与调研。我有幸跟着郭老师在市区内做鸟类调查，穿梭林间，仰望树梢，虽然不如坐在实验室舒服，但过程让人愉快，并且可以更有效地学到知识。

能够在大学里认识郭老师是一件很幸福的事，他给学生们带来的不只是知识，还有认识生命的能力和方法，更有对人生的启迪，我希望留住这份尊重和郭老师做好朋友。

学为人师　行为世范

——我的导师康九红教授①

▶ 吕　瑶②

　　评价我的导师康九红教授，我想
到的最为贴切的一句话是苏联著名教
育家苏霍姆林斯基对教师提的要求：
"教师不仅应是教课的老师，也是学生
的教育者，生活的导师和道德的引路
人。"康老师就是我们实验室的大家
长，自实验室成立的十余年来，他坚
持以知识灌溉，以智慧引领，以品德
育人。

康九红教授

　　我从大二时来到康老师实验室学
习，并在 2016 年选择直接攻博，至今
已经 6 年有余。从第一次见到康老师时他说"本科生愿意来学习我们
都欢迎"的接纳，到现在将要毕业面对重重困难时不厌其烦地指导与
为我们引领沟通，这期间的点滴我都不曾忘却，并且一直鼓励我更加
积极努力、认真负责地对待身边的人和事情。

　　作为一名高水平的生物学家，康老师时刻关注着前沿的科学进展，
并且致力于做有意义的研究。我们总是能分享康老师分享的最新论文

---

① 康九红，同济大学生命科学与技术学院教授，博士研究生导师。
② 吕瑶，同济大学 2016 级生命科学与技术学院博士研究生。

和学术讲座，高屋建瓴地引导我们去做科学前沿、能有重大突破的探索，解决人民关心的重大问题，而不是简单地为了论文而做研究。"做顶天立地的研究"这句话是康老师最常和同学们说的话。

授人以鱼不如授人以渔。康老师非常注重培养学生独立思考，发现、解决问题的能力。每一个学生在进入实验室学习时，康老师都不曾硬性规定去做某一个课题，而是要求先观摩学习，多阅读、多请教、多思考、多比较，找到自己有兴趣的研究方向。之后再一一具体探讨各项研究的意义、可行性，并提交实验室组老师和同学共同研讨决定。为了让课题顺利开展，康老师花了大量的时间开组会指导。因为实验室内人数众多，我们按照课题类型分为四组，虽然每组每周只开一次组会，但康老师一周就要参加四次组会，并且每次都尽心尽力地严格把关，两三个小时才结束，付出的心血可见一斑。康老师认为，一个学生也许水平有限，不一定能做出非常高水平的论文，但是其中课题的设计布局，实验过程，数据采集，论文撰写、修改、投稿和后续补充，每一个步骤都应以学生为主，老师的作用则是给予指导和修正。事实上这后者所投入的精力远超前者，而且这种做法耗时甚多，但是对学生来说，却是能真正地获得研究的经验和技能并受益终身。

康老师要求自己的学生研究和治学务必严谨求实。做实验时设计要合理，操作要规范，数据分析处理要准确，论文撰写要合乎逻辑、突出重点，论文投稿前都要由其他教师帮忙检查原始数据和实验记录，并且统一上交存档。面对同学思考不认真导致的浪费，康老师总是会痛心疾首地说这是对纳税人的不负责，他的这种节俭与负责的思想已深深印在每名同学的心中。

除了指导学习研究，康老师也关心着我们的生活和思想。他会给大家讲自己求学过程中的经历和感悟，也会关注每个同学在生活中遇到的困难，并且积极帮忙解决。有师兄家境较为困难，康老师曾经私下里给予补贴，为了他们的自尊并让他们懂得处世之道，让他们写个象征性的"借条"。

康老师兼任生命科学技术学院的党委书记，在党委、支部的各项活动中经常能看见他的身影。他在给学生上党课的时候，不仅仅讲理论，更多的是深入浅出地讲他的个人所见所感及身边的事例。支部的学生们涉世不深，对事物的理解认知往往停留在表面。记得有一次上党课，康老师给大家讲为什么加大力度扫黑除恶，加深了同学们对党和政府这一行动的认识和支持。支部里其他实验室的同学因为平时没有很多机会和康老师交流，也非常欢迎这种类型的党课，以加强和康老师面对面沟通。

曾经有师姐在毕业答辩致谢时说："最让我感恩的是康老师对实验室的每一个同学都不曾放弃，即便每个人的水平有高有低，但康老师一直鼓励和引导大家在现有的水平上进步提升。"康老师因材施教认真地培养每一个学生，而我们就在这一次次的周报、组会、谈话交流中，取得微小而坚定的进步，并以此回馈恩师为我们付出的心血和教诲。

他是我的榜样

——记王欣老师

▶ 张芳芳[①]

上海同济医院是同济大学附属医院。作为该院的医生一般都有双重身份，在承担治病救人重任的同时，还担负教书育人、培养医学接班人的任务。王欣老师就是他们中的一分子。王欣曾就读于同济大学医学院。毕业后留在同济大学附属医院骨科，如今已是一位副主任医师，是优秀的业务骨干。

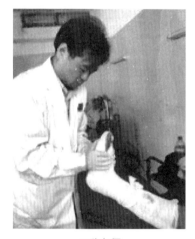

王欣老师

2014 年我有幸跟随王欣老师实习，近距离的接触使我对他有较深的了解，并把他作为我学习的榜样，苦练基本功，不断提高医术水平。他经过长期刻苦学习和锻炼，在创伤骨科、修复重建外科、骨科愈合矫形等方面积累了丰富的临床经验。他擅长四肢复杂骨与关节创伤的治疗和四肢软组织缺损修复重建，尤其是在老年骨折和肩、肘关节周围骨折等方面，积累了丰富的治疗经验。他担任多个全国性学术组织委员。王欣老师医德高尚，他以自己精湛的医术为患者解除病痛，每年经他诊治的患者超过 6 000 人次，手术超过 400 次。

---

① 张芳芳，同济大学医学院博士研究生。

2015 年，王欣老师积极报名参加了上海市援助摩洛哥医疗队。他克服生活不适应、语言障碍等诸多困难，为当地人民提供高水平的医疗服务。为了不耽误患者的治疗，他常常在当地医生下班后，牺牲自己的休息时间，给病人动手术。他的高尚医德和高超医术，赢得了当地人民的信任和敬重。不少居住在其他城市的人慕名而来接受治疗。当地人民不仅记住了他，也记住了"中国"。此外，他在完成医疗工作同时还不忘悉心指导学生。同济医学院始终将培养有社会责任感、具有国际竞争力的医学人才作为己任，提出了"分段要求、贯通培养、坚持标准、合理分流"的培养模式。王欣老师按照学院的要求，自觉做好学生指导的有关工作。

他结合医院的丰富的临床资源，向学生讲解医学专业知识，使复杂的知识变得通俗易懂。他毫无保留地把临床知识和专业技术传播给学生。他会手把手教学生缝合、打结等外科基本技术。王欣老师曾作为访问学者到美国哈佛大学医学院麻省总医院学习交流，他把国外新的医学理念和知识带回国内，传授给学生。王欣老师常对学生说，我们选择的是"健康所系，性命相托"的专业，要牢记自己的责任，做一名造福于人民的好医生。他的这些话，我将作为座右铭，永远牢记。

她是患者"值得托付生命的人"

——记李惠萍教授①

▶ 王天娇②

疫情受命

我们无法忘记 10 多年前的那次 SARS 疫情，上海市肺科医院呼吸科作为呼吸道专科医院抗击 SARS 的重点科室在那次全民作战中发挥了极其重要的作用，而李老师作为上海市防治 SARS 专家组成员不但要负责全院的防 SARS 工作，同时还肩负起了全市 SARS 诊治工作，压力和责任可想而知。上海作为一个国际性大都市，人口密集度和流动性在全国都是最高的，

李惠萍教授

但只有两例 SARS 病例，防治 SARS 的工作取得非常大的成绩，我想和李老师的无私付出是分不开的。只有李老师身边人才知道，当时老师的女儿要参加高考，婆婆重病住院，丈夫又远在新疆支边，家庭需要她的关心，但老师为了更多家庭的幸福，为了上海市市民的健康，几乎将所有的时间放在了全市和医院防治 SARS 的工作上。

---

① 李惠萍，上海市肺科医院主任医师，同济大学医学院教授、博士研究生导师。
② 王天娇，同济大学研究生会成员。

医患情深

67 岁的退休工人叶阿婆几年前曾是一名严重的肺炎患者,目前已康复出院。有一次她看急诊,由于呼吸困难,心跳达到每分钟 160 多次,持续高烧不退,送进住院部。呼吸科主任李惠萍来查看病人情况时,叶阿婆用尽全身力气,想要下床和医生打招呼。李医生急忙跑进来,用双手扶住她。"就是这个扶的动作,让我倍感温暖。"康复患者叶阿婆动情地说。

李老师有比较严重的颈椎病,病发的时候她还要坚持带着颈托上门诊,有一次上完门诊在办公室吊盐水坚持办公,我们看了很心疼,李老师却说,病人挂特需门诊的号不容易,很多都是大老远从外地跑过来,要提前过来住在宾馆才能看上几分钟的门诊,取消门诊会给他们造成很大的困扰。就算做科学研究,她也总是告诫我们,做出的成果都要秉承造福病人的目的,最终都要解决临床问题的。

这样一个为病人着想的好医生,让我们在面对医患关系紧张的现实时更加坚定了做一个好医生的信念。她用自身的行动实践了"为病家谋幸福"的"希波克拉底誓言",给我们这些小辈点亮了行医道路上的明灯,让我们破除迷茫,一路向前。

30 年的行医生涯,李惠萍医师用执著的追求书写了一名医务工作者的大爱和高尚品德。

她医术高超,挽救了无数疑难重症患者的生命。繁忙工作之余,她曾两次赴美国学习和进修,不断完善和提高自我,成就了精湛的医术。多年来,她潜心研究呼吸科的常见病、多发病,尤其擅长间质性肺疾病、结节病、弥漫性泛细支气管炎及其他下呼吸道感染性疾病的研究诊治,以及呼吸科疑难、危重病症的抢救,成功抢救近千例危重病人。

她医德高尚,不求回报,默默奉献,对病人没有贵贱之分,被患者尊称为"值得托付生命的人"。

她淡泊名利,但是精湛的技术和高尚的医德使得她蜚声海内外。精湛的医术,不仅源于多年的实践经验,更与孜孜不倦地学术钻研密不可分。

从教多年，李老师已是桃李满天下，在学生心中，李老师既是严师，又是慈母，更是"偶像"。榜样的力量是无穷的。李惠萍的学生们说："师从李老师，我们忙并快乐着！"

导师对我们学业上严格要求，生活上的关心也是无微不至的，曾经有一段时间，由于工作学习上比较劳累，我出现了咳嗽、咳痰、发热症状，并且胸部 CT 显示左肺出现大片炎症阴影，导师得知后立即组织科内会诊，并亲自为我做了经皮肺穿刺，明确诊断，迅速为我制定了合适的治疗方案，在导师的关怀下，我的病情很快的得到了控制，恢复了健康。

——2004 级硕士研究生、2011 级博士研究生　胡洋

李老师总是非常关心这些她眼中的孩子，一个苏大的师妹在跟着老师上门诊的时候，被细心的李老师发现状态不好，然后她仔细地询问了师妹，原来她有多年的慢性咳嗽，李老师作为一个资深的呼吸科主任医师，给她做了心肺听诊，并叮嘱一个博士师兄带师妹做了胸部高分辨率 CT，通过她的 CT 表现发现她有少许支扩，考虑到苏大师妹回苏州校医院治疗的费用以及时间等问题，李老师出资叮嘱其他的师兄妹们帮她拿了抗生素以及一些中成药，先进行治疗。在一段时间的治疗后，师妹长时间的黄脓痰情况消失。在之后的日子里，李老师还经常询问她的病情，叮嘱她做实验不要太劳累，避免加重病情。看到她在那么繁忙的情况之下还如此关心我们，我们会有一种发自内心的感动。

——2011 级硕士研究生、2013 级博士研究生　杜姗姗

我的 super supervisor

——记我的导师段涛教授①

▶ 孟璐璐②

    我的导师段涛，他是父亲、医生、院长、导师、教授、作家、创业者。我的导师是超人，不光因为他有很多的身份，更因为每一个身份，老师竟都能用自己的行动诠释得尽善尽美。

对待孕产妇：先其需而行

    老师是医生，行医数年，慕名前来就医者比比皆是。他坐诊时常常对初诊的孕妇说："整个孕期你所想到的问题，我的微信公众号里都有。"老师

段涛教授

微信公众号多年前开通，每周 3 篇至今笔耕不辍从未断更，微博粉丝更是超过 57 万，已成为微博"大 V"。在接触老师之前，我常常在想这么忙碌的人，怎么可能有时间完成这样的工作？直到和老师上过门诊之后，我才找到了答案。

    记得有一天接连两个孕妇在我量宫高的时候说耻骨疼，我只想到可能是自己手太重了，两天后老师竟然整理成了科普文章《怀孕生孩

---

① 段涛，同济大学医学院教授，博士研究生导师。
② 孟璐璐，同济大学医学院 2019 级临床五系硕士研究生。

子那些事 | 耻骨联合分离》。老师从解剖学，内分泌的角度讲解了孕期耻骨疼痛的原因，如何缓解以及严重时该如何处理。比起普通的语言安慰，这样严谨的科普更有利于缓解宝妈们的不安。这样的事情此后一直不断地发生着，我慢慢也就明白了老师微信推文高产的原因。

老师坐诊时，眼镜、笔、咖啡"三剑客"常伴左右，但最必不可少的是笔记本，这么多年来一直如此。孕妈妈们的问题大到涉及胎儿和母亲的安危，小到孕期吃喝睡行，老师坐诊时无不一一耐心解释，同时在笔记本有所记录，常常两三天后就可以从公众号中看到同类问题的深度解答。很多时候老师在坐诊时，常常扮演安慰者的角色：To cure sometimes, to relieve often, to comfort always. 如何做一名好的医生？老师教会我的是：倾听患者的声音，先其需而行。

对待科研：留心皆学问

老师是教授，治学严谨，主持过大大小小的科研课题无数。关于做学问的点滴心得中，老师喜欢用"留心皆学问"来总结。如何确定科研方向的问题，老师也是借助他的微信公众号做了细致的回答。

做科学研究的前提是要有足够多和足够好的资源，这包括病人资源和实验室资源。例如想做早产的研究，第一，看自己医院里有没有足够的早产病人数量，这些早产的病人是否会来看病，能否收集到足够的临床数据和样本。第二，要善于借助团队的力量，一个人去从头摸索是很困难的，是经常要走弯路的，临床和研究经验丰富的团队会让你很快进入状态，避免很多的麻烦。第三，选择的研究方向最好能整合身边的临床资源和实验室资源，退而求其次才是凭借足够的临床资源，去寻找外部的实验室资源。如何选好的科研？老师教会我的是留心皆学问，须善假于物也："Idea is cheap, resources and execution are important. 如果没有临床资源和实验室资源，只有想法，科学研究的设计是很难落地执行的。"

对待学生：润物细无声

老师弟子众多，虽不能比孔子的三千之众，但也足以上千计。对待我们，老师常常是倾心相授，春风化雨，润物细无声。

2018 年 10 月 16 日，开题在即，当我急于求成，想要以一个短平快的方向作为研究课题时，老师看到了我的焦虑，当面提出了具体的修改意见。傍晚时分，微信推文就看到了这样一段话，"优秀的临床医生不是一天练成的，对于年轻医生来讲，你得耐得住寂寞，守得住初心，追求匠心，才能修成正果。"这也不禁让我即刻反思，求学的初心。当然对于一个爱吃火锅的老师，看到学生的不足，会轻轻点拨；但弟子们有出色表现时，作为小小的奖励老师会邀请一起共进火锅。我们都戏称这是 SCI 味道的火锅，常为吃上火锅而默默努力。

我很感谢我的导师段涛教授，感谢他愿意接收这样一个非临床非985 的外校学生作为门下弟子。我常常用功夫熊猫阿宝的经历来形容自己的研究生求学过程，因为我和阿宝有太多的相似之处。首先，我们都并非出身名门，我 2017 年毕业于西部戈壁滩上的石河子大学，很多时候在大多数人眼中，它并没有所谓的名校优势。其次，我们似乎都不太自信常怀疑自己。再者，我们都似乎以一种误打误撞的方式在完成人生的目标，阿宝想成为神龙大侠，而我想成为医生，即使在选择妇产科学作为自己的专业之前，其实我学习了五年的医学检验。研究生求学这段旅程中，我和阿宝最大的相似之处是我们都遇见了我们的 super supervisor。在不到两年的时间，老师传道、授业、解惑之处甚多，老师的风趣幽默的性格，严谨治学的态度也在潜移默化地感染我，谨以此文表示感激。

新竹高于旧竹枝　全凭老枝为扶持

——记恩师程黎明教授[①]

▶ 黄润之[②]

晚十点，四周渐渐安静，夜色泼墨般的铺满窗外，只有同康楼依旧灯火通明。实验室里还偶尔传来一阵脚步声或是一两声人语。此刻的我正坐在两台电脑前，反复调试着夜里要通宵运行的代码。几分钟后，按下"Running"，心满意足地结束了今天的工作，心想：今天还是做出了不少好看的图片的。在回家的路上，路过行政楼，程老师办公室的灯还亮着，我猜他应该还在楼上办公。进入程老师

程黎明教授

师门的这一年里，这样的情形发生过很多次，我已习惯摸着黑骑电车回家，不管多少次，不管多累，我都会想这个时候程老师一定仍在工作，我还有什么理由不努力呢？在我心中，他那扇总是亮着灯的窗户，不仅是鞭策我前进的一盏灯，更是迷茫夜空中指引我的最亮的星。

---

① 程黎明，同济大学医学院教授，博士研究生导师。
② 黄润之，同济大学 2018 级外科学博士研究生。

仗剑行千里，微躯敢一言；曾为大梁客，不忘信陵恩

因为老家医疗条件较差，经常出现因延误治疗而错过最佳治疗时机导致患者预后不良的事情，为了救死扶伤，我从小就立志学医。在众多的医学专科中，受到爷爷和叔叔的影响，我又对骨科情有独钟。我在同济大学附属上海市第十人民医院进行了临床课程的学习，在第二军医大学附属长征医院进行了临床实习，在同济大学附属同济医院进行了临床加强实习。众所周知，这三所医院中优秀的骨科教授数不胜数，拿到直接攻博资格后，我尝试着联系了几个很优秀的教授，得到的结果却不尽如人意，心灰意冷的我抱着一丝希望加了程老师的微信。

我是一个来自"其他医院"的本科生，程老师是院长，是首席科学家，是著名骨科专家，我没抱太大希望。我握着手机，短短几十字的自我介绍，思前想后，足足用了几个小时才输入完，按下发送的那一刻，我做梦也没想到，这竟然开启了我和程老师的师徒缘分。

发送消息之后，几分钟内程老师便给我了我简单的回复："明天早会之后来我办公室。"（后来我才知道，程老师的微信一般都有两千条以上的未读消息，真不知道他当时是怎么看到我的消息并回复的。）尽管当时并不觉得程老师会在我身上花费多少时间，但是欣喜若狂的我依然又对之前已经修改过多遍的简历改了又改。第二天我早早地来到同康楼十楼示教室，和我想象中一样，他是一位自信又不失沉着的领导者。程老师示意我坐下旁听，交班结束之后，我忐忑地递上自己的简历，他端详了一会儿，微笑着跟我说："嗯，成绩挺不错啊，也做了挺多的工作。"听完这句话后，我心中悬着的石头也落下来，仿佛离群的士兵找到了队伍。我心想这时候老师把我安排给一名师兄让我跟着一起学习就可以了。但是，令我意想不到的事情马上就发生了，程老师竟开始跟我促膝长谈，从为什么学医到有什么特长爱好，从对科研的理解到他的理想，不知不觉，竟过去了一个小时。初见程老师，我根本没想到一位院长竟愿意抽出宝贵的一个小时跟一个初次见面的本科生谈他的初心。这一个小时里，从程老师的言语中，我感受到的不仅是一位老师对学生的谆谆教诲，而且仿佛感受到了一位父亲对孩子的殷切期望。最后，程老师说："来吧，来读我的研究生！"就这样，我开始了和程老师的这段师生缘分。

海纳百川，有容乃大；壁立千仞，无欲则刚

当我带着一颗懵懂却年轻气盛的心进入实验室时，身上背负着许多压力的我，显得那么渺小、手足无措，但也想尽全力做出一番成绩。因为我之前在流行病统计学和生物信息学上有一定的基础，所以研究生阶段我也准备以此为研究方向进行深入研究。工欲善其事，必先利其器，要做这个方向，必须要有高配置的电脑和服务器，而一般的医学课题组是绝对不会配备这些价格不菲的设备的。当我略带忐忑地向他提出需要这些硬件设施的时（当时我还是一名本科五年级的学生），程老师一句："没事，只要研究有需要就要买"化解了我的尴尬。程老师经常鼓励我们积极探索，勇于试错，不会让我们因经费问题而分心。我们确确实实感受是在为自己做研究，多了一份探索的主动，少了一份治学的随意。

在购买设备期间，由于我过于心急，同时也是第一次进行经费报销，发票抬头写错，险些酿成大祸。程老师当时在澳大利亚出差，在通过电话指出了我的错误后，还是好言安慰我，并亲自督促设备尽快到位，保障我的研究不受影响。每当我在科研上做出一些小小的成绩时，便会得到程老师真诚的肯定，这是对学生来说最大的鼓舞！但越是这样，我便越是害怕做错事给程老师造成麻烦。然而在老师的字典里，对学生没有"放弃"二字，即使你犯了严重的错误，他也会在你认识错误之后给予鼓励和安慰，有时甚至还为你分担责任。

未出土时先有节，已到凌云仍虚心

莎士比亚说过，"一个人无论禀有着什么奇才异能，倘然不把那种才能传达到别人的身上，他就等于一无所有。"程老师与学生相处时和蔼谦虚，做事一丝不苟，做学问坚韧严谨，这些都值得我终身学习。因为我的研究方向是流行病统计学和生物信息学，需要学习多门编程语言和许多计算机知识，和大多数医学专业研究生所学习的内容不同，程老师多次非常谦虚地跟我说："在生物信息学专业的方向上我可能没

法给予你很多的指导，如果有需要，或者你想跟谁学，尽管跟我说，我帮你联系。"可是，我们大家都心知肚明，您作为国家重大研发计划首席科学家，脊髓损伤方面的专家，已经指导开展了多项生物信息学结合基础及临床医学相关的研究，关于在研究中何处使用生物信息学技术，如何用生物信息学技术辅助整个研究是有相当了解的。而我应该学习的，不仅应该是众多复杂的生物信息学算法，更该是程老师这份已到凌云仍虚心的虚怀若谷。

"云山苍苍水泱泱，先生之恩山高水长！"很庆幸在自己的学业生涯中能遇到程老师这样的导师，我惟有更努力地学习做人、做事、做学问，不断充实自己，把自己的工作做好。

点滴汇江海　细节铸名师

——记王佐林教授①二三事

▶ 周　涛②

王佐林教授是同济大学口腔医学院和附属口腔医院院长，中国口腔种植界公认的权威，也是我的研究生导师。

初识王老师，是很多年前，从他参编的《口腔颌面外科学》教材上。他负责编写的口腔种植外科那一章，是我与口腔种植的第一次邂逅。

后来，通过网站、学术会议、科研论文等媒介，我一次又一次领略了他的风采。

王佐林教授

直到终于进入他的门下，与他朝夕相处，接受他的言传身教，我才终于明白了怎么样才能做一名合格的老师。具体来说，王老师的为师，可以从为医、为学和为人三方面来展开。

作为一名王老师的学生，我试从亲身经历和亲眼所见，选取二三事在这里分享。

---

① 王佐林，同济大学教授，口腔医学院院长，博士研究生导师。
② 周涛，同济大学 2019 级口腔临床医学硕士研究生，主治医师。

为医上，王老师是毫无疑问的楷模

我们每周都要随王老师上专家门诊。作为中华口腔医学会种植专委会主任委员，王老师的号之难挂，可想而知。他常去主动了解自己专家号的挂号渠道，挂号难度及就诊患者的分布情况。

"我的专家门诊，现在限号在多少个？"

"十个。"

"太少了，放到二十个。哪怕少开一个会，少出一次差，也要多看几个病人。你们不知道，这些患者有多渴望得到正规优质的医疗服务。"

"您的号，现在大部分都是在微信平台上发布，或者是其他医疗App上。"

"这样也不好，有种植需求的，很多都是老年人，他们不一定能熟练使用手机挂号，还是要放一些在窗口。"

有一天，一个女孩不慎从楼梯上摔下，折断了两颗门牙。当得知患者为了能接受王老师治疗而不远千里从外省赶来时，王老师立刻给她制定了难度较高的即刻种植、修复的方案，极大减少了患者的复诊次数，缩短了治疗周期，并通过分院分流的方式，在很短的时间内给这名患者安排上了手术。

王老师经常告诫我们，永远不要忘记自己是医生，要有医德，要为病人考虑。

教学上，王老师是不可多得的良师益友

虽然他各方面的工作异常繁忙，但却很少缺席每周一次的课题组会。

对于硕士的实验进展和论文写作，王老师十分用心，悉心指导。每个图片都进行分析，每个数据都进行解释，指出我们自己体会不到的科研意义所在。

对于博士和博后，王老师说："你们做的一些方向，比如基因的、材料的，有些我也并不都能彻底弄懂。但我希望你们可以在这些研究上做出成果，你们需要什么，资金？设备？还是其他单位的帮助和合作？我全部可以给你们提供，完全不用担心这些。

要有科研的精神，什么叫科研精神，就是真的想探索科学，做一

点前人没有做过的事情，为医学，甚至为人类，做出一点小小的贡献。这才是一名博士应该做的。

要谦虚，要认真，要努力。做科研没有捷径，必须要吃很大的苦，要甘受清贫。你没有做出成果，就是因为你吃的苦还不够。我年轻的时候，在国内和日本获得过两个博士学位，在工作之前，我读了很多很多年书。你们一定要沉下心，不要急着去想外面的世界。"

这些话都超出了具体专业，但又是多么重要！

一个临近毕业的师姐，论文不能让王老师完全满意。王老师不仅逐字逐句地指出她论文中的关键问题，还从实验技术、统计分析和数据处理等几个方面帮她将问题分解，直至解决。

为人上，王老师既作表率，也不忘引导启发

真诚，是王老师最看重的个人品质。他常向我们讲起过往岁月里的师长、同行、弟子，每当他赞人之时，必要提及对方为人如何率真诚实，重情重义。

对于我们的缺点，他往往给予诸多包容和理解，但唯独要真诚一项，他绝不含糊。

在为人上，王老师对我们最重要的嘱咐是个人特点和社会需要的相互适应。"我们的团队现在有三十几个人，以后可能还会更多。你们能坐在这里，经过了千挑万选，是很出众的。而你们每个人都有自己的特点，自己的优点。对此，我提两点：第一，你们必须互帮互助，团队要有团队的氛围，你们每个人各自扬长避短团结起来，是可以做出很大的成果的，而且个人也会更快的成长；第二，我尊重你们每个人的个性，但你们的个性发展，要符合我们的社会需要，符合科研工作的需要，符合以后作为一名医生的需要。做人，要做社会的人，做有用的人。这也是我们同济大学立校之本，是我们每个学医的人，都应该牢记的。"

作为王老师的学生，我们常常感到压力，但当我们努力前行了一段时间后，往往都惊奇地发现，自己已经不知不觉成长了很多。

勤劳的艺术耕耘者与美的传播者

——记于澎教授[①]

▶ 孙　彧[②]

　　作为教师，于澎老师勤勤恳恳、认真负责地教书育人，为学生授业解惑，用一点一滴的行动去诠释对教育事业的忠诚和为人师表的天职。作为艺术家，他用手中的画笔和心中的感悟，领略世界的广大和多元，记录并且以自己独特的艺术语言描绘美、传播美，努力耕耘艺术，为世界创造更多的美好。

于澎教授

　　于澎老师在学院教授的研究生课程"综合材料艺术创作"和"东方绘画元素创作研究"，以及学校党工委主办的"中国画教师研修班"课程绝对称得上"炙手可热"，是需要"抢登"选课系统才能选得到的好课，可见他受到本院同学和外院同学及老师喜爱的程度。笔者有幸同时选到了他的两门课，从此，研究生一年级上学期的每个周四下午都成了一周最为期待的时间。

　　课堂上于老师带着我们用彩色粉笔在校园里写生，在老师的引导

① 于澎，同济大学艺术与传媒学院教授，博士研究生导师。
② 孙彧，同济大学 2018 级艺术与传媒学院硕士研究生。

下，拿起画笔的时刻才察觉到天天看惯的校园景色竟如此生动，细细品味各处的一草一木、阳光云朵，便都想将它们描绘下来，从而对自然对艺术有所感悟，进而内化为自己的能量。班上许多同学并非艺术生出身，许是第一次拿起画笔，难免觉得自己零基础而担心画不好，但于老师鼓励我们不要受惯性思维和刻板教学影响，要让自己开心，把它当作一个好玩的事情，个人的感受和表达是最重要的，然后才是技术和技法。要随心所欲地创造，去体会更多的艺术感悟，从而感受美好。都说教师的天职是"传道、授业、解惑"，于老师是真正从"解惑"到"传道"都尽心尽力为学生着想的好老师。

有一段时间他前往日本留学深造，对于东方的绘画气韵有着自己独到的见解和研究。从他的画作里可以看到自然优美的风光、花草强大的生命力、抽象气韵精神生动的表达，风格多变不拘泥。品读他的画作，能体会到那种不可名状的感悟和感动，或平静或热烈，或幽静或寂寥，都令人心驰神往，深受启迪。老师的画作多次获奖，并且多次举办重量级画展，向社会和大众传播美的感受，为大千世界创造了美好的事物，留下自己独有的痕迹。

于老师待人平和、宽容、亲切，带有北方人的爽朗和大气，严于律己，宽以待人，不仅在学业上、艺术修养上给予学生各种帮助，在为人处世方面更是言传身教地影响学生。

感谢同济，培育我们成长成才；感谢同济，让我们遇到了这样一位可爱可亲、认真负责的好老师。

青钱学士　文以载道

——记导师陈青文[1]

▶　施艳敏[2]

　　我的导师陈青文老师在课堂上是我的良师，在教室外是我的益友，她不仅教我知识，也育我德性，不论在课内外、线上线下，她都以润物细无声的方式引导着我的学业、生活、思想和认知。

　　在春风化雨般的课堂教学中，青文老师用其一贯亲切柔和的嗓音、扎实的专业知识和科学、理性的思维逻辑，将"育人"融于"教书"的过程之中，让冷冰冰的理论变得有温度，

陈青文老师

也让严肃的课堂多了一分生机。研一上学期，我上了青文老师的讲座课，在偌大的阶梯教室里，她嗓音不大，却刚刚好清楚地充满整个教室；她也不曾敲打黑板，但全部同学的眼光却通通落在她的身上。青文老师用贴近年轻人的有趣案例包裹着严谨而专业的理论知识让所有人被她的讲授所吸引。那堂课讲的是媒介技术和人类未来，借助开场的《黑镜》片段，青文老师一举抓住了全场的注意力。随后，她将趋

———————————

①　陈青文，同济大学艺术与传媒学院副教授。

②　施艳敏，同济大学 2020 级新闻传播学硕士研究生。

势专家关于人类未来生活的预言娓娓道来，我们也不知不觉被她带入了未来的媒介世界。

我来自普通的工薪家庭，虽然一直向往出国留学，却从来不敢为家庭增加更多负担。青文老师鼓励我追逐自己的梦想，点拨我突破认知的局限，还帮助我准备出国的材料。我在欧盟伊拉斯谟奖学金（Erasmus Plus Promgramme）的支持下于德国顺利完成了为期半年的交换学习，在那半年里，青文老师常常通过微信与我联系，她不仅关心我的日常情况，还教导我努力学习、报效祖国。她给独在异乡为异客的我带来跨越时空的温暖，还让我始终牢记社会主义核心价值观、始终清楚自己的来处和归处。在青文老师的谆谆教导下，暂别祖国的我更深刻地体会到中国特色社会主义的伟大和坚定理想信念的力量。她为我传道、授业、解惑，也教我自信、从容、坚强。

因材施教比一刀切的教育方式更复杂、也更累人，但青文老师却始终从我的实际情况出发为我考虑，用最适合我的方法指点我、引导我，使我在她的知识教育和思想道德教育中如沐春风。她尊重我的想法和兴趣，在论文选题时也充分考虑我的想法，这让我始终对自己选择的研究领域充满热情，也始终对青文老师这样的教育方式充满感恩。

艺术学习道路上的指引者

——记李巍教授[①]

▶ 王宇璇[②]

那些曾经在我们人生路上教育过我们的老师，在我们生命里已经留下了不可抹去的烙印。因为他们教过我们如何写字，如何学习，如何做人。他们是我们人生的启蒙老师。而研究生时期的导师李巍老师却是对我人生之路指引航向最重要的一位老师。

2016 年，我在本科的学校不知未来该如何发展、保研的院校是否愿意接受我而困惑时，我给素不相识的李老师发送了一封邮件，没想到李老师

李巍教授

很快就回复了我，"你的简历我看了，可以来报考！"瞬间就给我点亮一盏明灯，让我觉得同济可能就是我下一站的"家"。在顺利考入同济就读研究生后，李巍老师像父辈一样照顾我，让我这个来自外校的研究生感受到同济的温暖。

入学时，因为学籍原因被分到了嘉定校区的宿舍，专业课都在四平校区，每次五点多钟起床赶第一班校车去四平校区上专业课，自己

---

① 李巍，同济大学艺术与传媒学院音乐与表演系教授，博士研究生导师。
② 王宇璇，同济大学 2017 级艺术与传媒学院音乐与表演系 MFA 专业硕士研究生。

又有晕车的毛病，但是一直没敢跟李老师说自己的难处。一次排练《江姐》结束，到嘉定已经是晚上十一点了，没看清路摔了一跤，下巴在地上磕了一大块，也出了血。第二天包着纱布继续去排练，老师们都来询问我的情况，李老师把我拉到一边，说是不是奔波于两个校区太辛苦了，整个《江姐》剧组就你一个人住在嘉定啊。李老师一边帮我写书面申请，一边跟学院反映我的情况，很快给我安排了一个四平校区的临时宿舍。李老师不光在专业上给予帮助，在生活的方方面面也关心着我们。

研二期间，我做了小手术，专业上有些停滞不前，李老师不时鼓励我，"我知道你自身条件在这，不用着急，加以努力一定很快就追回来了！"我也刻苦练习，学习有了进步。李老师还是在新的原创歌剧《刘志丹》中留给了我一个宝贵的演出机会，虽然戏份不多，但也是一个非常难得锻炼机会，我想，以后我会记住这部歌剧，记住老师们带给我的精神财富。

研三找工作阶段，我把自己的职业目标也放到了教师这一岗位上，我也想成为一名像李巍老师一样，悉心施教、关心学生的好老师。

思 想 篇

智者之虑事，不在一日，而在百年。

——谢金銮

我国城市规划教育的奠基人（节选）

——记金经昌教授①

▶ 唐子来②

　　为了编辑金经昌教授的纪念文集，经与金先生的家属联系，我有机会接触到金先生的许多手稿原件。面对一大堆纸质粗糙和早已泛黄的笔记本、练习簿和文稿纸，上面留下了金先生那密密麻麻和工工整整的字迹，真是令人感慨万分。

　　自从 1952 年同济大学设置"城市建设与经营"作为最早的城市规划专业，我国的城市规划教育已经走过了整整 70 年历程。如今，不仅同济大学

金经昌教授

累计已为我国培养了约 3 000 多名规划专业人才，全国已有 40 余所高等院校设置了城市规划专业。2001 年 7 月，首届世界规划院校大会在同济大学举行，表明我国的城市规划教育得到了广泛的国际关注。此时此刻，我们十分怀念我国城市规划教育的奠基人金经昌先生的历史性贡献，更要继承和发扬他的规划教育思想。

　　金先生最为注重的是规划工作者的职业道德和社会责任感。"城市

---

① 金经昌，同济大学教授，规划教育家、摄影家。

② 唐子来，同济大学建筑与城市规划学院教授。本文选自《同济大学建筑与城市规划学院五十周年纪念文集》(上海科学技术出版社，2002)

规划是具体为人民服务的工作",这是金先生规划教育思想的核心。他多次强调,规划工作者应该想人民所想,解决好人民的衣食住行问题。金先生把坚持真理和敢说实话作为规划工作者的职业道德,他的言行更是为我们树立了典范。

1958年,金先生因坚持反对拆除苏州的古城墙而被地方政府送出境,这已是广为人知的往事。20世纪80年代初期,我曾跟随金先生参加一些城市总体规划的评议会,他依然如故地大声疾呼和敢于直言,毫不客气地提出不同意见。在退休以后,他还致信上海市的有关领导,对上海城市建设提出了许多意见(详见金经昌先生的《漫谈城市规划》)。1995年5月,金先生年事已高,不能参加"金经昌城市规划教育基金会(筹)"的成立大会,但在录像讲话中,他又一次告诫城市规划师生,规划师的品德是非常重要的,要坚持原则和维护法治,既要有技术又要有品德,才能更好地为人民服务。

规划城市应该与实践相结合是金先生的规划教育思想的又一重要观点,从20世纪50年代开始,金先生就带领教学实践师生团队,先后参与了金华、扬州和合肥等城市的规划工作,进行调查研究。在金先生的手稿中,我还发现了许多当年的现场调研记录和草图,相当细致和详尽。金先生参与的大上海都市计划、曹杨新村、同济新村和大连西路实验小区规划对于我国的城市规划实践都具有重要影响,并体现了理论联系实际的优良学风。在他的晚年,还指导了上海市中山北路-共和新路立体交叉的设计,并撰写了简要说明。1989年,"同济大学城市规划专业坚持社会实践、毕业设计出人才出成果"获得国家优秀教学成果特等奖,这是对金先生所提倡的理论联系实际的规划教育思想的充分肯定。

金先生认为城市规划是从宏观到微观和从竖向到横向的网络体系。从宏观到微观就是要有远见,从竖向到横向就是要全面。因此,规划工作者应具备相应的知识和技能。他还特别指出,城市规划与建筑学是迥然不同的专业,城市规划要有建筑学基础,但建筑学专业概括不了城市规划的要求。

金先生曾在德国达姆斯塔特工业大学深造,先后就读道路及城市工程学与城市规划学专业。因而，金先生十分注重规划教育中城市道路和市政工程方面的知识和技能，要求为规划专业讲授城市工程课程的教师应具备良好的城市规划知识。在 20 世纪 50 年代同济大学设置城市规划专业之初，金经昌教授和冯纪忠教授就分别主持城市工程学和建筑学的课程，而且始终作为城市规划教育的专业基础课程，如今仍然是我国规划教育主流模式的核心基础。

金先生还要求规划人才具备"多方面的丰富业务知识"，包括区域规划、绿地系统和规划法规。他还提出，规划人才应有很好的语言和写作能力，以利解说和宣传规划意图，并且至少学好一门外语，以利学习和借鉴国外先进经验。此外，金先生还认为，规划人才的文学艺术涵养将会影响到他们是否有能力创造美好的城市环境。在金先生的手稿中，我发现了国外城市规划资料的编译、城市社会学的读书笔记以及有关文学艺术的随笔，有些还是他退休以后的手稿，体现了金先生一贯提倡的勤学作风。

每当我抬头眺望日新月异的上海城市面貌时，就会想到金先生早就提出并且反复强调的规划观念，如"城市在森林中，森林在城市中""南京路应改造成为步行街"和"苏州河两岸应建设滨水绿带"等。如今，这些规划观念正在被各方面所接受并逐渐付诸实践，实在令人欣喜，也深感金先生作为一代规划宗师的高瞻远瞩。同样，金先生的规划教育思想也将对于我国的城市规划教育产生深远的影响。

一代名师寻常事　平生心血似春蚕

——学习和继承俞调梅教授[1]的教育思想

▶ 高大钊[2]

　　俞先生是同济大学地下建筑与工程系地基基础研究所的奠基人，同济大学岩土工程学科的创始人，我国岩土工程教育事业的开拓者。先生的学术思想、教育思想和哲学思想，培育和造就了我们几代同济岩土人。

俞调梅教授

　　先生在长达半个多世纪的任教生涯中，经过长期教学实践和不断总结经验教训，形成了内涵比较完整、独具特色的教育思想，对我国岩土工程学科的形成与发展，对岩土工程教育事业的开拓，做出了特殊的贡献。

　　值此纪念先生的时刻，让我们共同来回顾先生对岩土工程人才培养的贡献和精辟的见解。

　　由于岩土工程学科是一门交叉学科，其人才的培养途径具有两个明显的特点：一是工程学和地质学相互交叉，岩土工程师既要具备工程方面的知识和能力，又要具备地质学方面的知识和能力；二是各类

---

① 俞调梅，曾任同济大学土木学院地下建筑与工程系教授。
② 高大钊，曾任同济大学科研处处长，教授。

土木工程和水利工程都有岩土工程问题，岩土工程服务于各类上部结构工程。因此，如果按照一般的专业那样通过本科教学的途径培养，不可能培养出符合要求的岩土工程师。

先生通过长期教学实践与探索，总结出多种方式培养岩土工程人才的见解，又通过长期的多种方式培养岩土工程人才的教学实践，进一步丰富了自己的教育思想。

俞先生是我国第一个开办土力学地基基础本科专业的主持人。作为岩土工程教育家，他一直都在实践和思考着如何培养岩土工程人才的问题。

当年对地基基础专业，有一种办学的设想是办成理科类型的土力学专业。但先生多次说："苏联比较注重土力学理论，在理论上有成就，而地基基础主要还是解决工程中出现的技术问题。"

到 1965 年，已经有几届学生毕业，先生就特别注意学生毕业以后在工作单位的适应情况。开始发函调查用人单位对学校地基基础专业教育的意见，这个调查后因文革而一度中断。到 1971 年，俞先生刚被"解放"不久，就到各地听取用人单位对地基基础专业毕业生工作情况的意见和毕业生的意见。

调查的结果引起了俞先生深深的思考，为了对学生毕业后的工作负责，在 1972 年大学普通班招收工农兵学员时，他提出了地基基础专业暂不招生的建议，这个建议得到了领导部门的批准。

先生通过对地基基础专业毕业生使用单位的调查研究，通过教研室集体的教学实践和反复的讨论，总结了当年办地基基础专业的经验和教训。

先生回顾那段历史时说："根据调查研究的结果，揭示了专业的培养要求与社会生产实际分工情况之间的矛盾，实践也表明：用这种单一的地基专业人才培养模式效果不是最好的。另一方面也提出了实际所需要地基基础的人才究竟该采用哪种培养模式应做进一步探索。鉴于上述实际情况，地基基础专业决定停止招生。"

当年先生决定停办自己一手办起来的专业，需要有教育家的广阔胸怀和责任感。先生认为办学应该坚持"从实际出发，根据学生毕业后的去向、专业是否对口以及工作适应能力等具体情况，确定我们的办学形式和方法"，并以此作为培养岩土人才的主导思想。先生主张岩土工程"不设本科专业，开展如研究生、本科专门化、业余进修、岗位培训等多种形式的办学，培养各个层次的专业人才，满足国家需要"。

先生提出："根据我们20多年来的实践，对于如何更有效培养岩土工程师的途径，有两点设想。①应以业余教学为主，形式多样，包括函授、短训班、电化教育等；②可以在大学本科的一些专业如土木工程、工程地质等设岩土工程专门化并以土木工程为主，不主张设岩土工程专业，经验证明专业分工太细并不好；③可以培养一些研究生。"

先生提出了他的教育思想，并带领同济大学地基基础专业教研室的师生实践着上述的设想。在同济大学几十年的跌宕起伏的时间里，经历了历次政治运动与人事沉浮，先生矢志不渝地探索岩土工程学科的发展及地基基础、岩土工程人才的培养之路。

多年前，国内开始了关于岩土工程体制改革的讨论，先生在各种场合对什么是岩土工程和如何培养岩土工程人才发表了系统的看法，经过多次的讨论和修改，形成了他特有的思想体系，在1982年内部发表了论文《关于岩土工程及其专业人才培养的几个问题》，系统叙述他的学术观点和教育思想，并系统地总结了同济大学在1958年开始试办地基基础专业以来的经验与教训，提出了培养岩土工程人才的途径和方法。

在试办地基基础本科专业的实践中，先生最早提出了通过多种途径培养地基基础人才的思想，包括为兄弟学校、兄弟单位培养进修教师和进修工程师，并开始培养研究生。

在20世纪70年代初先生就提出了为工程单位开办进修班、研究生班等培养人才的方式。从在职技术干部中招收学员的方案获得了批准并很快付诸实施，为建工总局办了一期研究生班和一期进修班。

在20世纪80年代，为配合岩土工程体制改革的需要，又接受国家建筑工程总局委托办了十一期岩土工程师进修班，还为长江水利委员会办了一期岩土工程师进修班。这些班为"文革"前毕业的技术人员补充新的知识，为地学毕业的工程师补充结构和基础工程的知识，也为 20 世纪 80 年代刚毕业的学生提供进修的渠道。通过进修班学习的工程师中很多人后来成为他们单位的技术领导和骨干人才，成为我国岩土工程事业的中坚力量。先生培养在职技术人员的思想之花，已经结出了丰硕的果实。历史证明了这十二期进修班，对提高我国岩土工程师的理论水平起了重要作用。

恢复研究生的培养制度以后，进一步实现了先生从土木工程各个专业中招生培养岩土工程专门人才的设想。土木工程各个专业毕业的本科生已经具备了上部结构的知识，通过硕士生和博士生阶段的培养，在地基基础方面有了深入的学习和专门的训练之后，就能较好地适应各个行业的勘察、设计、施工、检测、教学和科学研究等有关岩土工程的工作要求。先生为从土木工程各个专业招收学生培养岩土工程硕士和博士，进行了长期的教育实践。

为此，在教育部后来颁布了改革后的专业目录中，扩大了土木工程专业的知识面，将岩土工程正式作为其中的一个专门化。

这个专业改革目录进一步证明了，俞先生早在 20 世纪 70 年代从地基基础专业的教学实践中总结出来的，应当拓宽专业知识面、不宜办知识面过窄专业的见解是正确的、符合教学规律的。

岩土工程师应具有什么样的土力学素养？"土力学基础工程"是岩土工程人才培养的一门核心课程，先生对这门课程的教学有他独特的见解，体现了他对岩土工程师应具有什么样的土力学素养的教育思想。

1956 年，先生给我们上基础工程课，讲到沉降计算时说，"沉降计算的结果能有 50% 的准确性已经非常好了"，同学们哄堂大笑，那时候我们没有真正理解先生这句话的深刻哲理。一位名教授对我们学生讲真话是需要勇气的，先生就是这样的，他从不故弄玄虚，讲老实话，这就是他的教学风格、为人的风格，也是他培养人的风格。

先生非常重视土力学理论的研究，非常重视苏联土力学研究的成就。20 世纪 60 年代初，先生主持翻译了弗洛林的《土力学原理（上册）》，为师生讲授塑性力学索科洛夫斯基课题，并支持研究杰尼索夫的黏性土理论。先生为地基专业和地下建筑专业开设岩土力学课程，是我国最早开设岩石力学课程的教授之一。

但先生对岩土力学理论与工程实践的关系保持了清醒的认识。先生在《岩土工程反思》一文中提出了"土力学信心危机"的概念，阐述他对土力学这门课程的深刻的理解："对土力学信心危机的产生是由于对某些比较重要的理论的发展和延伸，其中难免会有繁琐的、强词夺理的和错误的；这些可能被列入教科书、手册和规范中，因而具有'权威性'。总要经过时间的考验，才能删繁就简和去伪存真。"

先生总是谦虚地说他写的东西是浅的、陈旧的，他说："为什么文本提到的都是浅的、陈旧的问题？这是限于作者的知识面，也是希望对从事这方面教学工作的青年教师有所帮助，也是相信新的、尖端的研究工作中也会出现繁琐的、强词夺理的和错误的成果。为什么对于前辈学者如茅以升先生、太沙基（Terzaghi）先生等也有'微词'呢？这是因为作者相信应当奉行'吾爱吾师，吾更爱真理'的格言。"

先生认为："世界上的事，往往最简单的是最好的。许多事，一简化就解决了。做学问也一样，牛顿定律简单、易懂。不要故弄玄虚。写文章是给别人看的，要人家看得懂。对人，不要去吹捧，不要去做虚伪的包装，更不要去为难别人。把复杂的事简单化是一门大学问。"这就是先生的为人，他的学风，他的真实，尽管有些人不欢喜，但他我行我素，又那么认真。

先生一贯反对不解决实际工程问题的复杂化的理论和试验，他批评学术界："多年来，在国外及国内都存在一种倾向，把理论研究与室内试验搞得很复杂，不适应实际情况……比较复杂的解是否能在实践中提出更好的解答，这有时可能存在问题。"

20世纪80年代初，先生发现有些人只致力于开发土力学方面的计算机软件，热衷于计算而不太重视对土的物理力学性质指标的试验研究时，引用了一句名言"garbage in，garbage out"，即如果输入计算机的数据是一堆垃圾，计算机输出的仍然是一堆垃圾。今天回顾先生的这段名言，仍有现实意义。

对理论和实践的关系，先生认为："很难想象，土力学会超越半经验状态，会不受地区性经验的限制。理论上的和实验室的研究是很宝贵的；但不应当忘记实践是检验真理的唯一标准。工程师应当学习具有良好监测和忠实记录的工程事例，根据土力学的原理进行分析，工程的失败事例总是具有更可靠的参考价值。"先生坚持土力学具有半经验的特点。

在方法论上，先生极为重视观察法，他说："由于土力学具有科学性和艺术性的两重性，由于地层的复杂性，这就说明了为什么多年来很重视观察法，即'边干边学'的方法。亦即在工程进展的过程中进行仪器监测，在需要时采取补救措施。观察法能否成功，很重要的是主持工程师必须掌握完整的、准确的资料，并且能够随时和及时决定如何修改设计。"

先生认为土力学理论需要接受实践的检验，要有经济效果："土力学领域内的所有理论，只能认为是一种假设，是从客观事物和现象中抽象出来的、便于分析问题和总结经验的简化假设，最后还是要回到生产实践中接受检验。非但是理论或假设，室内试验和现场量测也是这样。这一切都要求在满足工程实践提出要求的前提下，力求简单，要有经济效果。"

因此，先生主张用工程案例进行教学："几十年前，在基础工程专著上总有很多工程事例的报道，但是后来就少了。似乎是有了土力学理论就可以解决一切问题了。而且在刊物上报道的多数是成功的事例。在我国，由于种种社会历史原因，在教本上讲的失败事例总是外国的。这一切会使人盲目相信理论。"

先生在晚年回顾一生教育生涯时说："作为一个多年担任土力学及基础工程教学工作的老兵，我曾经历了如下的历程：早年是学习、解释外国的理论和经验，从西方国家的，到苏联的；后来是对于不同专业间条块分割的规范条文的解释，对于我国某些经验作不符合实际的宣扬；最后才认识到，应当着重于培养学生观察、分析和解决问题的能力。"从中我们可以看到一位老教育家对自己教育思想的严格剖析和深刻的反思。

先生 1940 年从英国回到战火纷飞的祖国，到 1999 年去世，终身从教 59 年，传播太沙基学术思想，潜心培养岩土工程人才。

我们回忆先生的是"一代名师寻常事",感受到他真的是"平生心血似春蚕";先生的一生,他教给我们的是老老实实地做学问的人生态度和认认真真地解决工程问题的知识和能力;他从不哗众取宠、华而不实。

先生犹如一座值得我们后辈仰望的高山,但先生一生又那样务实、低调,犹如平静的长流细水那样灌溉田野,滋润大地,教我们怎样做人,怎样做学问。

我想"高山仰止""平川细流"或许是对先生一生最好的比喻。

学生，在他的关心下健康成长

——记老校长江景波教授①

▶ 金正基

　　江校长任职期间，我在校从事学生工作，深刻感受到江校长对学生工作的重视及对学生成长的关心，犹如慈母与严父集于一身。他既是学校的校长，又是一名教授；既是学生的长者，又是学生的朋友。他全面关心青年学生的进步。他认为学校不仅是传授知识的场所，也是培养学生良好习惯和做人品行的重要园地，要求学校教师职工，尤其从事学生工作的老师要以身作则，用自己的一言一行去影响

江景波教授

学生，教育学生热爱党，热爱自己的祖国，让同济大学的毕业生将来在各条战线上成为政治上的明白人，工作上的带头人。

　　他十分重视学生的政治思想工作，着力推进学生思想政治工作队伍的建设，配齐校、系二级从事学生工作的基本队伍。在他的支持和学校党政的共同努力下，一支由高素质教师专职和兼职的学生政治思想工作队伍建立了，成为学校育人的一支不可或缺的重要力量，在学生培养方面发挥了很好的作用。为了让专职从事思想政治工作的老师安

---

① 江景波，曾任同济大学校长，教授，博士研究生导师。

心工作，学校制定一系列激励制度，比如将他们的职称评审列入学校计划，凡符合条件的，和专业教师同样可以晋升中、高级职称，也可以根据本人要求，回到专业教师队伍，这样就有力保障这支队伍的基本稳定。学校还鼓励青年教师兼做学生班主任工作，规定青年教师兼任班主任可以计算工作量，成为评级升等的条件。从而使从事学生思想工作的教师队伍得到扩大，学生思想工作有了组织保证。

江校长一贯倡导和支持学生的自我管理和自我教育，并采取多种形式和方法调动学生自我管理的积极性。他提倡高年级学习优秀的中共党员学生兼任低年级的指导员，这些高年级的优秀学生具有不少有利条件，在学生思想工作中发挥了积极作用，同时，也使他们自身得到锻炼、提高。

江校长还在学校的校务委员会设立学生代表名额，让学生参加学校校务会议，了解学校工作，获悉学校的发展变化，为学校工作建言献策。每次校务会议江校长一定留时间给学生代表发言，认真倾听他们意见和建议。

江校长强调要重视先进人物在学生思想工作中的作用，要在学生中树立榜样，正面引导年轻人，特别是对学习拔尖、表现突出又热心于公共事务的学生进行表扬鼓励。

江校长积极支持和鼓励学生在老师指导下创办自己的思想和学习交流园地，如《同济大学生报》《同济研究生》等刊物。学生自己采访，自己撰稿，自己审编排版，在实践中培养学生自觉坚持正确的世界观和方法论，进行思想、学术交流，锻炼自己组织能力。学校由此也从中发现了不少优秀人才，有的后来还成为学校宣传部门和校刊的骨干。在当年，校方让学生自己办报，是要承担一定压力和风险的。但事实证明，只要引导得当，对学生的培养和成长的效果显著。

在江校长关心支持下，学校鼓励学生在主修课程之余，开展"第二课堂"学习。同学们积极报名，踊跃参加，兴趣相投的学生们组织起来，摄影、书法、集邮、舞蹈等32个各类学生社团、协会如雨后春笋般涌现，成为同济校园文化的一道亮丽风景，在上海乃至全国高校都有一定影响。名扬一时的《同济歌声》，由学生自己编选成册，在校内外广为流传。设在西南一楼前地下室的大学生活动中心，地方虽不大，却热闹非凡，外校的学生周末也会来参加活动。学校曾引进具有专业素养的文艺人才担任文工团指导老师。每周都有排练，每学期都有演出。极大地丰富了大学生的文化生活，也营造了有利于学生健康成长的文化氛围。想当年，同济的"第二课堂"在上海高校中是首屈一指、十分红火的。

学校倡导学好主修课的同时开展科技创新。1985年，全校举办"同济大学生科技展览会"，地点就在现今留学生大楼。师生们积极配合，各系都设立了展台，把自己专业知识学习和科研成果展示出来。展览会历时两周，校内外数千人参加，盛况空前。江校长饶有兴趣地观看每一个展台，还不时与学生交谈，询问有关情况。对学生们科技创新的热情和取得的丰硕成果，他感到欣慰和喜悦。江校长十分重视校园环境建设，要求把美化校园和育人结合起来。学校确定"严谨求实，团结创新"的校训，并在校内广泛宣传，让青年学生牢记在心，成为座右铭。1987年5月，同济大学学生运动纪念园落成，更有邓颖超等8位中央领导人为之题词。

江校长积极倡导学校教育与家庭教育的结合，非常重视学校与家长的联系，听取家长对学校的意见、对学生成长的看法，采取上海地区召开座谈会、外省市发信联系、少数学生家长专人直接联系等多种方法。家长们非常认可学校对家长的信任和对学生的关怀，积极配合学校，取得学校、家庭共同育人的良好效果。学校后勤是办学的重要保障部门，在高校中，同济率先进行后勤改革，实行企业化管理，减少了浪费，节约了开支，保证了饭菜的质量和物价的稳定。他经常召开后勤人员会议，关心伙食质量、饭菜品种、食堂卫生、冬天饭菜的保温、伙食费用等问题。他会抽空到学生食堂，到教室和宿舍区去看看，深入而又具体关心青年学生的生活。为了满足来自不同地方、不同民族学生的需求，他鼓励后勤部门开办特色食堂，如回民食堂、留学生食堂、教师食堂、西餐食堂、风味小吃食堂等。在他的支持和分管部门的努力下，同济的餐饮在高校中享有盛誉，至今仍是同济的一张名片。

恢复建院的第一功臣

——记文法学院第一任院长唐培吉教授

▶ 徐 筠

1993 年 3 月，对我校文科发展具
有里程碑意义的同济大学文法学院恢
复建院了，为此做出杰出贡献的就是
唐培吉教授。

1952 年的全国院系调整把原先学
科较齐全、师资力量雄厚的文法学院
拆散了。仅由马列主义教研室承担全
校学生公共政治理论课的教学任务，
文科几乎荡然无存。进入 20 世纪 80
年代，随着改革开放的深入，理工科
院校发展文科已经迫不及待地提上议

唐培吉教授

事日程。同济大学如何起步？如何规划？又由谁来担纲？学校领导经
过深思熟虑，认为非引进不久的唐培吉教授莫属。校党委正副书记上
门请他出马时，他是心存顾虑，难下决心：一来自己已届六十，到了
退休年龄；二来自己又担任着全国中共党史学会常务理事、上海中共
党史学会会长、上海犹太学研究会理事长等多个学术团体的领导工作，
公务繁杂；再则自己又承担着几个重要科研项目；加之爱人和自己身
体都不好，能否担此重任？但作为一名中华人民共和国成立前就追随
革命、受党教育培养多年的老党员，现在学校领导委以重任实乃义不
容辞，怎有理由推辞？哪怕工作再苦、再难、再累也应勇往直前。

1991年，唐培吉教授出任社会科学系主任，上任伊始即深入调研，归纳出两个较为集中的问题。第一，当前的状况与同济全国著名重点大学的地位极不相称。原马列主义教研室无独立建制，教师专业、年龄结构不合理，科研水平不高，连一个副教授都没有，更没有正教授和学科点。第二，学校领导以往也不够重视，认为教师只要上好三门公共政治理论课就足矣。在调查研究的基础上，唐教授形成了自己的战略构思，认为必须着力解决认识、结构和人才的问题。为此，唐教授确定了五项重要工作。

第一，他利用校务会议和一切场合宣传李国豪校长关于"同济要从单科性学校向多科性学校转变"的思想，说明发展文科对同济大学发展的重要性，强调应该把科学的实用性和思想的浪漫性结合起来。功夫不负有心人，经过反复呼吁，多数领导认可要发展文科，特别是沈祖炎、吴启迪两位副校长和校党委副书记贾岗都给予很大支持。

第二，提出学科发展规划，鼓舞士气。要求大家在搞好教学的基础上加强科研。他率先提出组建社会主义研究所，要求在五年内先后设立硕士点和博士点，争取获得副教授和正教授的评审权。同时他对教师也提出严格要求，给予压力，规定晋升正教授必须要有学术专著，晋升副教授必须要有学术成果展示。教师每年要出论文。

第三，认真准备申报硕士点的材料。唐教授上北京拜访有关领导和专家，陈述申报理由和内容，得到首肯。于是"中国革命史"硕士点很快批了下来，这是同济文科的第一个硕士点，实现了文科硕士点零的突破。1991年招收了第一届研究生，有了硕士点就有了副教授职称的评审权。这一举措的成功得到了校领导的称道，也使全系上下十分满意。

第四，解决结构问题。校文科发展委员会成立后，沈祖炎副校长把复建文法学院作为战略任务提了出来，唐教授雷厉风行地开始实施。同济的系、所资源太散，须补充和整合。他以原法学教研室为班底组建法律系，以原政治经济学教研室为班底组建经济贸易系，以原文化艺术教研室的班底组建文化艺术系。申报难度不小，如法律系原先第一次申报未成功，第二次申报需重新准备材料。唐教授又上北京游说，经努力获得了教育部的批准。因为他 1946 年就读于上海法学院，所以兼了法律系系主任。将文科和准文科系所整合起来也是个难题，开始时并不顺利。唐教授就一个个单位去做工作，说明发展文科已刻不容缓，整合对复建文法学院意义重大。同时帮助其解决一些实际问题。经一段时间工作，认识得到了统一，文法学院复建时已包括社科系、法律系、经济贸易系、文化艺术系、外语系、德语系、联邦德国研究所、高等教育研究所、日本研究所和留德预备部等 10 个单位，结构问题解决了。

第五，解决人才问题。其一是解决职称问题。唐教授努力向学校争取名额，如给 1～2 个就争取 2 个，给 0～1 个就争取 1 个。每次学校评审会前他都做了充分的材料准备，总能获得通过。为争取名额他没少跑人事处，相关同志看到他白发苍苍，东奔西跑，求这求那，很受感动。他的诚心和付出，极大提升了教师的凝聚力和积极性，水平也上去了。其二，引进人才，唐教授四处奔忙，求贤似渴，他从上海理工学院引进吴东明，担任经贸系主任。经复旦大学邬副校长介绍引进赵雯，先后任系主任、校长助理，后任上海市副市长。他还利用曾先后在华东政法学院、上海社会科学院历史研究所、中共中央华东局宣传部、复旦大学、复旦分校和上海大学工作过的有利条件，经过恳谈，聘请了 11 位兼职教授，其中包括复旦大学秦绍德、上海社会科学院严谨、华东师大徐豫龙、上海交大叶敦平、上海师大王邦佐、华东政法学院齐乃宽、上海大学邓伟志、大律师李国机、著名艺术家曹鹏、梁谷音及市委宣传部部长金炳华，聘请他们为学生做报告。至此，包括引进、调进的教师和兼职教授达 30 余人。

在校领导的统筹下，经过充分准备，1993 年 3 月，同济大学文法学院复建大会隆重举行，场面十分热烈，大多数兼职教授和校领导出席了大会。唐教授还请上海电视台记者来校拍摄记录了大会的全过程。社会上对此反响很大，引起了轰动效应。后来在上海交大文法学院成立大会上，市委宣传部副部长尹继佐指着唐教授说，你们同济大学是第一个成立文法学院的，做了一个榜样。

文法学院是复建了，发展条件好了，但需要有学术阵地。唐教授提出要创办同济大学文科学报，得到校领导的支持和鼓励。决定由贾岗为主编，他又请了城规学院阮仪三、德语系赵其昌、经济与管理学院尤建新、社科系诸大建、高教研究所方耀楣等专家当副主编，共商办刊大计。如何办出同济特色是关键。经反复研究，决定开辟建筑文化、德国问题研究与德语教学、经济管理和犹太学等主要栏目。为保证学报质量，他又四处奔波、约稿，不久即获得正式公开出版的刊印号，成为上海理工科院校中第一份文科学报。

同济大学文法学院的复建过程复杂、困难重重，唐培吉教授付出极大的努力，出色地完成了校领导委以的重任，不愧为第一功臣。看到今天同济文科门类齐全、人才济济、桃李满天下，他感到无比欣慰和自豪。他以实际行动践行了自己的人生座右铭："中华人民共和国成立前求校园救民的真理，中华人民共和国成立后做爱国爱民的实事。"人们将永远感谢这位至今仍在学术战线上辛勤耕耘、无私奉献、为人谦恭、德高望重、和蔼可亲的白发老人。

师恩如山　终身难忘（节选）

——转入同济后遇到的几位专业老师①

▶ 高廷耀

1952 年全国性院系大调整，我从上海交大转到了同济，1953 年毕业。

当时虽然办学条件艰苦，但对学生的培养还是十分严格的，同学们的学习也很刻苦。那时读的专业课内容，现在看看是很简要的，所开设的课程也都比较简单。没有课本，都是老师自己找一些苏联的教材，再参考一下英美的书，然后编写讲义发给同学们阅读学习。那时也没有什么专业课的实验条件，基本上全靠老师课堂上讲

高廷耀教授

授。学生可以去机械实习工厂实习，有测量实习，但没有市政工程方面的实习。现在同济给排水专业的实验室，都是我们毕业留校后自己设计、建造起来的。

大学阶段给我打下了很好的数理化、力学基础，包括高等数学、物理、工程制图、理论力学、材料力学，等等。因为是土木系，这些都是基础课作为专业上的事情，是老师们把我领入门。现在来看，那些知识其实还是比较简要的，要想真正学懂、吃透，就要靠自身努力了。

---

① 本文节选自《治水人生——高廷耀访谈录》(同济大学出版社，2017)

现在回顾起来，我觉得有名望的大学有两个要素至关重要：一是有好的老师，二是有好的校风和严格的人才培养。我觉得自己还是很幸运的，当时大学的培养和训练都比较严格、规范，这为我后来的发展打下了比较厚实的基础。老师对学生的启发和引导，我觉得太重要了。有幸遇到学养深厚的老师，得其言传、身教，那真是人生之最大幸事，让你一辈子受用不尽。

比如，当时我们都要上实验课，操作十分严格，有具体明确的实验要求。每个人做完实验后，必须将操作台、实验器具等重归原位，包括清洗玻璃瓶，清洗后还要接受老师的检查，将瓶子倒置，水流得干干净净，不留水渍才算合格。做实验，只有按照严格的规范要求才能做得出来，而且每次做实验，数据肯定不一样，误差要在一定范围内。

交大和同济的老师一直告诫我们：工科是培养工程师的，脑海中必须要有"工程师"的概念，每个数字都有个精确度的问题。因此，工程师与财务人员对数字的理解不一样，工程数字一定要讲有效位数。工程师的基本训练包括工程制图，图不可以乱画，一条线画下去，画错了不仅是钱的问题，可能工程就垮掉了；而且，并非材料用得越多，工程质量就越可靠，如果用得不对，即便材料多，工程也不一定牢靠。

我觉得好的大学、好的老师对我这些基础性的培养和训练，让我很是受用，后来我也是按照这些要求来教育、培养我的学生。我对学生们讲，我们不要轻易称自己是科学家，我们是工程师，把科学家研究出来的科研成果转变成实际可用的，工程上可以实践的东西，是我们工科学生应该做到的。我看这个也是同济大学培养人才的一个特色。国家需要拔尖的科学家，更需要大量能解决实际问题的工程师。同济环境工程、给排水专业毕业的学生在校期间接受了大量动手实践的锻炼，他们毕业后在实际工作中上手快，解决实际工程问题的能力比较强，我认为这正是国家建设所需要的。

我在大学期间不仅学到了新的知识，最感有幸的是碰到了许多好老师，其中有几位对我的成长和发展影响深远，我从他们身上学到了许多可贵的品质，真是受益终身。当时最有名气的老师都要给本科生上课，那时老师们的科研不多，主业就是"授课"。

我印象最深的，有一位是教我们理论力学的徐芝纶老师。他曾是华东水利学院（即现在的河海大学）的院长、交大水系的教授。听好老师的课真是一种难得的享受，听不好的老师的课就像一首催眠曲。上徐老师的课，我们同学都争着、抢着坐在教室前排座位，听得津津有味，思想绝对不会开小差，那绝对是最愉悦的体验。徐老师善于把复杂的问题简单化，听完他的课再去看书，一些概念、知识点就非常明了。所以后来我悟出来，真正有水平的好老师，就是很善于把复杂难懂的问题，用十分简练的语言讲述清楚。现在看起来，要想跟学生讲个透彻明白，自己首先必须真懂，如果不是自己真懂，那就只能是依样画葫芦、照本宣科，自然也就激发不了学生的兴致。

对这一点，我深有体会。大学刚毕业的时候我当助教，助教必须为学生课外答疑。时常出现这样的情形：学生对某个问题不懂，于是提出另外一个想法。我明明知道他所讲的不对，但就是不知如何去说服他。后来我琢磨出来，这只能说明我自己还没有学透、没有真懂。如果一个老师将某个概念、原理真正吃透，彻底弄懂了，只要对方有一个大学基础，自然就能用简单明了的语言把问题讲解清楚，让学生基本弄明白是怎么一回事。所以，后来我在这方面一直比较留意，这也是身为人师的基本功。

还有几位各有特色的老师对我影响很大，其中一位是杨钦老师。他的讲课风格是跳跃式的——"拎一拎"，在听他的课之前必须先自学。如果自学过了再听他的课，会觉得很有意思，他所讲的内容对学生很有启发。但如果没有自学过，同学们会直接感觉听不懂。

另一位是胡家骏老师，他曾在美国麻省理工学院获卫生工程硕士学位，学术造诣深厚。我从他身上学到，好老师最重要的不是简单地传授知识，而是启发学生如何去思考。身为大学教师，就要着力培养大学生发现问题、解决问题的能力，这实在是太重要了。举个例子说，胡老师讲活性污泥的丝状膨胀，有一种可能是大肠杆菌在一定条件下变化成了丝状菌。胡老师像讲故事一样，绘声绘色地讲人家如何通过做对比实验来验证这点。他还讲到，有时候实验室里实验做出来效果很好，可放到实际生产中就不大有效了，这是为什么呢？因为实验室的条件是严格控制的，操作人员是经过正规训练的大学生、研究生，在这种条件下做出来的效果自然非常好。但是，要想比较两种工艺的优劣，验证某种工艺、方法是不是真的好，必须要在同等条件下做平行实验，不能一个是实验室条件，一个是实际生产条件。

胡家骏老师也是我的在职研究生导师。当时读研究生是没有学位的。也不称作"硕士""博士"，批判这是"资产阶级法权"，"硕士""博士"是改革开放后才恢复的。1958年，学校来了一位苏联的水处理专家，我做他的学生兼专业翻译。后来中苏关系紧张，所有苏联专家撤退，胡老师就成了我的导师。

胡老师一直是我学习的榜样。他即将迎来百岁华诞。胡老师的性情非常开朗、乐观，脑子还很清晰，一点不糊涂，生活还能自理，就是耳朵听不见了。我每年春节都去看望他，我们交流时，他讲，我在纸上写。我也学他，名、利都看开了。

优秀是一种习惯

——访航空航天与力学学院院长李岩教授

▶ 刘　溢　牟星地　龙　俊[①]

李岩教授 2003 年回国，在同济工程力学与技术系担任副教授，2004 年成立了航力学院，她进入了航力学院一直工作到现在。

那时候学院刚刚建立，还没有自己独立的实验室，学院老师的办公室都还在瑞安楼，学院以基础力学为主，只有几个研究生，本科生只有一个班，情况并不乐观。但是学院发展很快，短短十年，如今已有自己的学院楼，也有了实验室，师资力量越来越强大，

李岩教授在接受采访

招收教师的门槛越来越高，包括航空航天方向。本科从一个班变成四个班，研究生也有六七十个了，李岩教授参与并见证了学院的发展。李教授刚开始并不热衷于教育，但是最后却选择从事了教育这一行业。那时候她刚从国外回来，之前在外企待了很久。对于女性来讲，当一个外企白领，可以穿得漂漂亮亮，待遇也好。机缘巧合之下，李岩老师来到同济。她说："当时没有想过一直当教师，只是想在同济过渡一下。"当上老师之后，她发现自己很喜欢上课，也感受到了这三尺讲台

---

① 刘溢、牟星地、龙俊，系李岩教授研究生。

的魅力。她喜欢跟学生交流的感觉，他们身上有年轻人的活力，"跟学生一起久了，感觉自己也变得年轻了"。

她会经常把自己的科研项目给学生分享，一起讨论交流，总会有一些意想不到的收获。"学生的想法有时候很新奇，这些想法的碰撞，会发生奇妙的化学反应。"她很享受传授知识这个过程，这会让她有一种成就感、幸福感。

在 2016 年年底，李岩老师当上了航力学院的院长。有人问她，是不是达到了人生的巅峰，而她却否认了这一说法。她没有追求过巅峰，追求的是精彩，追求一个个成就，永无止境。随着不断成长、经历、奋斗，相信以后会越来越好，只要有一颗上进的心，人生便是一个螺旋上升的过程。当上院长之后，她站到了另一个高度，看到了很多自己之前看不到的东西，这些对于她来说是一种收获，更是以后继续前进的基础。

一颗向上的心，一个没有边界的人生，不要轻易给自己下定义。

当上院长后，事情变得繁多，因此也影响到她的科研。对她来说，学院的发展很重要。目前，她会把 80% 时间用在管理上，她认为这个投入是应该的，也是必需的，只有等学院管理一步一步走向正轨，她才会有更多时间精力来搞研究，建设自己的科研团队。但是，管理工作再忙，科研任务再重，她也没有忘记学校的基本职责是为国家培养人才。

如何提高学生的综合素质和政治觉悟，这是李岩院长一直思考的问题。她介绍，学院接下来会走导师制这条路，为每个学生安排导师。要求导师对学生给予的关心不仅是学习方面，也包括生活方面、精神方面。她强调，学生政治素养提高需要各部门一起努力，特别是思政课老师要珍惜三尺讲台，弘扬正能量，要致力于为国家培养合格人才。

李岩老师认为，老师们都在努力使学院的课程安排更符合现阶段社会的需求。以学院复合材料方向为例，经常会请业界专家对教学和课程安排提建议。同时学院也安排了很多实践环节，比如竞赛，暑期实践，国际交流机会等。她认为，如果能够利用好这些资源，学院的学生还是非常有竞争力的。但李岩老师同时指出，现在的学生，对自己的人生目标，对于自己想要什么没有明确的想法。她在和学校的教授们一起开会的时候，也会讨论这个问题，以求在这方面达成加强引导的共识，让学生比较清楚地知道应该去争取什么。她说，航空航天这个行业就如朝阳，未来有很多机遇和挑战等待着学生。人生需要规划，但是不可能有同一模式，走哪条路都是可以的，只要在这条路上走得好，走得优秀。她很喜欢一句话："优秀是一种习惯。"她希望学院的学生要保持积极向上的心态，把优秀当作一种习惯，人生就会更加美丽多彩。

同济学子话恩师

TONGJI XUEZI HUA ENSHI

教师最主要任务就是教书育人

——走近聂国华教授[1]

▶ 孙　桦[2]

聂教授是 20 世纪 80 年代初的大学生，于 1981 年那个"千军万马过独木桥"的时代考入大学，开启力学专业的学业和事业，尤其是固体力学方面的研究颇有建树。在不同的阶段，聂教授遇到了不同的老师，这对聂教授的成长、成功起到了重要作用。在自己的工作及与国内外的交流活动中，聂教授积累了很多经验，对力学研究培养了深厚的感情。聂教授 1993 年到同济力学系工作，1997 年破格晋升教

聂国华教授在接受采访

授。曾担任副系主任，协助时任系主任张若京教授分管学科建设、研究生等工作。2004 年 1 月航空航天与力学学院成立后，撤系建所，聂教授随转就职应用力学研究所。

学科发展见解

聂教授在同济执教的二十余年中，为学院发展做出了很多贡献。

---

[1] 聂国华，同济大学航空航天与力学学院教授、博士研究生导师、应用力学研究所所长。
[2] 孙桦，聂国华教授研究生。

比如，在作为系副主任负责研究生工作时，对一些相似重复的课程进行了精简，有效减轻了学生负担并提高了学习效果。

聂教授认为，从学科发展的角度讲，航空航天与力学学院和大型国企有许多合作，虽然航空航天学科发展很快，但是我们总体还是比较弱的，学院的主体仍为力学，尤其是固体/工程力学。同济大学是除北大以外于20世纪50年代末第一批建立力学系的，发展起步很早，因此在力学方面的重视程度、资源分配和学生培养上都应该加强。

对学院两个专业未来的发展目标，聂教授也有自己的见解。在聂教授看来，我们的航空航天专业要搞出特色。北京航空航天大学、南京航空航天大学、西北工业大学还有哈尔滨工业大学，这四所学校发展早、实力强，我们的航空专业要想超越很难。力争一席之地，必须办出特色。比如针对目前国家的航空航天发展需求，可以将大飞机、飞机发动机、卫星等航天器，作为发展重点以形成自己的特色。

在聂教授看来，学科要发展，要给予学院不同层次、不同年龄的所有老师机会，发挥他们的特长，形成合力。聂教授将两专业的合作关系比作合力，要遵循矢量合成的规则，两力只有在方向相同的时候，加和才是最大。因此，学院应尽可能缩小航空航天与力学合作方向的夹角，这样我们的力量就会越来越大，两个专业都可得以迅速发展。

学生素质培养

在同济，聂教授培养了许多优秀的学生，在他的印象中，他们大多很刻苦，很努力，基础很扎实。聂教授特别提到一名直博生，本科成绩并不是班上最拔尖的，但是他很勤奋，适应能力很强，有明确的目标，在读博初期便跟随老师在较短时间发表了一篇重要国际期刊论文。聂教授推荐他去哈佛学习、工作。在哈佛两年，该学生仍然非常勤奋，曾写了几篇论文，虽未能发表，但很受哈佛教授喜爱。回国后跟随聂教授十分出色地完成了毕业论文。

聂教授认为，对学生的培养，要从学生的个人素质抓起，老师要重视培养学生健全向上的人格和进取、刻苦精神。他曾讲过1995年第一次出境与香港大学著名计算力学专家张佑启教授（现中科院院士）

合作的经历。当时提出要从理论上研究板壳的稳定问题。聂教授在从来没有实践过的情况下被建议用有限元来分析该问题。当时手头仅有一本厚厚的软件使用手册。聂教授硬是在一个星期内把它吃透，最后通过该法建模得出的计算结果，和理论推导的结果基本一致。回校后，他又锲而不舍地指导硕士和博士生对该问题进行了更加深入的研究并发表了一系列的国际期刊文章。

他认为学生自己不仅要勤奋，还要有批判性和质疑性。不要迷信书本，不要迷信老师，可以跟老师辩论。即使不是老师教的课也可以提问。比如，国内外的专家到我们学院作报告时，通常很少有人提问，他就要求、鼓励学生发问，不怕提得不对。通过提问获取锻炼、提高自己参与探讨能力的机会。聂教授自己就曾因这类求教而结识美国工程院院士鲍亦兴，而后，鲍教授又通过聂教授把他身为美国工程院院士的弟弟和学生（在康奈尔大学做电磁与磁悬浮技术研究）请到了我们航力学院访问与交流。

聂教授认为，学习研究遇到困难思考受阻时，不妨通过娱乐来帮助自己放松和调整心态。"人在事业上是要有成就的，同时也要有一些乐趣，这样才完整。""同学们应该精力充沛，浑身都是朝气。除了学习外，其他方面也要全面发展，学习是长期的，而不是考试快到了才去学习，平常多努力，通过慢慢地积累，你就会超越别人。"

他还强调，学生除了完成学业顺利毕业以外，还应考虑将来如何对社会有所贡献，这取决于同学的努力程度和机遇。人的一生一定会遇到困难，不可能永远成功。怎么样算是成功很难去衡量，但亲自推导公式、计算、画图，自己写的论文发表了，这是让人很兴奋的。而作为教师，在同事、同学中的口碑则很重要。在高校发表论文很重要，但教师职业的主要任务是教书育人，不仅要让我们学院的学生能学到东西，而且要学会敬业与做人。

聂教授曾给力学专业的同学提出一些很实用的学习建议。他说：首先不要畏惧力学，要理解知识概念，掌握方法，注重方法的适用条件，多查阅资料，有些力学公式自己进行推导验算，能更好地理解公式与相关的力学知识，不要死记硬背；其次要培养质疑精神，不要盲目信奉书本。英语对我们的学习与发展也很重要，尤其是口语要多加训练，平时要多 open your mouth。聂教授博士期间的外语老师是加州大学戏剧学博士，在给他们上课时，会和学生聊天，老师教给聂教授的秘诀就是打开嘴巴，一开始可能发音不准，但不要难为情，打开嘴，先表达，先是简单的后是复杂的，先是不地道的，慢慢地就会变成地道的，然后通过参加国际会议，听他人的报告，记下有用的表达方式。看书时看到好的东西也要记下来。这样会使英语取得长足的进步。

聂教授还说，解决力学疑难问题的关键，在于勤奋。在多年做科研的过程中，聂教授不可避免地遇到了很多困难，他解决众多科研难题的关键就是勤奋和执着。在聂教授读博士期间，他的导师钱伟长就说过一句名言："如果无法直接解决一个困难，一般来讲我们会选择绕过它，绕过它之后呢，我们再走一段后回过头来看，这个困难可能就不是那么大，或者就是绕过后学到的新的工具就能把这个困难解决掉了。"但是，有些困难是必须要面对的，这就要求我们要执着，要长期思考。成功往往倾向于有准备的头脑，换句话说，平时要多积累，基础要扎实。这样在遇到困难时，才能找到别的方法，灵感才会浮现。

帮助学生更深地理解数学思想（节选）

——梁进教授采访记

► 王伯瑛[1]

记者：数学思维深刻、严谨，逻辑性强，要学好它，是不是也要有一定的天赋？

梁进：其实也不是。学数学本身不需要太多天赋的，大多数人都可以入门，但学精深比较难。搞科研的人大部分只是在平均水平之上，而天才是极少的。而且天才也不一定会成功，除了努力还要有机遇，非常巧的机遇，比如正好碰到一个什么问题，然后这个问题经过努力又解决得特别好、特

梁进教授

别漂亮。当然也有些资质一般的人有可能做出很漂亮的工作。大多数数学工作者大概就是像我这样子，也能做教授教学生，也能写文章谈观点，解决一些问题，但是要有很大的突破性，要获得有影响的国际大奖就是很难的事了。

记者：您在欧洲从事的是与数学专业相关的工作吗？

梁进：我在欧洲十九年，葡萄牙、德国、法国、西班牙、荷兰等都待过。我一直做研究，一直就是别人安排给我，到人家那里工作两

---

[1] 王伯瑛，《同济人》执行主编。原文刊《同济人》2013年1期，本文为节选。

三个月、半年、一年。时间比较长的是在爱丁堡工作了两年，结束后又在一个大学找到了一个 3 年的职位。后来又去念了一个金融数学的学位，此后就开始做金融了。

记者：哦，您赶上热门了。现在金融是国内高校趋之若鹜的学科，赴国外深造的留学生也大都选择金融或与金融相关的专业，您怎么逆向而行，到已经不再吃香的高校数学系任教呢？

梁进：换了许多的工作，待了许多的地方，总是有一种漂泊感。而且在公司里做事，我始终觉得没有自己，是替别人在做，总是受制于人，也很少有成就感，更没有自由度可言。公司的目标很明确，就是赚钱，职员基本上是工具。感觉没劲。正好有机会，就回国进入同济了。我觉得回来可以从事自己感兴趣的事情，多做研究。

记者：就我所知，现在大学生对高等数学很是头痛，成绩也是一年不如一年，有人开玩笑地说，如果拿 30 年前的高数试卷测试现在的学生，恐怕有一多半不及格。当然也有人认为，现在的学生要学的知识要考的证书很多，就业压力很大，高数又太难，学不学好对就业也没有直接影响，就不要太为难学生了。对此，您是怎么看的？

梁进：现在的高等数学教学质量有所下降，这是一个不争的事实。原因何在，也是众说纷纭，但无论如何，这是一个有待解决的问题。

关于高等数学，我觉得重要的是要有数学思想。在给文科学生上高等数学课的时候，我跟同学们讲，对具体的微分积分技巧你会不会问题不是特别大，最重要的，你们要通过这门课学会数学的思想。这个思想从古希腊延续下来的，它的精髓是如何科学地看待、思考、分析和描述这个世界。

而对学生们来说，毕业工作以后，不一定再有一道具体的数学题让你去解了，但是它的思想可能会影响你的一生。有了数学的思想，不管你以后干什么工作，做领导，做规划师，做记者，你不仅可以与科学家无缝沟通，而且你自己也会用这种思想去思考这个世界。另外，对于理工科的人来讲，数学是必需学习的一门课程。例如，尽管现在很多数据他们确实不需要用手算，而是有软件了，好多人对数学一知半解，也可以做计算项目，只要把相关数据往计算机里一输就能得到结果；但是危险也恰恰在这个地方了，事实上没有一个通用软件可以概括所有的情况。不理解数学原理，就可能用完全错误的数据，就可能跌大跟头。

当然要体会数学思想还是要通过计算具体的题目来实现。所以学习数学要钻进去，也要跳出来。下个学期我要开数学文化课，我要跟学生们讲的是丰富的数学内涵而不是干巴巴的公式，从而帮助同学更深地体会理解数学思想。如果不去体会精髓，不仅学不好数学，其他事情也肯定做不好。我一直认为，作为一个大学生，不管你做什么事，都应该提高到思想高度，学到它的精髓，而不是表面上的东西。解题目，说穿了只是个技术活，目的是帮助你理解。为什么中国目前的科学水平与西方的科学水平有那么大的差距，就是因为中国一直把科学当作雕虫小技。其实中国的科学在早期很伟大，涉及极限，有很多很深奥的思想，可惜一直都没有人把它发扬光大，没有人把它提高到一个哲学的高度。而后来在中国产生的一些哲学思想，又缺少科学的支撑，走不远。

人 生 篇

夫志当存高远

——诸葛亮

一个人的真正价值首先决定于他在什么程度上和什么意义上从自我解放出来。

——爱因斯坦

百岁泰斗　良师益友

——缅怀张威廉教授

▶ 赵其昌①

张威廉教授

威廉老师，原名张传普，号威廉，别号微庐，1902 年 10 月 11 日生于苏州，2004 年 6 月卒于南京。1914 年考入同济大学的前身同济医工学校德文科，1918 年毕业。

第一次世界大战结束，北京大学校长蔡元培从德国聘来欧尔克教授，开设德国文学系，招收有德语基础的新生。张先生便考入北大，成为该系 1918 年首届学生，直到 1923 年毕业。

张先生的德语教学工作始于 1933 年，即受聘于南京的陆军大学。抗日战争爆发后，随该校迁至重庆。在重庆，中央大学又邀请他去兼课。因聘书上写的是张威廉，他从此就一直沿用此名。抗战胜利后，陆军大学迁至台湾，张先生则继续任教于中央大学，并随之迁回南京，直至该校于 1947 年建立德语专业，并于中华人民共和国成立后更名为南京大学。

由于历史原因，张先生没有得到出国深造的机会，但是，由于他在同济打下了扎实的德语基础，后来又不断学习，严格要求，终于获

---

① 赵其昌，同济大学外国语学院教授。

得了教学和科研的双丰收。他的论著近四十部，译作有二十余册。他的学生遍布全国，乃至世界不少角落。他一度被我国德语界誉为"北冯南张"（北方的冯至和南方的张威廉，均为同济校友），泰斗级人物。

早在1923年，他就出版了《德国文学史大纲》。2000年，在他98岁时，还出版了《德语教学随笔》。其间，先生出版了诸如反法西斯作家威利·布莱德尔的《父亲们》《儿子们》《孙子们》三部曲，席勒的《威廉·退尔》《唐·卡洛斯》《杜兰朵》和《德国名诗一百首》等影响广泛的译品。他还翻译了歌德、霍夫曼、格林、豪夫等名家的不少名著。他编写了《大学德语课本》《新编德语自学》等多种德语教材和《德语语法词典》等工具书。

在德语教学法方面，张先生反对使用固定模式，主张根据教学环境、文化背景、学员年龄及教学目的采用不同的教学法。例如在德国教外国人学德语，或给幼年学员上德语课，使用交际教学法效果好；在中国给初学德语的大学生上课，则宜于用语法翻译法，结合中德语言对比进行教学。同济大学留德预备部初期，曾有德国人用德国原版教材，使用单一语言进行德语教学的百人班，以及由中国青年教师用中文教材，使用德、汉双语进行德语教学的二百人班。当二者教学进度相同时，请德国第三者命题，进行统测，结果是后者胜出。充分证明了张先生的理论的正确性。

张先生的成就，还赢得了一个远在万里之外的伟大民族的敬重，使他先后获得"洪堡纪念章""歌德奖章"和总统魏茨泽克授予的"德意志联邦共和国大十字勋章"。

张先生心胸宽阔、谦虚谨慎、助人为乐、不断创新的一流人品，时时、处处、事事得到验证。以笔者为例，虽然未曾在南大注册入学，却不仅从他的译著里得到滋养，还直接面对面地得到不少教益。1979年，我受命重建同济大学德语专业时，根据当时国家"四化"建设的需要、同济的工科大学特色，以及德国对外德语教研的状况，打算选定科技德语作重点。但是，国内的德语专业当时几乎清一色地以文学作主攻方向，甚至无处开设一门科技德语课程，对这一新型专业方向不屑一顾。张先生却不然。他虽然已对德国文学驾轻就熟，却仍然给予了极大的热情支持。他不但帮助制订教学计划和教学大纲，而且亲自撰写科技德语语法和词汇特色方面的文章。他已近80岁高龄，仍亲自来同济讲授有关课程，来参加第一届德语研究生的毕业论文答辩考试……

对同济大学德语教学的重建与发展，张先生一直非常关注，不仅在初期大力支持，而且经年鼓励。例如，每逢节日，他都来信问候，经常用"远大目光""伟大魄力"和"卓越成就"等赞誉之词鼓励前进，希望同济的德语教学更快、更好地发展壮大。

作为校友，威廉老从来没有忘记母校的教诲之恩，每逢重要活动，都会提及同济对他人生的意义。例如在接受德意志联邦共和国授予他德国大十字勋章时，就提到他在同济打下的德语基础。又如在他的封笔之作，98岁高龄出版的《德语教学随笔》中，就追忆了当年在同济学习德语的情景。

南京大学的德语教学在我国有较高的知名度。威廉老在谈到南大的成就时，总是不忘提及1952年的院系调整。当时，同济大学德语教研的班底全部转移到了南大。不仅有陈铨等一批名教授，还有成千上万册图书，其中1823年版的《席勒全集》等更是今天难得的古本。

人生代代无穷已　江月年年只相似

——怀念地下系初创时期的几位老同志

▶ 高大钊

地下系向离退休的老同志征文"我与地下系"，引起了我对地下系许多往事的回忆，镜头拉回到几十年前的地下系。

2003年6月，我从同济大学地下系退休了。而在45年前，1958年的6月，我刚完成毕业设计，学校就通知我到水工系（地下系的前身）报到，接待我的是系主任张问清教授。我在地下系工作整45年，从水工系到勘测系，又从勘测系到地下系。其中，与结构系、结构理论研究所也有过不解的缘。世事沧桑，几经变迁，回想这45年间的人与事，无不历历在目。在这里重点是回忆建系初期的几位老同志，是我的老师和长者，给过我很多的影响和帮助。他们之中，不少已经离开了人世，有的还健在，但退休比较早，可能大家不太了解他们。衷心祝福健在的老同志健康长寿；深深地怀念已经作古的老师，他们为地下系的发展所作的贡献是值得铭记的。

水工系是在1958年成立的，从当时的路桥系、结构系抽调了许多教师筹备，当年的9月迎来了第一批新生，我那时负责团总支的工作。党总支书记是郭维宏同志，一位非常和善的老同志，但身体不好，不久就去世了。当时，办了工程地质与水文地质、地基基础、水工结构和陆地水文4个专业，但半年后，因贯彻"八字"方针，专业进行了调整，撤销了水工和水文两个专业，学生分配到地质和地基专业，刚集中的老师一部分加强地质教研室和地基教研室，另一部分回了原来的系。同时与测量专业合成勘测系。又过了1年，1960年年初，学校决定在路桥系办地下建筑专业，总支副书记兼地基教研室支部书记徐伯梁同志奉命回路桥系筹备地下建筑专业，就将我调到党总支接替他的工作。勘测系主任是张问清先生，副主任是蒋开清先生和王时炎先生，总支书记是孙辛三同志，还有一位副书记是贺幽水同志。

在那经济困难的年代里，学生的吃饱穿暖一直是系领导十分关心的问题。记得那时在学生食堂开饭的时候，系领导都要到食堂为学生打饭，对经济困难学生的补助也是几位系主任亲自过问，特别是冬令补助，张先生无不仔细交代办事人员不可懈怠；学生长跑的时候，张先生不顾年老，为学生陪跑以鼓励士气的事，一直传为佳话。那时的领导班子充满朝气，而且是很团结的。

大约是 1963 年，机构又有了变化，地下建筑专业从路桥系调过来，测量专业调出去，就成立了地下系，系主任张问清先生，系副主任蒋开清先生，总支书记孙辛三同志，徐伯梁先生和我为副书记，徐伯梁先生还兼了系办公室主任，孙钧先生是总支委员，系的领导班子一直延续到"文化大革命"。张先生是地下系的第一任系主任，在非常艰苦的条件下在国内率先创办了这个系，经过多年的发展成为今天在国内外很有影响、颇具特色的系。

蒋开清先生是一位很开朗的乐天派，经常哈哈大笑，工作非常认真，待人特别善良。他是我校工程地质、水文地质专业的创始人，他善于团结人、帮助人，在非常困难的条件下办起了这个很有特色的专业。在水工系成立以前，他是地基教研室的支部书记，俞调梅先生是教研室主任。在 1957 年的那场运动中，他保护了教研室的同志，在这个教研室中没有划一个右派，这在当年是非常难能可贵的。但是在后来，他却无法保护他自己，也没有人来保护他，在"文化大革命"前夕，阶级斗争风云变幻莫测的日子里，含冤离开了人世。

王时炎先生说话轻声细语，幽默诙谐，善于寓说理于谈笑之中，是一位仁慈的长者，对同事十分关心，对学生的思想和生活都是关怀备至的。测量专业第一届毕业的校友在回忆学校生活的时候都以非常崇敬的心情谈起王时炎先生。在 1956 年的西迁武汉以后，在师资和仪器设备都非常困难的条件下恢复了我校测量专业，他从各种渠道调集教师，争取办学的条件，为测量系的发展打下了基础，是我校现有测量学科的创始人。

应当记住徐伯梁先生，"文化大革命"前他是地下系的总支副书记。20世纪80年代地基教研室和地下建筑教研室在结构系的时候，他担任过结构系的总支书记，为地下系的建设，特别是地下建筑专业的建设做出了贡献，只是在脑部开刀以后，一直休息在家，不为大家所了解。他是同济大学20世纪50年代早期的学生会和团委的干部。他喜爱看书，对社会科学也感兴趣，知识面比较宽。他比较容易接受一些新的观点，思想比较活跃，也比较实事求是，在那个丝毫不能容忍异端的时代，确实是很难两全的。当年一定级别的干部可以借阅内部的书刊，包括西方的和苏联的一些不能公开的书籍，供领导干部参考，他也经常去借阅。但他喜欢讲自己的看法，嘴又没有遮拦，这就吃了很多的亏。

地基教研室的两位老先生，俞调梅教授和郑大同教授是同济大学土力学的开山鼻祖，也是地下系理论联系实际学风的倡导人。俞先生是我国著名的岩土工程教育家，是最早在大学里开土力学课的教授之一，早有"南俞北陈"（清华大学陈梁生教授）的美誉，他的弟子遍及海内外。他负责开办了地基基础专业，但经过10年的实践，又带头进行反思。他不计个人的名利得失，不文过饰非，不囿于小集体的利益，他通过实践总结的对岩土工程人才培养的正确观点已为我国的教育实践所验证。先生豁达大度、宽以待人、甘为人梯，常以"三乐"（自得其乐、知足常乐和助人为乐）自勉。在俞先生坚持实践第一的学术思想指导下，我们很早就注意发展工程监测的仪器与监测方法，收集整理工程实录资料，坚持从实际出发，坚持通过工程实践积累知识，形成了同济大学地下系的学术特色。他的为人，他的学风，教育和培养了我们几代人。

郑先生在一起偶然事件中过早地去世，是地下系的不幸。在他去世前的10年，是他的学术生涯中最为活跃的10年，他出版了《地基极限承载力的计算》，开启了同济大学土动力学学科的建设，推动我国海洋开发中的土力学研究，领导中国力学学会岩土力学专业委员会的各种学术活动，成为当年我国岩土工程界非常活跃的几位著名土力学家之一。郑先生博学而又多才，他对我国四大名旦之一的程砚秋先生京剧艺术有非常深入的研究，在 20 世纪 60 年代中整理和传授程砚秋的著名剧目"梅妃"，对我国程派京剧艺术的发扬传承做出过重要的贡献。

地下系的老同志都还可能记得余绍襄先生，他那不修边幅的形象与他那满腹经纶的学问是多么不相称。有一个真实的故事，有一天新华书店打电话来核实同济大学是否有一个叫余绍襄的教师，原来，老先生在书店里看书时被书店误以为是个流浪汉，我告诉书店，他肚子里的学问可以写出好几本书来，真是感慨"人不可貌相"矣。余先生教过我土力学，是在他的指导下我开始了对土力学的兴趣，使我一辈子搞土力学。他家属都在广州，他住在解放楼单身宿舍，我和他同住了 10 多年，直到他调回广州。余先生勤奋好学，书不离手，他的床上半床都是书，吃饭时也边吃边看书，而对生活却要求不高，非常简朴。他调回广州后，有一年我出差广州时去他家看望他，但已人去楼空，他女儿告诉我，父亲已移居美国。没有见到余老师，我感到无限的惆怅。

土工试验室的李连荣师傅是院系调整时从交通大学和俞调梅先生一起调到同济大学来的。李师傅出身贫寒，为人耿直，责任心很强，对土工试验非常熟悉，对试验室的管理十分严格，他带出了许多试验室的技术人员和管理人员。在那次技术革新的运动中他受到了启发和鼓舞，将固结仪改成自动化加荷，用继电器控制，确实是十分不容易的。他身体不好，又酷爱吸烟，对身体有很大的损害，退休以后不久就去世了。

在与地下系有关的老同志中，人们可能已经记不起王英奎先生了，在人们的记忆里可能仅是在 20 世纪八九十年代作为建筑系室内设计公司总经理的他那风尘仆仆的形象，而不知道他曾经还是一位说话富有哲理的政治理论教师。在 20 世纪 50 年代末，马列主义教师都下了系，王英奎先生到我们系参加总支部的工作，指导我们系的思想政治教育，给我的工作和生活许多帮助，与学生的关系也非常密切。他还曾希望我能成为一名政治教师，让我在 1959 年夏天参加了市里的一个马列原著读书班。但半年后我却到了地基教研室，没有成为他所希望的政治教师。

一打开回忆的闸门，便无法收住，太多的人和太多的事，这些对现在的地下系同事可能已经陌生。逝去的岁月，给后人留下的仅是一些记忆，一些鞭策。初唐张若虚有两句好诗曰：人生代代无穷已，江月年年只相似。不知江月待何人，但见长江送流水。地下系的历史也像江月一样，绵延不绝；但愿地下系，一代代像无尽的长江流水一样，奔腾向前。

同济学子话恩师

TONGJI XUEZI HUA ENSHI

奉献书写无悔人生

——记外语系复建后首任系主任赵其昌老师

▶ 赖梦洁[1]

漫长艰辛的求学之路

中华人民共和国成立之初，国家筹备建立三峡水电站，出于为祖国建设做贡献这样一个朴素的愿望，赵其昌报考水利专业。1951 年，他顺利考入北洋大学的水利系。在当时，北洋大学（现天津大学）的水利系是全国最好的。

进入大学后第二年，赵老师本可以获得去苏联进修的机会。然而由于家庭出身的原因，尽管已在当时的俄

赵其昌教授

语专科大学（现北京外国语大学）留苏预备部学习了一年俄语，赵老师最终还是未能如愿。幸而当时中德之间的交流开始，部分学生可以去当时同样奉行社会主义的东德留学深造。就这样，他来到了德国，首先借助俄语知识，在莱比锡大学进行了为期一年的德语学习。此后他到了德累斯顿大学学习土木工程。在求学期间，赵老师了解到德累斯顿大学桥梁专业是优势专业，便决定转学桥梁。经过数年的不懈努力，1960 年赵老师终于取得了 Diplom（工科）学位，学成归国。当然

---

① 赖梦洁，同济大学外国语学院德语系学生。

在德国留学并非易事，300 学生中只有 100 人最终能获得学位。除了学业方面的压力，异国的生活也颇为艰辛，想家也是在所难免。然而在近 6 年的求学过程中，赵老师始终没有回过国，只能通过书信的方式略解乡愁。当时的德国经历两次世界大战的摧残，已是满目疮痍，只有飞驰的火车和设计精巧实用的家具提醒着人们，这个工业国家昔日的繁荣。在周末，赵老师也会帮着德国当地人进行一些废墟的清理活动。德国人的热情与友善，给年轻的赵老师留下了深刻印象。

几经变迁的职业生涯

1960 年，赵其昌老师回到祖国后服从国家的分配，由国务院专家局派往同济实习。按照国家当时的培养计划，赵老师本应在两年的考察结束后派往德国继续攻读博士学位。然而这一次命运再次同赵老师开了个玩笑，由于中苏两国间关系恶化，受其影响，中国与民主德国之间的交流也中断了。1962 年，赵老师再次接受国家分配成为同济结构系的一名教员。1962 年至 1965 年赵老师从事路桥专业教学，所用的教学材料均参照原版的德语教材。1962 年，赵老师带领学生到浙江丽水道路勘测，离别时，当地老乡赠送赵老师一条扁担作为纪念，当年的扁担至今仍保存在赵老师家中。通过这种教学联系实际的方式，不仅让学生们将理论知识运用到实际中去，更改善了当地的交通状况。期间赵老师还帮助学校筹建了工业与民用建筑专业、结构理论研究室、公路工程研究所等一批新单位。"文革"期间，赵老师并未停止工作，编写了《德汉道路工程字典》，还为也门萨那技校编写了 2 本道路教材。1972 年赵老师教授来自尼泊尔、也门、巴勒斯坦的留学生汉语，并参与了第一批教材的编写。1976 年又从事桥梁教学，担任路桥系副系主任。

改革开放后，同济大学恢复了与德国交流的传统。在老校长李国豪的促成下，时任桥梁系副主任的赵老师，开始着手组建德语系，留德预备部，德国问题研究所和科技德语中心。经过民主投票，赵老师以几乎全票被选为外语系系主任。为了满足德语学生人数较多的需求，赵老师联络了所有可能的教师资源，其中包括中华人民共和国成立前同济的一些老教师和留德回国人员。在缺少教师的情况下，赵老师还同时教授研究生（跨文化交际、中德语言比较）和本科生。当时的教师质量参差不齐，许多老师的德语水平亟待提高。幸运的是，当时德国歌德学院恰好派遣了一批德国教师来中国，但他们的中文水平不是很好，通过互帮互助，德国老师解决了汉语上的问题，同济老师的德语水平也得到显著的提高，同时这也使得同济的德语教学超越了当时国内德语界的主要教学方式，即语法教学，将国内的德语研究引入了一个新的领域：交际德语。这在当时无疑是具有开创性、里程碑式的意义。1979 年，赵老师两次前往德国进行考察。在此期间他注意到科技德语也是德语研究的一个重要方面，结合自身的工科背景以及同济校园较为浓厚的工科氛围，赵老师决定将科技德语确立为同济德语的发展方向。他的这一想法立即得到了校长以及教育部的认可，很快同济大学科技德语硕士点便获得了批准。当时的教学场地也十分有限，课程讲授甚至只能在实验室进行。之后在学校的支持和赵老师努力下，汇文楼才得以建造。

一生的坚守，做一个真正的人

作为一名老党员，赵老师有自己坚守的人生信条，就是做真正的人。每个人心中都有自己的偶像，赵老师也不例外，虽然在人生的不同阶段，他的偶像也不尽相同，但始终不变的是这些偶像人物的身上都蕴含着严于律己和为人奉献的品格。

幼年时的赵老师生活在农村。熟读《三字经》的他，从小在儒家思想的熏陶下长大。小学时曾参加儿童团三年，救国救民的抗日英雄成了他心目中的偶像。中华人民共和国成立初期，他积极报名参加抗美援朝战争，但由于出身的问题没能如愿。也由于同样原因，赵老师错过了很多机会，然而这却激励他在工作中更为严格地要求自己，努力把每件事都做到最好。中学时老师的教诲让他明白，一个人奋斗的力量总是微小的，而集体奋斗的力量才是巨大的。他积极申请加入青年团，后于 1956 年在民主德国留学期间加入了中国共产党。此时，他的偶像已经是保尔·柯察金。他立志要像保尔那样，毫不利己，为他人奉献，成为对社会有益的人，而这些，也正是他之后人生之路上始终不变的坚守。他的爱人也是优秀的教育者，曾经留学苏联。为了服从国家的需要，赵老师与爱人20年分居两地。直到"文革"后期工作调动，两人才得以团聚。在此期间，赵老师一家有许多调动工作、家人团聚的机会，然而两人却始终没有主动提出这样的要求。虽然曾经在中国驻德大使馆分管留学进修方面的工作，赵老师却丝毫没有利用职务之便为他的儿女提供出国机会。这使儿女们不免有些许遗憾。但是赵老师相信：幸福在心，问心无愧，坦坦荡荡，捧着一颗心来不带半根草去。这也许便是对赵老师夫妇奉献一生的最好写照。

陈从周先生曾说："赵其昌啊，专门给人家搭台的，搭好台后就让人家甩甩袖子唱戏。"说到个人志向，赵老师坦言也曾经有志成为一名院士，甚至希望有朝一日能获得诺贝尔奖。然而为了响应国家号召，赵老师选择学习土木专业，注定只能与他的诺贝尔之梦无缘了，而后他又服从安排，组建德语系，将工作重心转移到德语系的发展建设中来。他的院士理想也无法实现了。就如那个年代的许多优秀知识分子一样，赵其昌老师自觉地把个人的理想和国家的需要结合起来，将自己的一生都奉献给国家建设事业。正是由于他和同事们的不懈努力和执着的追求，才培养出了一届又一届工程和德语领域的优秀人才。他们在各自的领域不断攀登新的高峰，这是对赵老师一生奉献的最好回报。

在以赵其昌老师为代表的老一辈教育者身上，我们看到了他们对祖国的忠诚，对事业的奉献以及对人格的坚守，这些优秀的品质在任何年代都不会过时。

一生力学缘　奋斗耄耋年

——记嵇醒教授[1]

▶ 李　坤　徐岩松　周　琦[2]

"年轻时，对我影响最大的是党"

1930年6月6日，嵇醒先生出生于江苏省常熟县的一个小镇，嵇醒先生家族中志士才子辈出，其曾祖父嵇问耕好读书，通西学，身体力行倡导"读圣贤书期实践，通中西学是真才"，在当地颇有声望。祖父进入南洋公学，毕业后出国学习先进知识并回国任职做出了很大贡献。嵇醒先生幼年起就受到家庭的耳濡目染，从小立下大志、努力学习、奋发图强，于1948年考入了上海交通大学。

嵇醒教授

当时新中国还未成立，而大学已变成先进思想传播的先锋阵地。"年轻时，对我影响最大的是党。同宿舍的十多个人中，有三个是中国共产党的地下党员。受到他们的影响，我的思想进步起来。"中华人民共和国成立后，嵇醒以极大的热情投身于政治活动，成为第一批加入中国共产主义青年团的青年，并担任班上的团支部书记。他认真钻研

---

① 嵇醒，同济大学航空航天与力学学院教授、博士研究生导师。
② 李坤、徐岩松、周琦系嵇醒教授学生。

马列主义和毛泽东著作，用理论指导自己的学习和生活。但由于家庭成分原因，两次入党的申请都没有被批准。正如他说"是不是党员关键看自己"。嵇醒一直都以一个共产党员的身份严格要求自己。

"从毕业开始，我做了一辈子老师。"1952 年，嵇醒先生大学毕业，服从组织安排留校担任助教。这就是他教师生涯的开始。1 年以后，嵇醒就走上了大学的讲台，独立担任材料力学课的讲授，那时他才 23 岁。他不断刻苦钻研教学内容，不断改进讲授方法，积极参加教研活动，使自己的教学水平不断提高。

1957 年，我国老一辈著名力学家在清华大学创办了工程力学研究班。嵇醒到工程力学研究班担任教员并参加研究班的学习。在钱学森、钱伟长等名家的指导下，他一直注重学习冯卡门、普朗特等人的应用力学思想，深入研究这一学派学习、研究和创新的方法，并树立了力学要为工程服务的思想。

1959 年，嵇醒从工程力学研究班回到西安交通大学，投入创办工程力学新专业的工作中。那时，时间紧、任务重，先生一边承担专业课的教学工程，一边负责固体力学专业教学计划的修订和组织实施。

1980 年，嵇醒作为访问学者被公派赴美国特拉华大学（University of Delaware）机械工程系工作一年，主要从事复合材料力学方面的研究。在此期间，他为了祖国力学教研的发展，深入考察了美国力学研究和力学教育的水平、方法和条件；努力开展学术研究，他经常一个人在实验室工作到深夜，发表了有关混杂复合材料的论文。在刻苦的钻研和学习过程中也与不少外国学者建立了学术联系和友谊。"我之所以在这方面不断有新的想法，是因为我坚持应用力学的思维方法，坚持学习这些著名学者的思想方法，这样，有了新的想法，再难的题目拿过来我都一定能做得下去。"

嵇醒在科研和教学方面卓有建树，作为我国自己培养的第一代力学家和教育家，他承担起力学教研的重任，为我国力学教研发展做出了不可磨灭的贡献。培养了一代又一代力学人才。经他培养和推荐，不少学生成长为十分优秀的学者、专家，其中不乏美国工程院院士、国际力学界著名科学家高华健、锁志刚这样的人才。对此，他谦虚地说："我的教育还是做得可以的。不过不能归功于我，我只是把他们推荐到了比较厉害的人下面。"

1989 年，嵇醒调到同济大学工程力学系，作为学术带头人，他增强了同济大学工程力学系的实力，并为同济大学申请到了固体力学博士点。他先后担任了复合材料力学与结构研究所（室）所长、工程力学研究所所长；积极参与筹建设立在同济大学的原国家教委固体力学开放研究实验室。在担任《上海力学》主编时，他努力提高杂志的质量，使之成为我国的核心期刊。

嵇醒先生虽早已退休，但至今还一直坚持为本科生授课。在"科学与工程概论"课上，力学专业的大一学生都听过嵇醒先生对力学的深刻阐释。在一个半小时的课堂上，嵇醒先生永远都是站着讲完的，这对于将近 90 岁的老人来说并不容易。但是，先生说，站着授课是对学生的一份尊重，是对讲台的一种尊重，更是对知识的一份尊重。

"力学还有很多值得研究的东西，所以需要继续研究。"

如今，先生已是耄耋之年，仍没有停下科学探索的脚步。对此，他解释说："也没有为了什么，对于我本人来说这是一件很自然的事情，前辈有一些人对我影响很大，对于我来说，我最关心的是怎么能拿出自己的东西。"

先生一直认为，教师不能只进行教学，不搞科研。1972 年，接手合成氨关键设备的分析，运用自己扎实的力学基础，通过刚刚传到中国的计算机使用有限元分析法，编出程序解决了问题，并总结生产应用和力学研究写成文章发表出来。这是先生的第一篇论文。之后他接连完成了有关弹塑性有限元应用分析、东风弹道导弹发动机体复合材料的应用分析等科研项目。1989 年，自从他调到同济大学，就一直参与到复合材料界面力学的研究中，而科研辛苦只有他自己知道。

1998 年，嵇醒先生退休。他说"我觉得，力学还有很多值得研究的东西，所以需要继续研究。"近年来，他主持完成了自然科学基金项目"基体对复合材料强度影响的细观力学研究"和自然科学基金重点项目"复合材料界面力学研究"。而就在去年，他以 86 岁的高龄申请到了自己的第三个自然科学基金项目，开始了又一个新课题的研究。

回顾嵇醒先生为力学教学研究奉献的一生，他说："一个人一生走的经历是很难预料的。对一个人来说，一是自己要努力，充分发挥自己的能力；二是要对国家需要有所为。下一步要做的工作，一定要进一步往前走，而不是拿着一个老的题目炒冷饭。要一步一步往前走，是不是走到了力学的前沿，这个不知道，因为力学在不断发展，我现在在解决的问题是前人没办法解决的问题，我在想办法解决。"

这就是嵇老师，一位可以称得上先生的人。

任劳任怨　默默奉献

——忆陈德俭教授

▶ 金正基

在着手编写《同济学子话恩师》的时候，我很自然就想起自己大学时代的老师们。在我们那个年代，老师有很多时间和学生们学习、生活在一起，他们不仅教会我们专业知识、科研能力，更多的是做人、做事的道理；不但激励先进同学，更关心后进的同学，把全部精力都扑在学生身上，不让一个学生掉队。他们全方位关爱学生，全面贯彻党的教育方针，在教师岗位上默默奉献的敬业精神，让我至今难忘。

其中对我影响最大、教育最深、帮助最多的是同济大学工业自动化专业的陈德俭老师。

陈老师 1936 年出生于浙江慈溪，1958 年秋毕业于浙江大学工企电专业，毕业后分配到上海同济大学机电系工企电专业担任电力拖动专业教师。我从进校读书到大学毕业后留校工作，与陈老师前后相处整整 40 年，见证了这位师长为人才培养、科研事业，如何任劳任怨、默默奉献。

理论与实践结合的典范

陈德俭老师身材挺拔、戴眼镜，讲一口流利的普通话，写一手漂亮的板书。他的授课内容清晰、条理清楚、重点突出，学生们听他的课是一种享受。

学生从内心敬佩他。这源于先生的勤奋好学、治学严谨。当年他以优异的成绩考进浙江大学，又被"好中选优"，以卓越优秀生的身份分配到重点高校任教。他平时花很多时间阅读材料和参考书籍，备课极其认真，深入浅出地向学生传授专业知识。

1973年年底，为结合工程实践教学，陈老师带领我们12名同学到工厂做毕业设计，承接了上海第一钢铁厂无缝钢管车间无级调速项目。他用专业理论知识指导项目开展，同时在实践中不断总结经验、虚心向有实践经验的老师傅们请教，对电工班组长刘海福师傅十分尊敬，理论上耐心指导，实践上虚心请教。在那种环境下不分昼夜努力奋斗，他知与识并举、学与用相长，使无级调速项目顺利进行并取得成功，成为理论与实践结合、知识在实践中应用的典范。我们从他身上学到了做一名合格的知识分子不脱离实践、不脱离群众、不脱离刻苦钻研的精神。

献身科研的楷模

陈德俭老师在教学岗位上是一位好老师，在科研和管理上也颇有建树。他不仅做到理论与实践的结合，还在科研中时刻注意到学科的交叉，特别是与其他边缘学科的融合。他的想法得到学校领导的高度重视，把他从教学岗位调到同济大学科研处的领导岗位，他尽心尽责，一边加强学校科研工作的规划管理，一边身体力行做出示范，从同济大学学科发展的实际出发，瞄准国际科研发展方向，从有益于社会和人民群众切身利益的项目入手，抓住"灾害学"这门新兴学科组织多学科广泛参与，选取防灾、减灾的实效命题开展研究。1988年，同济大学发起在同济大学建立上海防灾救灾研究所，这一建

陈德俭教授

议受到上海市人民政府的高度重视，并获得批准。时任上海市副市长倪天增应邀担任该所的首席顾问。陈德俭老师任同济大学科研处副处长兼防灾救灾所研究室主任，他为该所确定研究方向、核定人员编制，建立一整套规章制度，并理顺各方面的关系，为上海防灾救灾的系统规划和信息数据建立做出巨大的贡献，多次获得上海科技进步奖。原同济大学副校长沈祖炎院士这样评价他："陈德俭老师在防灾救灾研究所的创立发展过程中功不可没！"他以实实在在的教学与扎扎实实的科研成果被评为教授。

关爱学生成长的师长

陈德俭教授不仅在教学科研上取得的成果令人敬佩，他在教书育人方面也很有建树。他平时一直要求学生认认真真做事、踏踏实实做人，来不得半点虚假。他经常以电路印刷版为例教育学生：既不能漏焊又不能虚焊，漏焊电路不通，虚焊必出事故。学习和做人也是一样，一定要认真与踏实。

在那个年代，生活条件比较差，像我们农村来的经济条件差的学生，全靠每月 19.5 元助学金过日子，平时我们都很节省，中、晚餐总是排在 5 分菜的窗口。老师看在眼里，记在心上，有一次周末，陈老师叫我们到他家里去，让师母准备了一桌子宁波菜，我们当时既高兴又愧疚，在计划经济时代，这是从全家人的计划中省出来的！陈老师和师母忙前忙后，自己不吃让我们多吃，让他的宝贝女儿陈慷陪我们用餐。最好笑的是师母做了砂锅鸡汤，我不知道砂锅保温，一口汤烫得我至今难忘。这顿饭是那时我到上海以来吃得最好的一顿饭，回忆里感受最深的是陈老师对学生的关爱。

1974 年春节，我们没有回家过年，组织到辽宁营口、河北保定调研，同行的有陈老师、上钢一厂车间负责人和我们几个同学，我们都没有去过北京，很想看看北京天安门。陈老师非常理解青年人的心情，提出不影响行程、不增加开支的前提下，可以在前往保定的途中下车，停留 1 天（有效期 2 天），看看伟大首都，特别是天安门。我们乘夜车，一早经过北京，在北京站下车，将所有行李都交给陈老师，给老师留了 4 个包子，我们就出发去天安门。等我们逛了一整天回车站，看到陈老师穿着军大衣一步没离开，静静地等了我们一天。晚上到了小旅馆，同学们手脚都肿得无法上床，陈老师又一一关心大家安排上床休息。现在回想起来自己年轻时真不懂事，三九寒冬，陈老师只依靠 4 只包子、不喝一口水、不上厕所，是怎么过来的？现在想起来真是对不起陈老师。

陈老师不仅是一位好老师、好领导，也是学生的好朋友。他更是一位有理想、积极要求进步的知识分子。数十年如一日努力使自己成为一名光荣的中国共产党党员。1958 年毕业分配到同济大学时，陈老师就向党组织提出入党申请，由于各方面的原因，一直未能如愿。但他始终用党员的标准要求自己，对组织、对他人毫无怨言。这位忠诚于党、忠诚于教学科研、对学生充满热爱的好老师于 1995 年光荣地加入中国共产党，实现了他多年的愿望，那时他已年近 60。入党以后，他不忘初心，努力工作。由于多年劳累，陈老师患有糖尿病等多种疾病，身体瘦弱，他还是一直骑着一辆自行车，每天往返于家与研究所的路上，他从容的背影给我们留下老骥伏枥的印象。

陈老师虽离开我们多年了，每次回忆那时的岁月，留给我们的是一种深深的思念，想起陈老师总能激发我们学习的动力和干好工作的激情。

师魂永存！

爱中国、爱同济的德国人

——记史图博教授①

▶ 魏赞道

一

"史图博教授，你在中国多久了？"

"你今年几岁了？"他一手抚着银白色的长须，微笑着问我。

"二十六。"

"我来中国时，你才两岁呢！"

一天笔者和他谈起这事，觉得在长厚的学者面前的渺小和温暖。24 年的时间不算短，竟一直没有离开过同济。无怪识与不识只要和同济有关系的人，都熟悉和景仰"史图博"这名字和这个人。而今日医学院的领导及大部分的教授，都是他的学生，更不是偶然的事！他是同济的一根支柱，更是中国患难的朋友，他了解中国一如对同济的真切，眼见又身历过中国统一、抗战的胜利和昔日的动乱，他爱中国，所以关怀中国的事。他又一如我国的平民热望中国在安定中求进步，更以死在中国为最大愿望，弥觉老教授的亲切可敬和可爱。

1924 年的春天，他是德国耶拿大学的副教授，应本校之请来华讲学，一个年轻的生理学家，是既专又博的学者。致力研究，又酷爱旅行。除了本行的生理学外热衷于人类学的研究。人类学在东方，特别在一个文明古国的中国是个资料丰富的园地。这些，是他决定来华的一大原因。他也曾到过中国的台湾，那远是日本人统治的时候，至今

---

① 本文选自《国立同济大学 1948 年纪念册》。

史图博教授（中）

谈及，当年游台湾被日警到处跟踪监视的情景，还耿耿于怀，精神上被管制的苦痛，绝不比在战时受日本人飞机大炮惊扰为轻。今日他正病痛风，又有去台湾养病的意思，想他旧地重游时，会有和当年不同的心情，愿借此表示答谢中国之友的热忱。

二

1937 年"八一三"的上海战事，奠定中国抗战胜利的始基，也是对史图博教授的最大考验。据他的助教吴新蔚兄说，那天他们还在福建附近的一个小岛上消夏，及至返回上海，已是 11 月初，政府准备撤退的时候，同济也正要撤到金华。当时德领事馆的人员要他留在上海"观望"，而史教授熟察大势，和内心爱好自由与大自然的意向，加之对中国的好感和信念，毅然拒绝了领事馆的要求，不计艰苦，跟随同济内迁。一个外人能有如此果断的决定和行动，正说明他的伟大和爱中国之真诚。他追求自由，自然反对纳粹，拒绝德领事馆叫他留沪的要求，是行动上的表现，在言谈中更无时不痛恶纳粹，及至德国投降前数月，他还写了一本名叫 *Wer Sind Die Schuldigen* 的书，从传统历史远自罗马时代及德国之近代史，加之部分德国民众本身之盲目服从，说明纳粹之所由来及必致失败之后果，他用德文写成，请由中央研究院历史语言研究所所长傅斯年发表。

三

史教授一生不事家室琐事，以全部精力贡献于学术，他的成就，已无需赘述。使人敬服的是他广泛的兴趣和无所不通的广博，不论是哪一门的专才，在他面前决不会使你感到格格不入的枯燥，既健谈又富幽默感，谈学术、政治、军事都无不可。你要谈各地的风光，他可以滔滔不绝地谈到广州的吃、杭州的穿、福建的漆器和潮州人喝茶的精致，要是一个以专才自诩竟至报纸不看、五谷不分的孤陋寡闻者在他面前，真要愧煞；他不事家室，但到处表现着伟大的同情心和对人类的爱，一个学养深邃的人，类多慈蔼可亲，史教授亦不例外，须眉皆白，满面祥和，爱学生如子弟，对贫穷的更另眼相待，慰问有加，甚或解囊相助。这点，在对待他的几个佣人那里更表现得具体，无怪每个跟随他的人都有长久的历史。一个自上海跟他辗转各地，自金华而赣州而昆明而李庄的厨师，因游泳不慎惨遭溺毙后，史教授从未有那次事变伤心过，痛哭竟日，寝食俱废，且对其遗孤按月接济一切费用，并表示一息尚存，必不终止，死者有知，亦必感激无涯。其伟大又于此可见一斑。又如他目前的工友老沈，向患肺病，史教授恤其贫弱，特将自己每日所吃的鸡蛋2只赠送，而自己不吃，所谓观微知著，这是多么难能可贵的事。

四

战时生活在李庄，自然环境优美，史教授至今仍不胜恋念向往。和现在愚园路的寓所比较，他说后者有如鸟笼，体现出他对生活的态度，是淡泊与严谨。在家里，他喜欢穿中装，特别在冬天，穿着长袍和棉鞋，有时用长烟筒抽着卷烟，状至悠闲。饮食也很平淡，且因向患胃病，故又特别谨慎，时间分量均有一定，从不轻易改变，这点加之他老当益壮的年轻心理，是维持他的健康的最大因素。他特别喜欢散步，在李庄是住在上穆坝，去上课，总要走上40分钟的路，安步当车，虽然有过两次因路滑而跌断腕骨，但并不因之而改变作风，史教授谢绝学校所派的滑竿，步行如故，风雨无阻。走起路来，昂首阔步，一如壮年人的姿态，要是天气好的话，还起得早些，沿江边去学校上课，这种习惯，已成为一种嗜好，来上海后，还是一样，他的精神是永远年轻的。

在李庄，使人不会忘记有关史教授的两大节日：一次是本校卅五周年，同时是史教授服务本校廿周年纪念，那时丁文渊校长在校庆祝会的节目中，特别有一项是校长代表教育部朱家骅部长致送他2万元，丁校长自己则赠他以一条幅致敬，大意说史图博教授为同济服务，贡献特多，抗战后一直跟随本校的许多外籍教授中，唯史教授一人，返国欣逢校庆，谨向与同济共患难的友人致景仰之忱。到上海后，外部遣送德侨时，这件纪念品，还是件有力的证物。又一次是他六十寿辰的时候，以老教授的淡泊和超脱，谢绝各界为他祝寿的盛意。医学院的师生共同签名致敬，和徐诵明校长的一幅出自赵公勋先生手笔的画及祝词，上题"高山仰止"四个字，寓意深长，已深切表达出我们对这位"同济人"的景仰和爱戴。

60岁于他．并不当作一回事，记得他的寿辰那天，就是停了一天课。下午，我们去访他不遇，原来是去游郊散步去了。明日上课，一如平时，要下课时，才提到两句关于他生日的话，向我们为他的祝贺致谢。

说到他的上课，使人不会忘记大教授的风度，风雨无阻，准时到校上课，自始至终，除偶尔讲一两句轻松的题外话外，一直是很严肃而毫无倦容，下课的时间也很准确。

当时一度盛传史教授将返上海任教。关心他的人，都表惊异。后来才知道是这么一回事：一个陷区由德人主持的医学院，函电交驰地要他回去主持生理馆，说待遇要比之内地高数倍，生活自然要舒适多了，更荒唐的是要他把从前德人赠给同济的生理仪器带回去。我们的史教授决不因生活优裕而改变一生为同济服务的初衷，曾开玩笑似的说：去上海不能走着去，坐飞机也不是办法，就是坐潜水艇还可以带些仪器回去，态度明朗，令人感奋。

五

谈到史图博教授，总要提及他为同学考生理科目的情形，特别是医学院的同学。初进医学院的人，往往会因之而有谈虎色变之感，这多半是因为同学和他太少接触，一隔膜，事情就变平凡为神秘而紧张、惶惑。用了功，又要祈待"好运"，抽签，分组，希望尽可能迎合得上他的好心情，老教授自然有他的作风或者说脾气，但是往往过甚其词，就觉得他的试难考了。其实，过来人都知道，只要程度（特别是德文）不太差的人，是会觉得他的生理比之解剖、生化容易考且很有趣的。他喜欢打派司（上海话，意思是"打扑克"），和同学合作，好比问到耳下腺，他会用手重复地在耳旁摸。一个要用压力来解答的问题，他会用手指用力在桌上压，要你讲到这问题与性别有关，他会看看同组的女同学又看看男同学，诸如此类，不胜枚举。此外，又不时流露着他的幽默感，记得一次他问什么是嗜中性的白血球，那个同学答得好：它既不爱酸又不爱碱。"那么，"他问，"它爱哪个呢？"他笑着说。同学更忍不住笑了，当你答出了他暗示的内容时，气氛是很轻松融洽的。不然，就难免沉寂和索然无味了。

生理科目的前期试，每个人 20 分钟，决定你的成绩，在他的书房围桌而坐，一问一答，有如记者招待会，只要你不过分紧张，是可以尽情欣赏老教授的博雅和风趣的。

六

一天和他谈到他过去的经历，曾促请他写本自传，他说，曾有这个打算，只是一直没有动笔，希望到 90 岁时能够写成。

"要是有人为你写呢？"

"那么，最好在我死后 3 年再写！"

老教授的生命欲望如此强烈，正说明他精神的年轻，而且是永远年轻，即使是有些病苦，也不足使他沮丧和打击他充沛的活力，我们敬爱史图博教授，谨祝他健康。

后 记

同济大学从早年一所师生加起来不足 50 人的单科性学校发展为今天国内外知名的综合性重点大学，为国家培养了数十万各类高素质人才，包括一批大师级人物。他们为社会的发展和进步做出了卓越的贡献。回顾学校不平凡的百余年历史，我们应当首先记住一代又一代品德高尚、学有专攻的老师们。他们以育人为天职，把自己的全部心血奉献给神圣的教育事业。作为后人，我们不仅要记住他们的姓名，更要以热情的使命感认真总结、宣传他们的经验、思想和事迹。由于种种原因，我们在这方面的工作做得实在太少，即便是那些声望极高的名师、大家，对他们做深入、系统、生动记述的文章也不多见。

本书主编吴广明及副主编金正基、陈立丰、万胕力等领导都长期在高校工作，深知高素质教师对于一所学校的意义。他们希望为师道传承，为继承和发扬学校教师优良传统和作风贡献一份力量。从 2014 年以来着手这方面工作。2017 年 7 月《同济的故事》正式出版；此后，又经过 4 年多的努力，组织编撰了《同济学子话恩师》。

本书作者多为沐浴师恩的学生，因而在字里行间都饱含对老师的感情和敬意。部分文章在思想性、文学性方面达到了很高的水平。如钱锋、罗小未对王作燊先生的回忆，高大钊对俞调梅等先生的回忆，黄鼎业对张问清、李寿康先生的回忆，陈以一对沈祖炎先生的回忆……他们对老师有深入的了解，他们在与老师近距离接触中所经历、观察到的具体事例是多么生动传神，令人感动。毋庸讳言，本书的部分文章还没有达到这样的水平，各种原因不再细述。

本书所记的教师只是学校教师中极少的一部分。由于种种原因，在学校的教学、管理、服务岗位为学生培养而兢兢业业、辛勤工作的老师们的优秀事迹有待今后进一步挖掘、总结和宣传。

　　本书稿源主要由有关学院提供，部分资料由学工部推荐。我们对来稿进行认真审读、遴选，并做了一些必要的加工。多篇文章选自《同济人》《同济报》及建筑与城市规划学院、交通运输工程学院纪念文集和高廷耀校长的访谈录——《治水人生》。由于各种原因，我们难以联系到每位作者，谨向他们表示由衷感谢！有关学院的党政领导和关工委老同志在组织稿源等方面给予大力支持，在此一并致谢！

编者

2022 年 6 月